I0123913

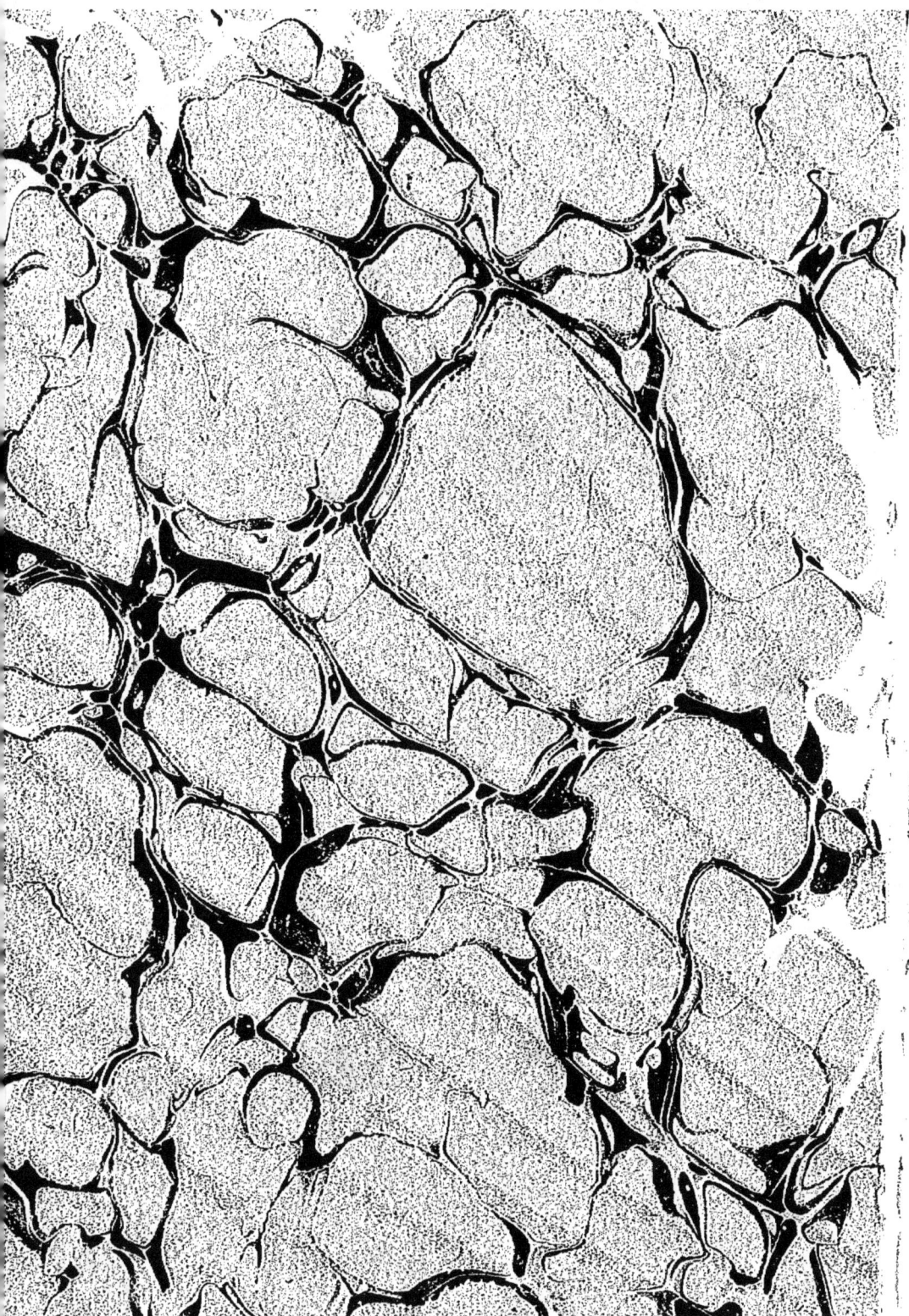

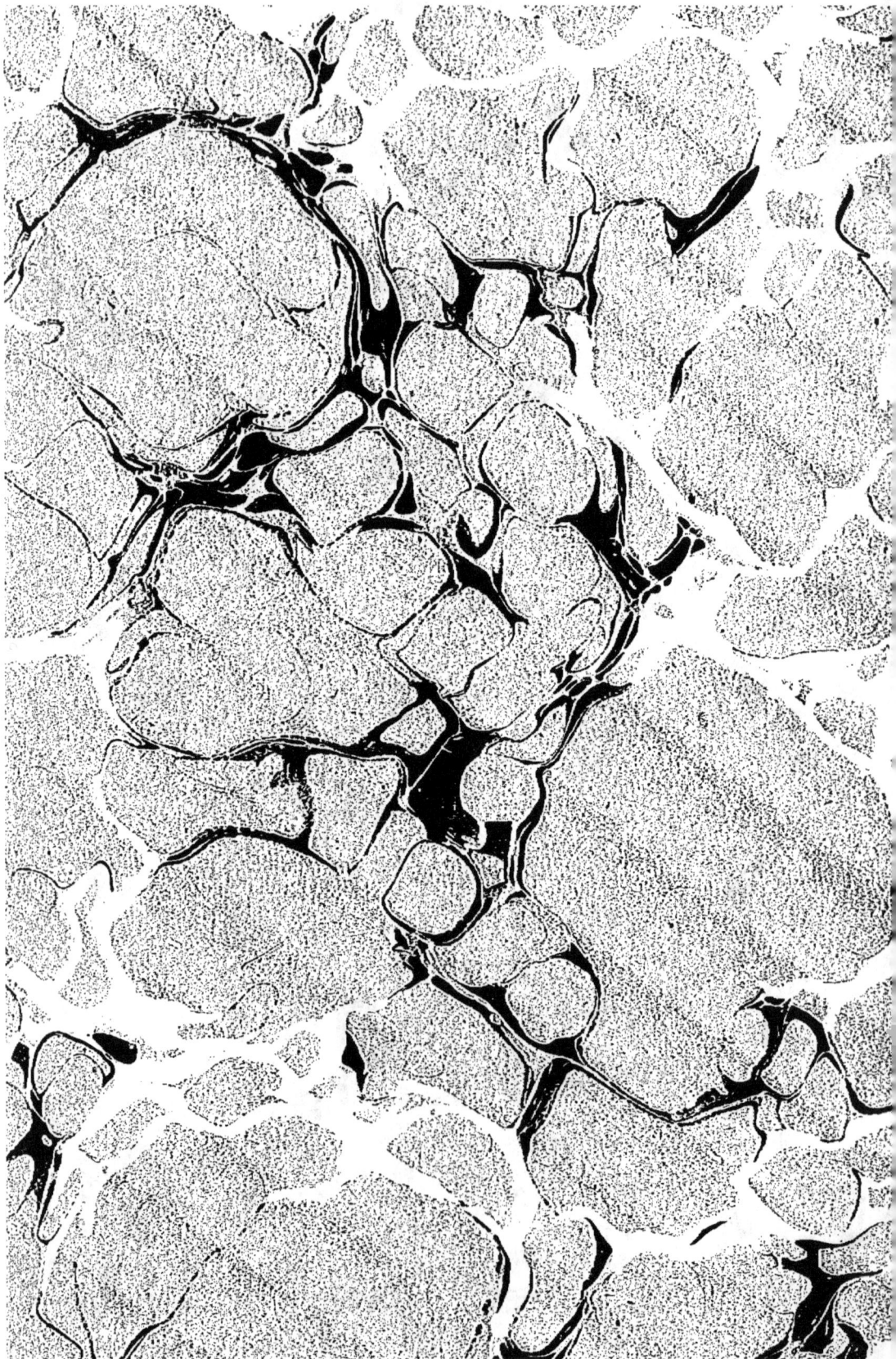

Conserve la Couverture 33

M Crwe
21

L'ÉDUCATION MORALE

DÈS LE BERCEAU

ESSAI DE PSYCHOLOGIE APPLIQUÉE

PAR

BERNARD PÉREZ

DEUXIÈME ÉDITION, ENTIÈREMENT REFONDUE

PARIS

ANCIENNE LIBRAIRIE GERMER BAILLIÈRE ET Cⁱᵉ

FÉLIX ALCAN, ÉDITEUR

108, BOULEVARD SAINT-GERMAIN, 108

1888

Tous droits réservés

L'ÉDUCATION MORALE

DÈS LE BERCEAU

A LA MÊME LIBRAIRIE

OUVRAGES DU MÊME AUTEUR

Les trois premières années de l'enfant. — 3ᵉ édition. Un
vol. in-8, de la *Bibliothèque de philosophie contemporaine,* avec
une introduction de M. JAMES SULLY...................... 5 fr.

L'enfant de trois à sept ans. — 1 vol. in-8, de la *Bibliothèque
de philosophie contemporaine.* 1886...................... 5 fr.

Th. Tiedemann et la science de l'enfant. Mes deux chats.
— Essai de psychologie comparée. In-12................ 2 fr.

J. Jacotot et sa méthode d'émancipation intellectuelle.—
1 vol. in-12 .... 3 fr.

SOUS PRESSE :

Le sens du beau chez l'enfant. — 1 vol. in-8, de la *Bibliothèque de philosophie contemporaine*....................... 5 fr.

L'ÉDUCATION MORALE

DÈS LE BERCEAU

ESSAI DE PSYCHOLOGIE APPLIQUÉE

PAR

BERNARD PÉREZ

DEUXIÈME ÉDITION, ENTIÈREMENT REFONDUE

PARIS

ANCIENNE LIBRAIRIE GERMER BAILLIÈRE ET Cie

FÉLIX ALCAN, ÉDITEUR

108, BOULEVARD SAINT-GERMAIN, 108

—

1888

Tous droits réservés

AVANT-PROPOS

I

L'éducation morale a pour but de développer et de discipliner, pour le plus grand bien de l'individu et de la société,
les forces innées qui portent l'homme à l'action. Favoriser
les tendances reconnues utiles par l'élite des gens éclairés
et pratiques, réduire les tendances contraires à leur minimum d'énergie, et, sinon les supprimer, les dériver au
bien, si c'est possible, tel doit être le but de l'éducation,
quel que soit l'état des connaissances scientifiques, des
institutions et des aspirations sociales. Or, les tendances
dont je parle ont pour aliment des sensations, des émotions et des volitions. C'est à la régularisation de ces trois
sortes de forces que l'éducation morale s'applique.

Que sont, en définitive, ces tendances, dont l'éducation
doit favoriser ou contrarier le jeu ? Des instincts, des aptitudes héréditaires, c'est-à-dire des habitudes consolidées à
travers les âges. En vertu de la faculté de se ressouvenir
qui est inhérente aux fibres nerveuses et peut-être aux

fibres musculaires, la répétition des actes en facilite la reproduction ; c'est pourquoi les habitudes les plus fortes sont celles qui proviennent de la vie ancestrale, et dont les habitudes nouvellement formées ne sont souvent qu'une dérivation. En bien comme en mal, le fonds de ces virtualités héréditaires est d'une richesse inépuisable : l'éducateur peut y chercher avec confiance les éléments de formation d'habitudes nouvelles. « Son rôle, a dit Huxley, consiste à former des habitudes, à surcharger d'une organisation artificielle l'organisation naturelle du corps, de façon que des actes demandant d'abord un effort conscient finissent par devenir inconscients et s'effectuent machinalement. Si l'acte qui demandait d'abord la connaissance et la volition de tous ses détails nécessitait toujours le même effort, l'éducation deviendrait impossible. » Il est vrai que, pour le jeune enfant, il s'agit bien plutôt d'actes inconscients que d'actes conscients à faciliter par l'habitude. Mais, conscientes ou inconscientes, les habitudes n'ont qu'une manière de naître, la répétition des actes, et c'est là ce qui intéresse l'éducateur.

Quelle que soit, d'ailleurs, la puissance de l'habitude sur la formation des mœurs et du caractère, il ne faut pas caresser l'illusion, chère à tant d'éducateurs, qui nous ferait croire au pouvoir de façonner à notre gré les facultés de l'enfant. En effet, bien qu'il ne soit pas permis de prendre au pied de la lettre l'aphorisme célèbre, que « chaque nerf se souvient de sa vie passée », il est cependant impossible de limiter la force de réviviscence des souvenirs

élaborés à travers la longue série des âges. « Bel oiseau
se fait de lui-même », ce dicton populaire a raison plus
souvent qu'on ne le voudrait. Ne prétendons pas refaire en
quelques années tout le travail des « éducations antérieures. » Mais l'éducation individuelle se bornât-elle à faire
obstacle, pour toute la vie, ou pour la plus grande partie
de la vie, au développement d'un certain nombre de tendances nuisibles, que ce résultat ne serait pas mince. Or,
l'éducateur peut avoir une ambition de ce genre : tout
comme l'hygiène physique, avec laquelle elle a des rapports
si intimes, l'hygiène morale a pour essentiel effet d'ajourner,
d'enrayer la majeure partie des causes qui auraient fatalement amené l'explosion du vice, de la folie ou du crime.
D'un côté, la force des habitudes factices, que l'éducation
impose ou suggère, de l'autre, celle de la discipline personnelle, dont elle pose les fondements, sont capables
de lutter, dans une mesure inappréciable, contre les tendances ou habitudes innées.

La physiologie elle-même, qui met en si grand relief les
influences héréditaires, nous autorise à faire une large place
aux acquisitions de la volonté. « C'est surtout en arrêtant,
en diminuant, modérant des actions réflexes ou instinctives,
dit M. Charles Richet, que la volonté paraît s'exercer. » Cette
force d'inhibition n'est pas la même chez tous : « elle dépend de l'état du cerveau, et, comme le cerveau lui-même,
elle a ses variétés, ses degrés, ses maladies, ses anomalies. »
Mais « ainsi que toutes les autres fonctions cérébrales,
cette faculté d'arrêt peut s'exercer, se cultiver, se développer

par l'usage; c'est là l'influence souveraine de l'habitude.
« Que le jeune soldat baisse la tête en entendant siffler
des balles, rien de mieux. Mais il peut s'exercer à ne pas
baisser la tête. D'abord le résultat sera nul, puis, peu à peu,
soit que la sensation excitatrice s'émousse, soit que la puissance d'inhibition augmente, il finira par ne plus baisser la
tête; l'habitude lui aura donné la force de résister (1). »
Le mécanisme des habitudes cérébrales n'est pas monté
une fois pour toutes, et cela laisse quelque marge à l'éducation sous toutes ses formes, des plus simples aux plus
compliquées.

N'oublions pas cependant que les acquisitions d'ordre
moral se trouvent dans une condition organiquement inférieure. D'après une loi physiologique, qui se vérifie, d'une manière générale, dans la décadence mémorielle des individus,
et qui peut être appliquée à l'évolution de l'espèce, les acquisitions morales doivent être au nombre des plus fragiles.
« Le sens moral est, selon les évolutionnistes, la dernière acquisition de l'espèce humaine; mais précisément
parce qu'elle est la dernière, elle est aussi la plus fragile,
la moins sûrement transmise. Le sens moral n'est sans
doute pas incorporé dans la substance même du cerveau
humain, comme le sont, par exemple, les lois de la raison...
Que la sélection et l'hérédité continuent leur œuvre: le
sens moral s'affermira dans la conscience humaine, et un
jour viendra sans doute, jour lointain encore, où la mora-

(1) Ch. Richet, *Psychologie générale*, pp. 172-179.

lité sera aussi naturelle à tout homme que l'est maintenant l'intelligence. Elle sera devenue un élément essentiel
et fixe de son organisme mental (1). »

L'auteur de ces lignes trouve cette doctrine « séduisante », mais peu « démontrée ». On ne peut cependant
nier la transmission par le sang, dans un petit nombre de
générations observables, de tendances morales particulières. On peut voir ainsi que le progrès moral, quand progrès il y a, se fait petit à petit, un peu pour une génération,
un peu plus pour une autre. N'y eût-il un progrès sérieux à espérer que pour une courte série d'individus, que
cela ne serait pas à dédaigner. Tant mieux pour les
générations qui arriveraient, le point d'arrivée ne fût-il pas
bien élevé, et fallût-il quelquefois rebrousser chemin.

II

Aristote, l'un des premiers et des plus illustres repré-
sentants de la philosophie expérimentale, tout en s'exa-
gérant, comme Montaigne et Locke plusieurs siècles après
lui, l'influence des habitudes acquises sur le bonheur et la
moralité, a cependant présenté de la vertu une définition
que l'éducateur ne doit pas cesser de méditer. Les vertus
morales sont, pour ce philosophe pratique, des moyens
termes entre deux perversions opposées, l'une par excès,
et l'autre par défaut, des habitudes ou dispositions natu-

(1) Lévy-Bruhl, *Revue bleue* du 8 janvier 1887.

relles. Il n'est pas toujours facile de déterminer avec
précision ce bon milieu de la vertu, qui, dans le langage
ordinaire, est souvent confondu avec les extrêmes opposés ;
il n'en est pas moins utile de se persuader que la vertu
peut être envisagée comme un système d'habitudes bien
réglées, et le vice comme un système d'habitudes mal
réglées, et surtout que l'une et l'autre peuvent dériver
diversement de la même tendance. Ce sont là des vues
générales qu'il convient d'appliquer au particulier, et Aristote n'y avait pas manqué.

« Entre la crainte et l'audace, le vrai milieu, dit-il (1),
c'est le courage ; mais l'excès produit par la confiance ou
par l'absence de toute crainte, n'a point reçu de nom ; et
il y a un assez grand nombre de passions qui sont dans ce
cas. L'excès dans l'audace s'appelle témérité ; l'excès
contraire dans la crainte, ou le défaut d'audace, se nomme
lâcheté. Par rapport aux plaisirs et aux peines, le milieu,
c'est la tempérance, et l'excès, la débauche ; au reste, il
n'y a guère de gens qui pèchent par défaut, en fait de plaisirs : aussi n'a-t-on pas imaginé de terme propre à les
désigner ; appelons-les insensibles. A l'égard du penchant
à donner ou à recevoir de l'argent, le juste milieu s'appelle
libéralité ; et l'on désigne par les noms de prodigalité et
d'avarice, l'excès ou le défaut relatif à ce penchant. Mais
ceux qui pèchent ainsi exagèrent en sens contraire : le
prodigue a une facilité excessive à donner et n'a pas assez

(1) *La Morale*, liv. II, chap. vII.

de penchant à recevoir ou à prendre, tandis que l'avare n'a
que trop de penchant à prendre et n'en a pas assez à donner... Le milieu, par rapport aux honneurs et à l'absence
de toute considération, s'appelle magnanimité; l'excès en
ce genre prend le nom d'insolence, et le défaut prend celui
de bassesse d'âme...

« Il y a aussi, par rapport à la colère, un excès, un
défaut et un milieu ; mais on ne leur a presque pas
donné de noms ; appelons donc le caractère intermédiaire
indulgence, désignant par le mot *irascibilité* le caractère
où se montre cette disposition, et par le mot *non-irascibilité*
le défaut de cette même disposition... Appelons *vérité* le
milieu entre la jactance orgueilleuse d'un homme qui
cherche à donner aux autres une idée exagérée de ses
avantages, et la *dissimulation* de celui qui affecte de les
diminuer ; et donnons le nom de *vrai* au caractère qui est
placé entre ces deux extrêmes opposés. Quant à l'agrément
qui consiste dans l'art de plaisanter avec grâce, celui qui y
observe un juste milieu pourra être appelé un homme d'un
caractère gai, jovial, tandis que l'excès en ce genre sera
exprimé par le nom *bouffonnerie*, et le défaut par celui de
rusticité.

« Il y a aussi ce qu'on pourrait appeler des moyens
termes dans les passions, et dans ce qui tient aux passions.
La pudeur, par exemple, n'est pas proprement une vertu :
cependant on loue celui qui en est susceptible ; car, dans les
choses où ce sentiment intervient, l'on peut tenir un juste
milieu, et pécher par excès ou par défaut. L'homme que

tout fait rougir, et qui est comme frappé de stupeur, pèche par excès; celui qui ne rougit de rien, est impudent et pèche par défaut; l'homme modeste est dans le juste milieu...

« Quant à la justice, comme son nom n'a pas une signification simple, je parlerai dans la suite des deux rapports sous lesquels on doit la considérer, et je ferai voir comment on y observe un juste milieu. »

Notons, d'ailleurs, que cette esquisse comparative des passions, des tendances et des habitudes, considérées et qualifiées dans leurs degrés, n'est pas aussi arbitraire qu'elle peut le paraître ici. Aristote n'a pas fermé les yeux aux exceptions, ni voulu appliquer un juste-milieu strict à tous les actes et à toutes les tendances. « Il est fort éloigné d'attribuer à sa propre théorie une valeur absolue, et il ne la présente que comme une généralisation, ordinairement assez exacte, de l'expérience. Il en tire une très bonne recette de perfectionnement moral, reproduite plus tard par Franklin, c'est que, pour se corriger d'un penchant qui peut conduire au vice, il faut se pencher en sens contraire; « car en nous éloignant de toutes nos forces de la faute que nous redoutons, nous nous arrêtons dans le milieu, à peu près comme on fait quand on cherche à redresser un morceau de bois tortu (1). »

L'idée qui a présidé à cette célèbre classification est fondamentale pour qui se préoccupe de donner aux facultés morales de l'enfant leur véritable hygiène. Construite

---

(1) L. Carrau, Introd. de la *Morale à Nicomaque*, p. 15, édit. Alcan.

d'après les données de l'analyse expérimentale, cette théorie trouvera plus d'une application dans mes conseils pédagogiques.

III

Les faits dus à ma propre observation ou empruntés à l'observation d'autrui fussent-ils encore plus nombreux et plus capitaux, que je ne puis espérer présenter moi-même ici que des considérations pratiques d'une certaine généralité. Or les facultés essentielles qui constituent le moral de l'homme comportent une infinie variété de combinaisons, de degrés et de formes, correspondant à la diversité des organisations individuelles. Il n'y a pas deux caractères entièrement semblables : un système d'éducation principalement appuyé sur une psychologie générale de l'enfant est-il donc possible et désirable ? A cette objection, qui peut m'être faite, car elle est depuis longtemps devenue lieu commun, j'oppose cette simple question : « Il n'y a pas deux tempéraments qui se ressemblent : l'hygiène et la thérapeutique, toutes sciences de généralités qu'elles sont, rendent-elles, oui ou non, des services inappréciables ? » Ainsi feront les conseils visant à la formation du tempérament moral de l'enfant.

J'ajoute que si l'éducation morale du petit enfant m'a paru mériter une étude spéciale, je ne la sépare pas, dans la pratique, des deux autres formes de la culture humaine auxquelles elle est essentiellement liée : l'éducation physique comprenant l'hygiène, et l'éducation intellectuelle ou l'instruction proprement dite. Les organes, l'intelligence, les mœurs, voilà l'objet triple et un auquel l'éducateur doit s'appliquer, dès la naissance de l'enfant. Ce sont là des vérités banales.

Tout mon livre est de nature à montrer les intimes rapports de l'éducation physique et de l'hygiène avec la formation des habitudes morales. Il n'en sera pas de même pour les rapports de l'éducation intellectuelle, ou plutôt de l'instruction, avec l'éducation.

Ces rapports ont été jusqu'ici assez diversement compris.

Ecoutez Spencer : il vous dira que l'instruction n'influe en rien sur la conduite, que le sentiment dirige le cours de nos idées et de nos déterminations. Il est malheureusement trop prouvé que la vertu n'est pas identique à la science, ni le vice à l'ignorance. Chez les criminels de profession, il est vrai, l'ignorance est générale ; mais les statistiques de la criminalité, qui a des origines si complexes, n'éclairent qu'un côté de la question. Il faudrait établir, en thèse générale, qu'avec l'instruction, la manière dont les tendances mauvaises se satisfont peut foncièrement changer, ou que ce changement n'est qu'à la surface, que le fond persiste.

Nous ne connaissons pas tous les bons effets d'une instruction scientifique dans son contenu et dans ses procédés. Beaucoup de penseurs estiment, avec Maudsley, un hérédiste convaincu cependant, que c'est, en définitive, « aux idées, aux connaissances scientifiques, qu'appartient la

direction, et quelquefois la production des sentiments (1). »
Les faits pourraient donner raison à Spencer : l'instruction, l'enseignement moral, semblent n'avoir de bons effets
que s'ils arrivent dans des âmes bien disposées. Quand le
le savant ou l'homme instruit ne montrent pas les qualités
morales qu'on pourrait appeler « scientifiques », il faudrait,
dans cette hypothèse, en chercher la cause dans la pau-
vreté de leur tempérament moral. Mais qui nous dit que
leur éducation morale, et même leur éducation intellectuelle
en son ensemble, ont été vraiment conformes à l'esprit des
sciences qu'ils ont si bien cultivées ?

« Le savoir, dit un homme très convaincu de l'influence
moralisatrice des sciences naturelles, quand il est bien donné, est ordre, discipline, carrure de l'esprit ; c'est une plus
grande quantité de raison répandue dans le monde, et, à
tout prendre, une élévation de l'existence humaine au-
dessus des conditions de la nature animale (2). » Que de
choses contenues dans ces mots « le savoir bien donné ! »

La littérature et les beaux-arts, ces miroirs et ces pro-
jecteurs des passions humaines, ont une influence plus certaine sur le développement ou la déformation du caractère !
Parmi ces collaborateurs, souvent occultes, qui agissent sur
la sensibilité, à l'insu des éducateurs, et en dépit de la plus
large instruction, quel pouvoir a la lecture ! Tout livre qui
séduit, frappe ou passionne l'imagination, une seule fois lu,
peut laisser une trace indélébile. Les livres qui prennent

(1) A. Angiulli, la Pédagogie, l'État et la famille.
(2) N. Fornelli, l'Éducation moderne.

l'enfant par les entrailles, voilà ses tout-puissants, et souvent ses dangereux, ses terribles éducateurs. M. Paul Bourget, parlant en quelque sorte au nom d'une partie raffinée de notre ·eunesse, nous a sincèrement fait cette confession dans ses *Essais de psychologie contemporaine*, et dans ses romans qui sont tous des applications de la même thèse. Cela doit donner à réfléchir à ceux qui comptent sur l'efficacité de l'instruction et de l'éducation ostensibles pour moraliser l'enfance et la jeunesse.

Mais n'exagérons ni le bien ni le mal. Restons dans une appréciation de choses moyenne entre l'optimisme des uns et le pessimisme des autres. S'il est vrai que « le fonds primitif de l'âme, le caractère, résiste à l'influence de la culture esthétique ou scientifique, lorsqu'elle lui est contraire, mais qu'il en profite lorsqu'elle s'exerce dans le même sens que ses inclinaisons naturelles (1), » eh bien, nous conclurons de là que la grande préoccupation de l'éducateur doit être d'offrir à son élève l'aliment esthétique le plus en rapport avec ses tendances bien connues : il en trouvera toujours quelqu'une de bonne, *à qui parler*. Et, s'il est prouvé, d'autre part, que « la mauvaise littérature peut faire beaucoup plus de mal que la bonne ne peut faire de bien (2), » tenons-nous en à la vieille et excellente méthode, fermons nos tiroirs et nos bibliothèques, accompagnons partout notre enfant, ou ne le laissons qu'en mains sûres. Toutes ces sollicitations au vice, qui proviennent du livre,

(1) A. Martin, *l'Éducation du caractère*, p. 162.
(2) *Ibid., id.*

du journal, de la gravure, des œuvres artistiques, ou prétendues telles, toutes ces exhibitions quotidiennes, qui se font dans les grandes villes, des scènes du crime et de la dépravation, les honnêtes gens savent passer à côté sans en être effleurés, et il leur est toujours possible, sinon facile, d'empêcher leurs enfants d'en être atteints.

IV

Le rôle de l'éducateur, en ce qui touche au développement affectif et moral, dans les premiers mois surtout, doit être un rôle d'autorité, de prévoyance et de surveillance. Epier l'éveil des tendances dominantes, leur accorder ou leur refuser l'aliment qui les fortifie, c'est-à-dire l'exercice habituel, selon qu'elles paraissent favorables ou nuisibles, telle doit être la constante préoccupation des parents et des maîtres. Nous verrons quel mode particulier de traitement convient à chacune de ces tendances. Le plaisir et la douleur sont les premiers maîtres de l'enfant, mais des maîtres impersonnels, absolus, qui ne savent pas toujours ce qu'ils font : il faut souvent atténuer, toujours contrôler, si c'est possible, les leçons que les objets, les animaux ou les personnes, nos collaborateurs involontaires, donneraient souvent mauvaises, ou trop fortes, sans notre judicieuse et sympathique intervention. Il le faut, pour la moralité, comme pour le bonheur de l'enfant, deux choses inséparables.

Disons, à ce propos, une fois pour toutes, que trop

souvent les moralistes, et même les hygiénistes, semblent vouloir sacrifier le bonheur actuel de l'enfant à son bonheur à venir. Par exemple, sous prétexte d'endurcissement physique, quelques-uns condamneraient volontiers le nourrisson à une modération, à une patience qui ne sont même pas le fait du sage. Quand ils parlent du goût, c'est seulement pour en signaler les dangers et en réduire les exigences. Ainsi des autres satisfactions agréables des sens, que la nature n'a pas pris la peine de créer dans le seul but de donner à l'homme le mérite de les supprimer ou de les fuir. Il y a, pour tous les âges, une sensualité légitime, un bonheur possible.

Rousseau a fait une bien belle page sur ce bonheur dû à l'enfant, qui n'en connaîtra peut-être pas d'autre. « Pour-quoi, dit-il, voulez-vous ôter à ces petits innocents la jouis-sance d'un temps si court qui leur échappe, et d'un bien si précieux dont ils ne sauraient abuser ? Pourquoi voulez-vous remplir d'amertume et de douleur ces premiers ans si rapides, qui ne reviendront pas plus pour eux, qu'ils ne peuvent revenir pour vous ? Pères, savez-vous le moment où la mort attend vos enfants ? Ne vous préparez pas des regrets en leur ôtant le peu d'instants que la nature leur donne. Aussitôt qu'ils peuvent sentir le plaisir d'être, faites qu'ils en jouissent, faites qu'à quelque heure que Dieu les appelle, ils ne meurent point sans avoir goûté la vie (1). »

Ce beau passage de l'*Emile* a été sévèrement jugé

(1) *Emile,* livre II.

par M. A. Martin, un écrivain distingué qui vient d'ajouter son nom au riche catalogue de nos éducateurs psychologues. « Sous une forme plus grave, dit-il, c'est, au fond, le même langage que celui qui nous est tenu dans une foule de poésies épicuriennes, où, de la brièveté de la vie, l'on conclut à la jouissance et au plaisir. *Carpe diem, quam minimum credula postero*, disait Horace à Leuconoe. Avec ce raisonnement on vivrait au jour le jour et l'on ne ferait rien en vue de l'avenir, parce qu'on n'est jamais sûr de recueillir le fruit de son travail. Sans doute, si l'enfant n'est pas destiné à vivre, notre éducation, à ne voir que les apparences, sera perdue, et les gênes que nous aurons cru devoir lui imposer n'auront servi qu'à le priver de plaisir. Mais il vaut mieux appliquer à la pédagogie ces réflexions de Vauvenargues : « On ne peut juger de la vie par une plus fausse règle que la mort... Pour exécuter de grandes choses, il faut vivre comme si on ne devait jamais mourir. » Nous devons donc considérer l'enfant, non comme un être dont la vie ne tient qu'à un fil et qu'il convient de laisser s'amuser le plus possible, afin qu'il ne la quitte pas sans l'avoir goûtée, mais comme un futur homme, appelé à prendre sa part des épreuves et des luttes de la vie et dont les premières années ne sont qu'une préparation, un apprentissage en vue de l'avenir. (1) »

Non, les premières années ne sont pas seulement un apprentissage de la vie ; elles en sont aussi la première,

(1) *L'Éducation du caractère*, p. 334.

la plus périlleuse, mais, à certains égards, la plus riante période. Le langage par trop kantien que je viens de reproduire
ne sera jamais entendu, jamais appliqué par des mères. Con-
cilions à leur usage, puisqu'elles le feraient peut-être un peu
plus mal sans nos avis, la morale du devoir et la morale du
plaisir. Le but de l'éducation morale étant de donner à
l'enfant le plus possible d'habitudes saines et morales, j'estime, et, si je ne me fais illusion, tout mon livre le prouve,
qu'à donner de telles habitudes, on réussit presque toujours
par l'effort modéré, et par le plaisir, bien plus que par la
peine. C'est même en vue du bonheur de l'enfant, comme en
vue de sa moralité, que je réclame pour lui « l'accoutumance
aux impressions pénibles et désagréables, qui sont comme
les premières assises d'un caractère sage, ami de l'ordre,
peu enclin aux nouveautés étranges ». Combien, à plus
forte raison, ai-je à cœur « de le soustraire à toutes les
sensations violentes, qui ébranlent son esprit, qui par
leurs secousses inattendues peuvent le rendre inquiet et
troublé pour la vie (1) » ! L'éducation est, dans ses fins
comme dans ses moyens, une œuvre optimiste, une œuvre
de douceur et de confiance.

Je ne crois pas, du reste, avoir mérité le reproche de
rêver pour l'enfant un bonheur tout animal. Ce ne sont pas
les philosophes qui reconnaissent dans l'animal les germes
ou les équivalents des facultés de l'homme, qu'on verra

---

(1) M. G. Compayré m'en félicitait dans un bienveillant article
consacré à la première édition de ce livre, *Revue philosophique*
août 1881.

jamais rabaisser ce dernier jusqu'aux degrés réellement inférieurs de l'animalité. On ne peut plus avoir de ces craintes, quand on a lu la belle et ferme protestation de M. A. Espinas. « Pour nous qui n'avons pas moins souci que qui que ce soit de la noblesse et des destinées de notre race, si nous entendions quelqu'un, après la lecture de notre étude, dire : « Eh quoi ! dans plusieurs sociétés animales, les faibles sont protégés, les jeunes sont élevés avec soin, les vieux mêmes sont parfois secourus, les membres d'une même peuplade et d'une même famille sont prêts à se sacrifier les uns pour les autres sans la plus légère espérance d'une compensation ; et il se peut que certains hommes en soient encore à se demander si ce sont là des vertus ! » nous ne pourrions qu'applaudir à un tel langage. Relever les sociétés animales, c'est relever du même coup la société humaine qui les surpasse de si loin et de si haut (1). »

V

Mon livre, tel qu'il s'offre aujourd'hui au public, est à beaucoup d'égards un livre nouveau. Il a subi des changements importants. La première partie, qui a trait à la formation de la volonté et aux divers moyens de discipline, ne doit presque rien à la précédente édition. Cette partie de mon étude fait, d'ailleurs, une sorte de préparation générale à la culture des sens et des émotions, instruments et objets de discipline morale. Mon traité d'éducation mo-

(1) A. Espinas, *les Sociétés animales*, p. 151.

rale, qui est souvent de la morale en action, a ainsi gagné en cohérence, en unité, et peut-être aussi en clarté. Les préceptes forcément épars s'y rattachent comme à un centre naturel.

Le chapitre relatif à l'esthétique, utilisé dans la 3ᵉ édition des *Trois premières années de l'enfant*, n'avait aucun titre à reparaître ici. L'influence directe du sentiment esthétique sur les émotions et les habitudes morales, comme il a été dit plus haut, se produit pour le mal comme pour le bien. Quant au caractère moral que peut revêtir lui-même le sentiment esthétique, outre que la question est bien controversée (1), l'inconvénient était inévitable, dans un livre comme celui-ci, de dire là-dessus trop ou trop peu.

J'ai supprimé aussi le chapitre qui avait pour titre *le sens naturaliste*. C'était là bel et bien une digression de métaphysique. J'ai voulu mériter complètement l'éloge que M. C. porali, le savant directeur de la *Nuova Scienza*, m'a fait, d'avoir éliminé tout ce qui sent la polémique. La métaphysique, soit philosophique, soit religieuse, n'a que faire dans un traité d'éducation morale. Est-ce que la peur, la colère, la jalousie, la véracité, la bienveillance, est-ce que toutes les tendances bonnes et mauvaises de l'espèce humaine, ne sont pas les mêmes, et ne sont pas à diriger par les mêmes procédés, chez les fils des idéalistes et les fils des empiriques, chez les fils des croyants et ceux des sceptiques de tout nom et de toute nuance? Sachons

(1) V. *la Morale dans le drame*, de M. L. Arréat, et les articles de M. Stapfer dans la *Revue bleue*, du 27 août au 24 septembre 1887.

donc, enfin, au lieu des sectaires que nous voulons paraître, nous montrer tout simplement les hommes, les frères, les concitoyens que nous sommes. La morale et l'éducation, de même que la science et le patriotisme, se trouvent sur un terrain neutre, celui où nous avons le plus d'intérêt et le plus de facilité à nous trouver tous d'accord (1).

Mon livre de morale s'adresse à tous les éducateurs indistinctement. Il s'adresse même, ainsi que mes livres de psychologie infantile, aux futurs éducateurs des deux sexes. J'ai appris avec un vif plaisir qu'ils sont entre les mains des jeunes gens, qui les trouvent dans les bibliothèques de leurs établissements, ou qui les ont reçus en prix à leur dernière année d'études. Mon ambition, si je ne songeais qu'à moi, est donc bien satisfaite. Mais, en ce qui concerne la pédagogie elle-même, elle ne l'est pas encore. On a inscrit quelques notions de psychologie de l'enfant dans les programmes de philosophie; n'y ajoutera-t-on pas aussi quelques notions générales de pédagogie physique, intellectuelle et morale ?

---

(1) Je suis heureux de retrouver la même idée éloquemmen exprimée dans un nouveau livre de M. Compayré, *Cours de morale*, p. 9 : « En dehors et au-dessus de toute doctrine confessionnelle, il y a une morale humaine qui ne relève que de la science pure, qui ne se fonde que sur la raison naturelle. C'est celle dont Voltaire disait qu'elle n'a rien de commun avec les dogmes, c'est celle que Talleyrand recommandait comme une science véritable dont les principes seront démontrés à la raison de tous les hommes, à la raison de tous les âges, comme un rendez-vous commun où, malgré la différence des sectes, les hommes doivent tous se réfugier et se réunir. »

Plusieurs pédagogues marquants de la France et de l'étranger sont d'avis que l'hygiène et la pédagogie doivent être enseignées aux enfants qui vont quitter l'école pour jouer leur rôle dans la vie. L'auteur de l'*Éducation du caractère* estime pourtant que « le moment favorable pour entretenir les jeunes gens de la pédagogie est celui où ils cessent d'être des écoliers pour devenir des étudiants ». Je souhaite fort, sans beaucoup l'espérer, que la jeunesse des Écoles accoure avec empressement à des leçons dont on ne lui a pas appris, dès le collège, tout au moins à sentir l'importance. M. Charles Bigot disait naguère avec raison : « On ne désire pas ce que l'on ignore... Même arrivés à l'âge d'homme, la plupart ne voient de la vie et du monde que ce qu'on leur a appris à voir, ils ne regardent qu'avec les lunettes qu'on a mises sous leurs yeux. Et j'ajouterai que, quand même des curiosités nouvelles s'éveilleraient en eux, le plus souvent il leur serait bien difficile de les satisfaire. Toute étude nouvelle, pour être vraiment sérieuse, suppose à ses débuts un certain nombre de notions techniques qui ne s'apprennent guère qu'à l'âge où la mémoire est docile (1)... » La pédagogie n'est-elle pas une de ces connaissances dont il faut avoir eu l'avant-goût sur les bancs de l'école ?

Tarbes, Octobre 1887.

---

(1) *Questions d'enseignement secondaire*, p. 31.

L'ÉDUCATION MORALE
DÈS LE BERCEAU

PREMIÈRE PARTIE

PREMIER DÉVELOPPEMENT ET FORMATION MORALE DE LA VOLONTÉ

CHAPITRE PREMIER

Développement de la volonté sous sa forme active ou positive.

La volonté se développe, comme toutes les forces mentales, par un exercice méthodique, tendant à faire d'elle une habitude supérieure. — Premier développement de la volonté. — Exercice spontané de la volonté dirigé, mais non comprimé par l'éducation. — Des mobiles à mettre en œuvre suivant les différents caractères. — Volonté prime-sautière de l'enfant. — Il convient de fixer l'attention de l'enfant plutôt sur les motifs et sur les moyens que sur les mobiles. — Utilité de la réflexion appliquée aux actes récemment faits. — Ne pas perdre de vue les conditions physiologiques de la volonté; avec son cerveau débile, l'enfant a peu la force et il se fatigue vite de vouloir. — Mesure et opportunité dans les exercices de la volonté.

La volonté se développe, comme toutes les forces mentales, par un exercice méthodique tendant à faire d'elle une habitude supérieure. « L'éducation, dit M. Ribot, est une somme d'habitudes. » Ce mot est vrai surtout de l'éducation de la volonté, qui n'est pas une pure force de détermination, mais un ensemble de tendances physiologiques, émotionnelles, intellectuelles et motrices. La force et la direction données à ces divers éléments produisent chez l'enfant une aptitude à les combiner utilement dans cet équilibre toujours si instable, qui n'est, selon M. Ribot, qu' « un accident heureux ».

L'éducation de la volonté, qui, chez un enfant bien élevé, se fait souvent d'une manière instinctive et mécanique, tend à faire de cette faculté une forme spéciale de la réflexion. Celle-ci peut devenir elle-même une fonction presque machinale. Mais, pour en arriver là, l'enfant doit passer par une longue série d'essais produits avec effort et conscience. Tout, dans la vie, est matière à expériences et à déterminations comme volontaires ; mais une sérieuse éducation peut seule, avec des exercices appropriés, donner à la volonté toute sa sphère d'action et toute la force dont elle est capable.

La volonté naît peu à peu des mouvements réflexes, impulsifs, instinctifs, qui, avec le progrès des facultés de perception et d'idéation, et après avoir été longtemps exécutés et variés, tombent sous le coup de l'attention, et deviennent conscients, réfléchis, en un mot, volontaires. Mouvements mieux définis, plus parfaits, sensations mieux perçues et localisées, représentations intellectuelles assez bien constituées pour jouer un rôle excito-moteur, telles sont, d'après M. Preyer, les conditions nécessaires à l'exercice de la volonté. Ce résultat est possible seulement après les premiers mois. Pour que l'enfant veuille tenir droite sa tête, qui auparavant ne cessait de brandiller en tous sens, il faut que le développement des organes nerveux centraux et périphériques, et des organes des mouvements, lui permette des contractions musculaires en réponse à certaines associations d'idées et de perceptions.

Insistons sur cette genèse psycho-physiologique de la volonté. L'acte de préhension de la main est un des plus importants pour le développement psychique. Il consiste en plusieurs sortes de mouvements. Tout d'abord, le déplacement des mains, de côté et d'autre, vers le visage, en particulier, est inné, impulsif, et provient de l'attitude qu'a le fœtus durant la vie intra-utérine. Le mouvement des doigts autour d'un objet quelconque est un pur réflexe. L'acte de conserver d'une façon distraite ou mécanique un objet qui a été posé dans la main, n'est pas encore conscient chez l'enfant de deux ou trois semaines. Quand l'objet est placé de telle façon que la main, agitée de ci et de là, le saisit, l'opposition du pouce se produit, et la préhension a lieu. Dure-t-elle un certain temps, l'attention s'y arrête, il n'est plus inconscient; mais il n'est pas encore volontaire. « L'enfant n'étend pas encore ses bras, mais il veut retenir l'objet que sa main a saisi par hasard. Il le voit, et s'en forme une représentation intellectuelle. De l'acte de fixer l'objet à saisir, à saisir l'objet fixé, il n'y a qu'un pas : ce pas une fois franchi, nous nous trouvons enfin en présence de l'acte volontaire de la préhension (1). »

M. Preyer a bien constaté les premiers essais volontaires, à propos d'actes relativement fort simples, dès le troisième ou le quatrième mois; mais il me semble en reculer fort loin le développement réel. Il faut des années, dit-il, pour que l'acte de préhension se perfectionne, et pour que l'inhibition en soit possible par des idées inculquées grâce à l'éducation. La volonté n'a pas, croyons-nous, sa

(1) *L'Ame de l'enfant*, livre II.

mesure dans la perfection des mouvements tendant à une
fin précise ; il est même à noter que l'imperfection relative
des actes excite davantage à les vouloir. Sans doute, l'exercice plein et régulier de la volonté exige une concentration
de l'attention bien difficile et bien rare chez le jeune enfant ;
mais, si courte et si fugitive qu'elle soit, elle ne diffère pas
en qualité de celle de l'adulte. Elle fait son œuvre en petit.

L'exercice spontané de la volonté doit être dirigé, mais
non comprimé par l'éducation. L'enfant fait de lui-même
la première éducation de sa volonté dans les jeux et les
expériences diverses qui exigent une coordination de plus
en plus parfaite des mouvements. Il apprend d'abord par
ses propres efforts à commander à ses organes moteurs, à
les adapter à des fins plus variées de plaisir pour lui ou
pour les autres. Il apprend de lui-même aussi à exécuter
une foule de mouvements pour éviter des impressions
pénibles ou dangereuses. Il convient donc de lui laisser
une grande liberté, une grande initiative, dans tous les
actes d'une importance secondaire. Mais, sans étouffer ni
gêner sa spontanéité, on peut intervenir quelquefois utilement dans les jeux d'un enfant de dix ou quinze mois.
On peut lui indiquer des mouvements à faire, en l'aidant
quelque peu ou les exécutant lentement devant lui. On
peut lui tendre la main, lui ouvrir une porte, lui donner
un objet placé trop loin ou trop haut, quand l'acte est
bien voulu, commencé, et que la facilité de l'exécution l'en-
couragera de nouveau à le vouloir.

Plus l'enfant grandit en force, en intelligence et en
adresse, plus il entre à certains égards sous le contrôle et
la direction de ses éducateurs. Il se mêle davantage, par
sympathie, curiosité, besoin d'action, aux affaires de la

famille. Nous lui fournissons, ses camarades lui fournissent à chaque instant des fins, des modèles, des motifs d'action. Nous avons à le prémunir contre certains exemples, et contre les excès de son impulsivité si grande encore. Nous avons surtout à lui apprendre; soit par nos actes, soit par nos explications, à se servir le mieux possible, et avec la plus grande économie de temps et de force, de ses organes moteurs.

Il importe beaucoup de connaître les mobiles à mettre en œuvre suivant les différents caractères. On agit toujours pour une fin désirée. De là l'étroite parenté de la volonté avec les sentiments, les mobiles qui sollicitent l'être humain à tendre vers cette fin. L'éducateur qui veut amener l'enfant à prendre des résolutions conscientes, et par ainsi former en lui l'habitude de vouloir, doit d'abord chercher à connaître son tempérament émotionnel.

On peut, sous ce rapport, établir deux classes plus ou moins tranchées de caractères: les lents, les paresseux, dont l'inertie quelquefois maladive peut aller jusqu'à l'obstination et à la résistance; et les vifs, les emportés, les impulsifs, prompts à tout faire, à tout essayer, à tout abandonner, sans réflexion, sans modération. A chacun de ces deux défauts s'ajoute aussi plus ou moins celui de l'indécision ou de l'inconsistance, les impulsifs ne sachant pas prendre parti en présence de deux ou plusieurs motifs, et les mous ne se trouvant pas plus excités à choisir l'un que l'autre.

Il va de soi que l'éducateur devra susciter les mobiles les plus propres à faire agir, dans un but donné, ces deux sortes de tempéraments. Il fera souvent appel à plus d'un mobile pour entraîner l'enfant mou et paresseux; si l'action dure quelque peu, est assez compliquée ou difficile, il renouvellera les excitations de la sensibilité pendant l'action même. Les mobiles pénibles, par exemple, la peur d'une privation, d'un châtiment, d'un blâme éner- gique, feront plus souvent de l'effet sur ces organisations apathiques et indifférentes. Le coup d'aiguillon de l'émula- tion devra être fréquemment ou fortement enfoncé dans leur chair insensible. Au contraire, des mobiles de faible intensité, surtout des mobiles agréables, et peu nom- breux, l'éloge, l'encouragement, la sympathie, l'émulation, au besoin, un froncement de sourcils, un ton de voix grave, un petit reproche, l'expression d'un doute sur les sentiments de l'enfant ou le résultat de l'action, suffiront d'ordinaire pour fixer et diriger, tout en lui ouvrant la carrière, l'enfant impressionnable.

Ainsi l'on pourra dire à l'enfant peu facile à ébranler : « Je compte sur toi, ta mère aussi ; — je sais que tu peux faire cela, j'en suis sûr ; — fais vite, je t'en prie, et fais bien ; — allons, mon ami, plus vite, du courage ; — j'espérais plus de toi ; — tu sais que tu me feras bien plai- sir ; — regarde, ton frère le fait (ou l'a fait) sans difficulté, etc... » On pourra le solliciter coup sur coup par différents sentiments, avec des mines et des tons de voix qui en aug- mentent l'influence. Avec l'enfant du caractère opposé, il n'est pas nécessaire, et il serait souvent maladroit de multi- plier ou d'exagérer les stimulants émotionnels. Quelque excitation répétée de temps à autre fera l'effet voulu : « Te voilà assez fort pour faire ceci, qu'en dis-tu ? — pourrais-je bien compter sur toi pour telle action ? — tu serais bien ai- mable d'aller chercher tel objet, de faire telle commission ; — voyons, nous allons faire quelque chose de joli ; — ton frère serait bien content de toi, si tu lui faisais ceci ou cela, etc. »

Il s'agit, en définitive, avec celui-ci, de retenir l'émotion et l'attention sur quelques actes bien précis, et avec celui-là, d'exciter, d'accroître et de maintenir la sensibilité en déterminant des goûts, des habitudes, des sentiments intenses, de petites passions ; en un mot, de modifier dans le sens voulu, d'améliorer ces deux sortes de natures, qu'il ne faut point d'ailleurs espérer de changer radicalement.

Dans les actes qui ne relèvent plus de l'impulsion ou de l'instinct, il y a un intervalle, si court soit-il, entre le désir et l'exécution. Cet intervalle est rempli par le jeu des motifs préparant le choix. C'est ici l'œuvre de la délibération. Elle est quelquefois très simple, ne consistant que dans un choix entre faire et ne pas faire. La volonté n'est souvent pas autre chose que l'assentiment accordé à un motif ou à un moyen d'action supposé seul. Les hésitations du jeune enfant se rapportent d'ailleurs bien plus souvent aux moyens qu'aux motifs d'agir ; rarement elles se prolongent au delà de quelques secondes. Le doute et l'indécision ne sont guère de cet âge. Si l'action subit un court arrêt, le motif s'efface presque aussitôt devant le mobile en jeu au début ou quelque autre mobile incident.

Dans les actions qui tombent sous le contrôle de l'éducateur ou qu'il propose à l'enfant comme de petits problèmes à résoudre, il convient de fixer l'attention de l'enfant plutôt sur les motifs et sur les moyens que sur les mobiles. Si l'influence du sentiment est prépondérante au point de vue de l'exécution, celle de l'intelligence importe davantage au point de vue de la décision volontaire et de la moralité de l'acte. Le mobile est quelque chose de vague, de trouble : « c'est une double émotion ; d'abord un plaisir, savoir la jouissance entrevue du bien qu'on souhaite ;

ensuite une douleur, car le désir est essentiellement une privation ; le désir est troublé et agité, d'autant plus qu'il est plus fort » ; il « porte sur des choses extérieures à nous le plus souvent, qui ne dépendent pas toujours de nous, et qui peuvent être impossibles à atteindre ». Par l'intelligence et la réflexion, nous prenons possession de nos pensées, autant qu'il est possible : « on ne *veut* pas un objet, on *veut faire* une action ou ne pas la faire, parler ou se taire, etc. (1) » Nous rentrons dans ce calme et cette sérénité qui nous permettent d'adapter nos moyens aux fins désirées, de choisir, entre deux ou plusieurs mouvements, ceux qui nous y amèneront le plus sûrement. Nous sentons, dans ces conditions, que nous agissons de notre mieux, avec toutes les ressources de notre expérience passée, avec nos forces les plus personnelles.

L'essentiel est d'habituer l'enfant à vouloir ferme plutôt que vite. Or, le mobile d'action une fois assuré, rien n'engage plus à l'action que l'attention arrêtée sur les conséquences probables, et aussi sur les moyens. L'idée d'un acte n'est pas autre chose, en définitive, que l'idée des moyens employés pour l'accomplir. Or, tout le monde sait aujourd'hui que l'idée est un commencement d'exécution. A plus forte raison, quand cette idée est aussi concrète que possible, quand on a devant soi, sous ses yeux, sous sa main, l'objet et l'outil de l'action. Ainsi, vous dites à un enfant de quatre ans de vous apporter un tabouret, un vase, un livre pris sur la table. S'il vous suffit de lui témoigner votre désir pour le décider à vous rendre ce service avec empressement, vous n'avez pas à vous occuper du mobile ; l'enfant en est déjà dominé. Vous auriez plutôt à calmer

(1) H. Marion, *Leçons de psychologie*, pp. 93-91.

sa bonne volonté impatiente, à lui faire remarquer le danger qu'il aurait à courir sur le parquet glissant, ou le risque de laisser tomber un des objets apportés en le saisissant et le charriant à la hâte, à l'étourdie. Vous lui dites : « Ne te presse pas trop, mon ami ; — prends le tabouret, le livre, le vase avec les deux mains, — tiens-le bien fort et marche d'aplomb, tout doucement, etc. »

Ce sont là de vrais exercices de la volonté. Si on les varie, si on les proportionne à l'intelligence de l'enfant, à l'état de ses forces, à son expérience, à son habileté, ils lui seront fort utiles. En le soumettant à ces analyses de sa propre activité, en lui faisant examiner les divers éléments de ses actes les plus simples, en l'amenant à ne pas se hâter dans ses résolutions, à ne pas céder aux premières excitations du désir, vous lui donnez un pli, une habitude, qui le rendront plus apte à se conduire ainsi quand, livré à lui-même, il lui faudra exécuter des actes analogues. Assurément vous ne devez pas espérer que le petit impulsif commande à ses désirs, pèse ses motifs, étudie de sang-froid les moyens de faire au mieux ce qu'il fait, chaque fois qu'il se trouve en présence d'un acte difficile ou nouveau. Mais il y arrivera peu à peu, si vous l'obligez fréquemment à faire ainsi des actes importants, et si vous avez pris sur vous de louer moins l'ardeur que l'attention portée à bien faire.

Ces exercices de la réflexion appliquée aux mouvements volontaires ne doivent pas toujours s'arrêter aux préliminaires de l'action. Il est utile de porter souvent l'attention de l'enfant sur les actes, bons ou mauvais, qu'il vient d'accomplir (1). Souvent, même après une hésitation ayant

(1) V. *L'enfant de trois à sept ans*, p. 291.

toutes les apparences d'une délibération, l'enfant s'est décidé sans savoir pourquoi, a opéré sans savoir comment. Ce pourquoi, ce comment, il peut du moins les connaître après avoir agi. Il n'est plus alors, ni au point de vue des idées, ni au point de vue des sentiments, le même que devant. Ou son désir est satisfait et ne porte plus obstacle à l'apparition des motifs que l'idée de l'acte aurait pu faire naître ; ou l'action n'a pas réussi à souhait, et, dans ce cas, à plus forte raison, l'acte devenant un objet d'attention, les idées, les motifs qui s'y rapportent ont toute facilité pour surgir dans la conscience.

« Si j'avais pensé à cela, disons-nous souvent nous-mêmes, je n'aurais pas agi ainsi ; mais je n'y ai pas pensé. » C'est ainsi que l'interrègne de la raison succède au règne des caprices. Quand l'enfant vient d'agir en contradiction avec son expérience utilitaire, il se souvient de cette expérience aussitôt l'action faite, car il sait trouver, comme nous, des excuses pour pallier sa faute, et même des raisons pour la rejeter sur autrui.

Le conseil que je donne de faire revenir l'attention de l'enfant sur ses actes n'est pas seulement utile à la formation de la volonté chez les enfants étourdis et irréfléchis. Sans doute un enfant sérieux saura souvent de lui-même, à cinq ou six ans, et surtout à huit ou dix ans, se souvenir utilement de la façon dont il s'est déjà comporté. Mais ne nous fions pas trop à lui du soin de sa direction personnelle ; ne lui laissons pas le libre et plein contrôle de ses pensées, de ses sentiments et de ses actes. Il en résulterait pour nous de graves mécomptes, et pour lui de sérieuses défaillances. En effet, selon son tempérament, ses goûts acquis, ses habitudes, il aura fait particulièrement attention aux actions dont les résultats lui étaient grandement

favorables ou contraires ; il en aura négligé une foule
d'autres pour lui moins intéressantes. C'est pourquoi des
actes analogues étant donnés à faire, il y apportera une
indifférence ou une incurie dont le résultat pourrait
souffrir. Ce seront autant de lacunes dans l'éducation de
sa volonté. Qui n'a pas connu des caractères fortement
doués pour certaines formes d'action, prêts à toute éven-
tualité, armés pour toute épreuve d'un certain genre,
admirables à se dévouer pour leurs amis ou pour la patrie,
capables de tenir tête à de terribles puissances, de
relever des causes perdues, d'espérer contre l'espérance
même, en un mot, de sauver tout avec l'honneur, mais qui,
mal habitués à surveiller leurs faiblesses et à se décider
dans les petites choses, sacrifiaient leur haute raison à
leurs amitiés ou à leurs haines, et succombaient enfin
dans une lutte inégale avec des adversaires bien inférieurs ?
Il sera donc très utile de connaître les défauts de l'attention et de la volonté chez les enfants de tout caractère,
pour provoquer après coup la réflexion dont ils sont trop
ménagers pendant l'exécution de certains actes, et c'est
toujours sur les motifs et sur les moyens que ce retour
de l'attention portera avec le plus d'avantages.

Dans tous les exercices relatifs à la formation de la
volonté enfantine, ne perdons jamais de vue les conditions physiologiques de cet état mental. Les décisions, de
même que les convictions de l'enfant, sont très fragiles,
feu de paille qui prend et s'éteint vite. Ces deux défauts
dépendent moins de son inexpérience que de son impulsivité nerveuse, de la faiblesse relative de son cerveau et
de ses muscles. Sikorski en donne un exemple qui peut
suffire pour tous les cas. « Lorsque les enfants ont bien
compris le mécanisme des manipulations, ils ne veulent

pas être nourris par d'autres, alors même qu'ils ont faim, quoique l'enfant conçoive très bien toute la lenteur de cette dernière manière de manger et tous les avantages qu'il y a à manger de la main d'autrui. Il est évident que, dans ce cas, l'exigence irrésistible et le plaisir émanant de la fonction de la volonté, l'emportent sur l'instinct de la faim. Il arrive cependant souvent qu'au milieu du repas ou vers la fin, l'enfant met bas les armes et commence à manger de la main d'autrui. Il y est réduit, non par la faim, qui est à moitié assouvie, mais par la fatigue de la volonté, par le travail, devenu pénible, d'organiser des impulsions coordonnées. L'observation démontre parfois avec une parfaite évidence que ce n'est que la fatigue de la volonté qui réduit l'enfant à se laisser nourrir par autrui (1). »

Les exercices de volonté dont il a été parlé plus haut réclament toujours, avec beaucoup de mesure, une certaine opportunité. Il faut surtout choisir les moments où tout conspire à l'action vive, consciente et pleine. Mais connaît-on la force disponible de volonté chez un enfant de tel ou tel âge, suivant les heures du jour, l'état de fraîcheur ou de réfection des organes, la fatigue que le jeu, l'action sous ses diverses formes, le travail intellectuel ou émotionnel, ont pu amener dans son cerveau, ses nerfs et ses muscles? On a ébauché ce genre d'informations pour l'attention étudiée dans des groupes scolaires ; nous en voudrions de plus précises encore, si c'est possible, sur toutes les facultés en général, et en particulier sur la volonté. Aux parents de voir quand l'enfant se trouve en état de porter utilement son attention ou sa réflexion sur ses actes. Nous devons lui imposer cet effort dans une foule de

(1) *L'Evolution psychique de l'enfant, Revue philosophique*, mai 1885, p. 535.

circonstances, pour son bien ou pour le nôtre. Mais il convient de ne le faire, comme exercice de la volonté, et surtout à l'égard des tout jeunes enfants, que lorsque leur humeur et leur entrain paraissent nous y inviter.

CHAPITRE II

Développement de la volonté sous sa forme négative ou répressive.

En quoi consiste la volonté répressive, ou force d'arrêt ou d'inhibition. — L'arrêt n'aboutit jamais qu'à une moindre action. — Rôle des sentiments dépressifs dans la production de l'arrêt.—Les sentiments agréables concourent, avec les sentiments pénibles, à produire l'arrêt des réflexes chez le tout jeune enfant. — La volonté répressive, grâce aux diversions produites par l'attention, s'habitue peu à peu à triompher des instincts et à résister aux sensations pénibles. — Pour atteindre ce but, il faut développer la volonté comme force d'entraînement, en même temps que comme force d'arrêt. — Les mobiles sociaux ou sympathiques ont ici une très grande puissance. — Employer peu les dérivatifs de l'attention, quand on peut laisser l'enfant user de ses forces sans aucun danger. — Ne pas confondre la patience volontaire, avec une force de volonté en quelque sorte organique. — L'exacte appréciation des choses concourt à former une patience et un courage de raison. — Il faut que le sentiment moral vienne en aide à la réflexion pour soutenir les habitudes volontaires.

« Ce n'est pas l'état de conscience, comme tel, dit M. Ribot, mais bien l'état physiologique correspondant, qui se transforme en un acte. Encore une fois, la relation n'est pas entre un événement psychique et un mouvement, mais entre deux états de même nature, entre deux états physiologiques, entre deux groupes d'éléments nerveux, l'un sensitif (ou idéo-sensitif), l'autre moteur (1). » Cette simple

(1) *Les Maladies de la volonté*, p. 8.

explication nous suffit pour comprendre le rôle, sinon la nature même de la puissance d'arrêt, d'inhibition ou de répression, que nous attribuons à la volonté. Le mécanisme seul le produit, et non l'état de conscience qui l'accompagne.

L'inhibition est tout d'abord inconsciente et involontaire. C'est une suppression ou du moins une réduction des mouvements réflexes, impulsifs, instinctifs, par le fait d'une excitation du cerveau, d'une sensation quelconque. Ainsi des sons, des sifflements, des petites tapes, des objets agités devant les yeux, une lumière les frappant tout à coup, peuvent arrêter, quelquefois soudain, et plus souvent assez tôt, les cris de douleur, les mouvements désordonnés de la joie, etc. Une tendance motrice est substituée à une autre tendance, voilà tout.

L'empire que l'enfant peut exercer sur ses émotions tient donc à celui qu'il a sur ses manifestations émotionnelles. « La suppression des mouvements actuels, dit Bain, tend à la suppression des courants nerveux qui les provoquent, si bien que l'apaisement externe est suivi d'apaisement interne (1). »

« Il faut, pour que l'arrêt se produise, une première condition : le temps. Si l'excitation est si violente qu'elle passe aussitôt à l'acte, tout est fini ; quelque sottise qui s'ensuive, il est trop tard. Si la condition du temps est remplie, si l'état de conscience suscite des états antagonistes, s'ils sont suffisamment stables, l'arrêt a lieu. Le nouvel état de conscience tend à supprimer l'autre, et, en affaiblissant la cause, enraye les effets... (2). »

« Mais, quand l'arrêt se produit, il n'est jamais que rela-

(1) *Les Émotions et la volonté*, p. 351.
(2) Ribot, *les Maladies de la volonté*, p. 351.

tif, et son seul résultat est d'aboutir à une moindre action. Ce qui reste de l'impulsion primitive se dépense comme il peut, par des gestes à demi contenus, des troubles dans les viscères ou par quelque dérivation artificielle, comme ce soldat qui, pendant qu'on le fusillait, mâchait une balle pour ne pas crier. Très peu sont assez bien doués par la nature et façonnés par l'habitude pour réduire les réflexes à des mouvements imperceptibles (1). »

Le rôle des sentiments dépressifs dans la production de l'arrêt est très important à connaître. Parmi les sentiments à mettre en œuvre pour exciter un état de conscience, arrêter les mouvements qui l'expriment, et l'affaiblir d'autant lui-même, il faut compter en première ligne, suivant M. Ribot, les sentiments à caractère dépressif, dont la terreur est comme le type extrême. « Descendons de ce maximum à la crainte modérée, l'effet dépressif diminue, mais sans changer de nature. Or, comment arrête-t-on les mouvements de colère chez l'enfant ? Par les menaces, les réprimandes, c'est-à-dire par la production d'un nouvel état de conscience à caractère déprimant, propre à paralyser l'action. Une enfant de trois mois et demi, dit M. B. Pérez, comprend à l'air du visage, au ton de voix, qu'on la réprimande : alors son front se plisse, ses lèvres se crispent convulsivement, font un instant la moue, ses yeux s'humectent de larmes, elle est près de sangloter (2). L'état nouveau tend donc à supplanter l'autre, non seulement par sa propre force, mais par l'affaiblissement qu'il inflige à l'être tout entier.

« Si, malgré des menaces répétées, l'arrêt ne se produit

(1) Ribot, *les Maladies de la Volonté*, p. 20.
(2) *Les trois premières années de l'enfant*, p. 33.

pas, l'individu est peu ou point éducable sous ce rapport. S'il se produit, il en résulte, en vertu d'une loi bien connue, qu'une association tend à s'établir entre les deux états ; le premier éveille le second, son correctif, et, par l'habitude, l'arrêt devient de plus en plus facile et rapide. Chez ceux qui sont maîtres d'eux-mêmes, l'arrêt se produit avec cette sûreté qui est la marque de toute habitude parfaite. Il est clair, d'ailleurs, que le tempérament et le caractère importent ici plus que l'éducation (1) », ou du moins que l'éducation ordinaire.

Les sentiments agréables concourent avec les sentiments pénibles à produire l'arrêt des réflexes chez le tout jeune enfant.

Même avec un tout jeune enfant, par exemple, un enfant âgé de trois ou quatre mois, les manifestations des sentiments à caractère déprimant, la crainte modérée, l'étonnement, la souffrance et le malaise, ne sont pas les seuls sentiments à employer pour refouler ses émotions quand il est nécessaire. Les tons de voix affectueux, les petites caresses, les encouragements, et, dans le cas de douleurs aiguës, les douces paroles de consolation, produisent l'effet voulu. L'absence de ces impressions agréables et calmantes sera bientôt à l'enfant une privation très sensible, et l'excitera par là même à se comporter de façon à se les assurer. Ainsi, un jeune enfant, d'abord grondé, dès l'âge de trois mois et demi, quand il ne poussait pas un cri au moment de l'évacuation toute réflexe des produits de la nutrition, paraissait heureux, à l'âge de six mois, de s'entendre flatter quand il s'était retenu dans les bras de sa bonne ou de sa mère. A huit mois, il faisait entendre un glousse-

(1) M. Ribot, *les Maladies de la volonté*, p. 22.

ment très bizarre, de son invention, pour indiquer qu'il ne pouvait plus attendre. Il semblait dire à ses parents : « Venez à mon aide, puisque vous êtes satisfaits quand je vous avertis, et que vous vous fâchez quand je m'oublie (1).»

La volonté répressive, grâce aux diversions produites par l'attention, s'habitue peu à peu à triompher des instincts et à résister aux sensations pénibles.

La modération dans les jouissances du goût et la victoire remportée sur ses répugnances relèvent, pour une part, des habitudes imposées à l'enfant, et, pour une autre part, du développement de sa volonté répressive. Sikorski propose un moyen doux et sûr d'exercer les enfants à la patience en détournant leur attention des sensations désagréables de la faim à des objets d'observation se rapportant au goût même. Il ne s'agit plus ici, bien entendu, des tout jeunes enfants, que l'allaitement à des intervalles réguliers a pu d'ailleurs habituer à supporter la faim dans une certaine mesure. « Lorsque l'enfant commence à prendre la nourriture des adultes, des exercices systématiques deviennent très utiles. Je me suis servi pour mes propres enfants de la méthode suivante, que je trouve très pratique : Tous les matins le lait était chauffé sur une lampe à esprit de vin, en présence de l'enfant. L'ébullition du lait et son refroidissement consécutif, qui exigent de quinze à vingt minutes, offraient à l'enfant un divertissement instructif, et lui apprenaient à supprimer la sensation désagréable de la faim. Les enfants auxquels on fournit le lait tout préparé ne savent point comment cela se fait, et demandent à manger le matin dès qu'ils sont réveillés. Or, c'est précisément ce moment de la faim la plus intense qui est surtout propre à l'exercice de la volonté. L'attention de l'enfant à tous les détails de la préparation

(1) *Les trois premières années de l'enfant*, p. 245.

de la nourriture est en général très grande, son attente est
très vive et sa volonté très tendue. Ainsi, la résistance à la
sensation de la faim s'accomplit à l'aide des moyens les
plus puissants de la volonté et de la conscience. Pour peu
qu'on agisse avec prudence, les enfants ne se montrent
point fatigués ou irrités ; au contraire, l'attente leur est un
passe-temps des plus intéressants. L'attente de son tour à
table, pratiquée dans le même but par les parents, est aussi
très utile ; mais elle doit avoir lieu tous les jours, et les
adultes doivent s'y soumettre comme les enfants (1). »

Cet exemple nous fournit toutes les conditions requises
pour l'exercice utile de la volonté chez l'enfant : effort léger,
approprié à l'âge, de courte durée, comportant une diver-
sion agréable de l'attention, un plaisir en conflit avec une
souffrance. C'est ainsi que la volonté s'initie peu à peu,
doucement, à triompher des instincts les plus puissants et
à supporter les sensations les plus pénibles. Même dans
l'ordre de la tempérance et de la patience, il faut s'arranger
de façon à faire autant qu'on peut mentir le proverbe : « Il
n'y a que le premier pas qui coûte. »

Un moyen presque toujours infaillible, pour développer
les capacités répressives de l'enfant, c'est de produire en
lui une force d'entraînement en même temps qu'une force
d'arrêt. Par exemple, un enfant me dérange par ses cris et
ses jeux turbulents ; je lui dis de venir s'asseoir auprès de
ma table de travail. Il regarde ses jouets abandonnés dans
un coin, et je lis dans ses yeux un certain regret ; mais,
comme il est assez obéissant, nulle envie de se lever pour
aller les reprendre. Cependant le besoin inassouvi d'agitation musculaire le saisit de nouveau ; il commence à remuer

(1) Sikorski, *Revue phil.*, mai 1885, p. 510.

bras et jambes, il tourmente son tabouret, le place, le déplace. Je lui dis : « Aie donc la bonté de rester un moment tranquille, je travaille. » L'enfant prend aussitôt une attitude immobile. L'y voyant persister pendant trois minutes, je lui dis: « Si tu veux venir travailler aussi, à côté de moi ? » Il fait un bond : « Oh! oui, je voudrais achever de dessiner mon lion! » Je rapproche une chaise haute, je l'y installe à son aise et lui donne ses instruments de travail, du jaune et du noir tout préparés, son pinceau et son papier. Pendant un quart d'heure, nous travaillons en bons camarades, sans nous rien dire, mais non sans jeter plus d'une fois des regards indiscrets sur nos ouvrages respectifs.

Les mobiles sociaux ont ici, en général, une très grande puissance.

Avec l'enfant, il faut sans cesse remonter la machine volontaire, c'est-à-dire avoir toujours des motifs ou des mobiles en réserve pour recommencer à nouveau les batailles gagnées. Les mobiles de la sympathie, et, à leur défaut, ceux de l'émulation, sont en général les plus efficaces.

J'ai vu un enfant de six ans, que son père avait fort bien dressé à étudier dans le jardin, sans se laisser distraire par les impressions les plus excitantes. Quand il se surprenait à lever les yeux de dessus son livre pour regarder un oiseau, un papillon ou une abeille, il se retournait aussitôt vers la maison, comme s'il craignait un témoin de sa faute. Mais lorsqu'il travaillait dans la chambre à côté de son jeune frère, avec lequel il était parfois en désaccord, le moindre bruit fait par ce dernier le troublait. Son frère imitant ses mouvements d'impatience, on entendait à chaque

instant la voix de l'un ou de l'autre : « Mais tais-toi, enfin !
Il n'y a plus moyen de rien faire ici.. » Le père dit un
jour à l'aîné : « Tu dois donner le bon exemple à ton
frère, et tu es assez raisonnable pour cela. » Il ajouta
que, dans certains collèges, les élèves apprennent leurs
leçons tout haut en étude, et, que, tout à leur travail,
ils ne sont jamais dérangés par celui de leurs camarades.
Il termina par un argument adressé à l'amour-propre de
l'enfant : « Comment ferais-tu dans une nombreuse étude,
toi qui perds la tête pour si peu ? Considère ton frère
comme un gros oiseau un peu mal dressé encore, un
peu maladroit et bruyant, et travaille à côté de lui, comme
à côté d'un petit oiseau bavard du jardin. » Les deux
enfants se mirent à rire, et s'évertuèrent, chacun de son
côté, à ne pas être appelés « gros oiseaux maladroits » par
leur père.

La méthode, si chère à certains parents, des dérivatifs de
l'attention, est surtout de mise avec les enfants du premier
âge, les enfants faibles, irritables, et dans les cas où l'autorité doit céder, sauf à se reprendre par la suite. Cette
méthode contribue, avec les autres habitudes de douce
prévoyance, au bien-être de l'enfant. Par là, elle facilite
l'éducation de la volonté, qui a besoin d'apaisement autour
d'elle pour fonctionner dans la mesure que l'âge et les circonstances lui concèdent. Mais, alors même que l'éducateur
a affaire à des enfants d'un an, maladifs et impressionnables, il ne doit pas perdre de vue la formation directe de
la volonté. Tourner l'enfant d'une émotion à une autre,
sans rien de plus, ce n'est pas le mettre en situation de
réprimer, avec un tant soit peu d'effort personnel et
conscient, cette première émotion. Dès que son intelligence commence à s'ouvrir sur les choses extérieures,

il faut qu'il soit par rapport à elles, dit judicieusement Mᵐᵉ Guizot, « dans les rapports que lui laissent son âge, sa faiblesse et son inexpérience ». Il doit les connaître par rapport à lui, se connaître par rapport à elles, apprendre peu à peu « ce qu'il en doit raisonnablement et naturellement attendre sans craindre ». A cette fin, les impressions des objets extérieurs doivent lui arriver surveillées et redressées par nous. « Il serait étrange d'éloigner d'un enfant les instruments de son éducation jusqu'à ce qu'elle fût achevée, mais il serait absurde de le laisser s'en servir à sa guise, sans précaution et sans méthode, au risque de lui voir prendre l'épée par la lame et le couteau par le tranchant. Lui apprendre à toucher et à *manier par le bon bout*, c'est là le secret de l'éducation (1). » Sur cette importante matière, Mᵐᵉ Guizot avait, on le voit, des idées plus larges que Locke, moins artificielles que Rousseau, plus sages qu'Herbert Spencer.

Cette méthode est applicable à toutes les formes de la volonté répressive, que celle-ci ait des sensations agréables à modérer, des sensations pénibles à écarter, des sentiments dangereux ou inopportuns à supprimer ou à réduire. Elle va pour le courage aussi bien que pour la patience, la modération et l'abstinence. Aussi devons-nous revendiquer pour l'enfant le droit d'user de ses petites forces en même temps que de sa petite raison. Sa propre expérience doit l'instruire, mais non pas à ses risques et périls. Plus que l'excès des précautions, le sentiment trop vif de sa faiblesse peut le rendre pusillanime. L'éminente éducatrice, dont je ne me lasse pas d'invoquer le témoignage, conseille de lui éviter les ébranlements trop forts, qui pourraient le rendre sujet à la peur. Il s'habituera peu à

(1) *Lettres de famille sur l'éducation*, t. I, p. 40.

peu à la force morale, si vous ne lui imposez pas ou ne
lui laissez pas affronter des épreuves qui surpassent ses
forces. Il apprendra à tenir tête aux nécessités physiques,
si vos interdictions prudentes « cessent au moment où
vous pourrez les remplacer par le moyen d'en user sans
danger (1) ». Il ne demandera pas mieux que d'écarter
les précautions superflues, et mettra son orgueil à vous
prouver qu'elles sont inutiles, ou à supporter, avec calme
les inconvénients qu'il éprouverait pour les avoir négligées.

Il ne faut pas confondre une certaine force physique de
résistance au mal, force d'inertie plutôt que de patience,
avec la patience volontaire, vertu à demi acquise, et qui
tient de la réflexion. Un enfant de tempérament actif et
d'éducation rustaude passe ses journées à se faire des
bosses au front, des écorchures aux jambes et aux mains,
et il ne fait qu'en rire. Souffrant d'une dent prête à tomber,
il se désolait, comme certains paysans, douillets à ne pas y
croire, le font de quelques douleurs insignifiantes. Il se
laissa avec peine attacher un fil à sa dent ; mais les larmes
aux yeux, il tira longtemps, moralement sans doute, comme
l'illustre Balzac en pareille circonstance. Enfin, au bout d'une
heure, il commença à tirer pour tout de bon, en voyant
son frère rire de lui aux éclats. Celui-ci âgé de neuf ans,
intelligent, sérieux, écoute volontiers les raisons de faire
ou de ne pas faire qu'on lui donne. Quand il a une dent
à chasser de son alvéole, il n'y va pas à demi ; pas de
fil à tirer : ses doigts font mieux l'affaire ; il tourne et retourne le méchant petit os jusqu'à ce qu'il cède. Pour sa
première dent, il s'était laissé mettre un fil ; et, comme
on lui avait dit qu'il abrégerait sa souffrance en s'y mettant avec courage, un peu par vanité, pour faire seul

(1) Mme Guizot, l. I, lettre XXIX.

cette importante besogne, il eut vite amené la dent.

Qu'il s'agisse de faire face au danger, ou de supprimer, de réduire des impressions pénibles, la première condition est de bien apprécier les choses : il en résulte une bravoure et une patience de raison. C'est par là qu'un enfant de six ou sept ans, et surtout un enfant un peu plus âgé, est quelquefois supérieur à des adultes même instruits, et par ailleurs très raisonnables.

. Deux jeunes enfants avaient été habitués de bonne heure par leur père à passer sans se gêner, mais en prenant les précautions voulues, près de deux ruches établies dans le jardin. Ils savaient chasser les hyménoptères qui semblaient les poursuivre, ou, s'il leur arrivait d'être piqués, ils venaient tranquillement se faire mettre un peu d'huile sur la peau. Il n'en était pas de même d'une jeune bonne à la maison depuis un an. Ayant été piquée un jour à la joue, elle n'a jamais pu s'apprivoiser avec les abeilles. Si, passant dans le jardin, elle en entend voltiger une autour d'elle, elle fuit vers la cuisine, le visage bouleversé, poussant des cris affreux (1).

Un dernier exemple, emprunté, comme le précédent, à la psychologie de l'enfant de trois à sept ans. Henri a sept ans et demi. Il y a quelques mois à peine, sa mère prenant avec la plus grande répugnance une potion désagréable, il pleurait et criait de lui voir faire des contorsions et des grimaces. Il a passé deux mois chez son oncle, officier de santé dans un village. Là il a assisté à plusieurs petites opérations. Il a vu son oncle, un très bon homme, très bourru, malmener les patients prompts à crier. Pour se faire apprécier de lui, il a une fois demandé à être purgé « avec tout ce qu'il y avait de plus mauvais ». L'oncle a

(1) *L'Enfant de trois à sept ans*, pp. 296-306.

beaucoup ri, et l'a purgé selon son désir. Revenu chez
ses parents, comme il voyait sa mère, une potion en
main, recommencer ses grimaces, il lui a pris le bol des
mains, en disant. « Voilà comment cela se boit! », et il a
avalé d'un trait l'affreux breuvage. Puis d'un air triomphant :
« Mon oncle le dit, les amers sont amis de l'estomac ! » Il
y a bien un peu, et même beaucoup d'affectation dans ce
trait-là. Mais un peu d'amour-propre ne gâte rien, quand il
excite la volonté à l'accomplissement d'actions pénibles,
mais utiles.

Il faut que le sentiment moral vienne en aide à
la réflexion pour soutenir les habitudes volontaires.
Mme Guizot, dans ses précieuses *Lettres sur l'éducation*,
nous en donne un exemple typique. L'héroïne de son
roman d'éducation, Mme d'Ailly, stylée par son mari,
se range à la méthode des habitudes fondées sur des principes. Depuis deux jours qu'elle a commencé de l'appliquer, tout s'est passé avec une merveilleuse ponctualité. Le
zèle augmente en raison de la nécessité de l'exactitude.
Elle reconnaît déjà, autour d'elle, à une disposition plus
calme, la puissance de cette loi intérieure pour imposer
silence aux agitations du dedans. Elle espère que ce
moment d'honnête ferveur l'aidera beaucoup à corriger
Sophie de sa disposition à l'humeur et à la colère. Le
désir de satisfaire sa mère l'agitait au point qu'elle s'emportait pour une tâche mal faite, qu'elle considérait comme
un acte de dureté révoltant la plus légère sévérité de la
part de sa mère. Celle-ci l'a confinée dans sa chambre pour
tout le temps du travail, puisqu'elle ne pouvait pas réprimer ses mauvaises habitudes. La petite a supplié sa mère
de lui accorder encore un peu de temps. Mme d'Ailly lui a

accordé encore huit jours. Mais laissons la parole au charmant écrivain :

« Vous jugez quels transports de reconnaissance, quelle ardeur de promesses ont répondu à ma proposition, quels conseils de raison ont été écoutés et acceptés, avec quelle émotion de vertu s'est dit le dernier bonsoir ! Le lendemain, es résolutions n'étaient pas oubliées ; mais, l'émotion passée, l'habitude retrouvait son empire. A la première leçon mal sue, on reprenait son livre avec un mouvement d'humeur qui prélude toujours aux grands accès ; je l'ai retenue : « Mon enfant, ai-je dit doucement, ne commence pas, tu te souviens d'hier; le seul moyen de tenir tes résolutions, c'est de t'arrêter dès cet instant même ; assieds-toi tout de suite près de moi, et rapprends sans rien dire. » Elle s'est assise agitée, mais contenue. Deux minutes après, elle s'est penchée sur ma main, et la baisant : « Maman, a-t-elle dit, je n'ai plus d'humeur. » Une bien tendre caresse a récompensé sa victoire ; j'étais heureuse, la leçon à donner reposait sur un éloge. Tout le jour, il m'a suffi de rappeler le bon succès du matin pour arrêter les mouvements prêts à se reproduire, et chaque fois un sourire un peu forcé, mais sincère, m'apprenait que si l'ennemi n'était pas encore retiré, la lutte était du moins entreprise.

« Elle s'est soutenue depuis avec plus ou moins d'efforts, mais sans notables échecs, et j'ai laissé espérer qu'au bout des huit jours je consentirais à prolonger le temps d'épreuve. Avant-hier j'ai profité de ce que Sophie venait d'atteindre ses huit ans pour annoncer les nouvelles lois de ponctualité que je prétendais établir. « Je t'en avertis, lui ai-je dit, prends garde que ce ne soit pas un sujet d'humeur.» Elle a souri et a paru se sentir fière de braver la tentation. Louise a dit qu'elle voulait se ranger et être exacte comme sa sœur. Sophie, pénétrée de la supériorité d'une fille de huit ans, m'a fait entendre d'un coup d'œil qu'on ne pouvait exiger grand'chose de cette enfant. Quant à elle, pendant ces deux journées, son empressement à prévenir l'ordre lui a constamment épargné la contrariété qu'elle éprouve à le recevoir, et nous voilà fortes de deux jours presque entièrement dévoués au bien (1). »

Nous avons vu, dans cet exemple, une foule de sentiments, et entre autres, l'amour filial, l'amour-propre, le sentiment et l'orgueil du bien, concourir, avec la réflexion et l'attention sur soi-même, à une victoire sur les instincts. Tout le rôle de la réflexion a été de susciter des images plus fortes que d'autres images, plus excitatrices d'émotion, et, par suite, d'inhibition nerveuse. « L'attention, dit M. Ch. Richet, est un appareil d'excitabilité qui renforce les images (2), » c'est-à-dire qui communique aux idées la force d'arrêt ou d'entraînement qui est proprement la volonté. C'est à l'éducation à pourvoir chaque sujet, selon ses dispositions physiologiques, intellectuelles et émotionnelles, d'idées, de jugements, d'habitudes psychiques et motrices, en un mot, d'images dont l'excitation soit facile, à un degré assez intense, pour provoquer, dans une foule de circonstances données, des actes bons, moraux, utiles à l'individu et à ses semblables.

(1) *Lettres de famille sur l'éducation*, t. I, p. 93.
(2) *Psychologie générale*, p. 183.

CHAPITRE III

L'obéissance.

I. L'obéissance est un des moyens les plus étendus de l'éducation. — La sympathie et l'autorité, ou, d'une manière générale, le plaisir et la douleur, sont les deux grands moyens d'obtenir l'obéissance. II. Limites de la docilité de sympathie. — Portrait de l'enfant gâté. — III. Premier rôle de l'autorité dans l'éducation morale. — L'autorité doit savoir céder quelquefois. — L'autorité a ses limites dans la liberté légitime de l'enfant. — Il n'est pas bon de trop gouverner. — Du raisonnement par rapport à l'obéissance. — Résumé.

I

Pour vivre, pour se perfectionner, s'instruire, se moraliser, pour prendre des habitudes régulières, et avec elles la conscience et comme la direction de soi-même, il faut à l'enfant cette habitude ou cette aptitude essentielle, cette vertu qui lui tient lieu de raison, la docilité. Est-il possible, est-il facile de concilier les droits de l'autorité avec les exigences de la liberté ? Montaigne, Locke, Fénelon, Rousseau, et beaucoup d'autres après eux, ont depuis longtemps résolu cette question, qu'il est toujours bon de traiter à nouveau, pour l'éclairer et la préciser davantage (1).

(1) Tout éducateur doit lire et méditer l'excellent rapport où M. Gréard a récemment apprécié les divers systèmes de pédagogie disciplinaire.

L'enfant a les aspirations d'une liberté absolue : c'est une conséquence de son impulsivité, qui le porte à agir d'après le premier mouvement ; mais c'est aussi un moyen de résister aux causes de destruction qui menacent à chaque instant son existence. A ce besoin d'indépendance s'unissent d'ailleurs, dans le jeune être, des tendances no t moins impérieuses, l'admiration, la sympathie, la crain. qui le portent à obéir, comme l'instinct de liberté le porte à résister.

La docilité des enfants n'est pas le résultat de tels ou tels moyens spéciaux, mais une habitude formée à la longue par nos divers rapports avec eux. Pour l'obtenir, aucune méthode ne peut être universelle. Locke fondait l'obéissance sur le respect, et le respect, pour lui, c'était la crainte d'abord, l'amour ensuite. Pour Fénelon, c'était l'autorité qui ne s'abandonne pas, qui ne cède pas, mais qui attend le moment de se faire reconnaître, apprécier et aimer, fallût-il le hâter au moyen d'innocentes super- cheries. Rousseau, qui les admet d'ailleurs, croit surtout à l'efficacité des ordres et des défenses fondés sur la néces- sité des choses, et à l'effet moral produit par les consé- quences naturelles des actes. Herbert Spencer a reproduit en l'élargissant la théorie disciplinaire des conséquences. Son compatriote et confrère en philosophie Bain rejette ce système et adopte celui de Locke, la crainte tempérée par l'affection, l'autorité s'imposant, tantôt par la persuasion, plus souvent par le respect, incidemment par la correction. Tous ces systèmes prêtent le flanc à la critique, et n'en sont pas moins les plus sages et les plus pratiques qu'on ait professés sur la matière qui nous occupe. Nous aurons occasion de les apprécier chemin faisant.

Posons d'abord en principe que la sympathie et l'autorité, ou, d'une manière générale, le plaisir et la douleur, sont les deux grands moyens d'éducation. Ce n'est pas la souffrance, comme l'a dit Bain, qui est la première éducatrice de l'homme. Le plaisir est son collaborateur dès le début de la vie. Mais l'on peut dire que le plaisir contribue plutôt à l'éducation positive, et la douleur à l'éducation négative de la volonté. Il est plutôt fin et mobile d'action, elle est plutôt mobile et moyen de répression. Il est donc assez inutile de chercher si c'est par la sympathie ou par l'autorité que l'enfant apprend à obéir. Ces deux disciplines n'en font qu'une seule. On peut, il est vrai, obtenir par la sympathie et la persuasion beaucoup de choses que l'on obtiendrait également par le respect et la crainte. Mais l'obéissance vraie, l'obéissance raisonnable et entière, résulte de ces deux moyens réunis. L'instinct de la mère ne s'y trompe pas; il lui fait faire d'abord tant bien que mal ce que la science de l'éducation l'amènerait à faire pour le mieux. Elle console, rassure, berce des notes les plus douces de sa voix l'enfant agité par la douleur ou la colère, et, l'instant d'après, elle essaie de rendre cette voix grave, menaçante et courroucée, pour imposer le calme et le silence que ses prières et ses caresses n'ont pu obtenir.

Étudions avec quelque détail ces deux grands moyens d'éducation.

II

Le ton, les gestes, les regards sévères, le déploiement de l'autorité, ne doivent être que l'exception; l'ordinaire, c'est l'ordre, c'est la défense, formulés avec une douceur qui n'exclut pas la fermeté. Une mère qui sait son métier obtient presque toujours ce qu'elle veut en disant : « Allons, mon bébé. — Y penses-tu, mon chéri! — Non,

pas cela, mon ami, cela fait trop de peine à maman. —
C'est très bien cela, mon petit homme. » — Les marques
de sympathie, la louange, le blâme, sont donc très propres
à développer dans le jeune enfant cette précieuse habitude
de l'obéissance, au moyen de laquelle on peut en rompre
ou en faire contracter un si grand nombre d'autres.

L'enfant n'obéit pas à tout le monde avec la même docilité, ni avec le même plaisir apparent. Je connais une petite
fille de six mois qui obéit à sa grand'mère mieux qu'à sa
mère, à son père et à sa nourrice elle-même : faut-il
apaiser ses pleurs, faire cesser ses cris, la calmer quand
elle s'éveille et s'effraie la nuit, la forcer à user du vase, lui
faire tolérer le bain ou le débarbouillage, lui faire tendre
la main, lui faire prendre médecine, le regard seul de la
grand'mère y réussit quelquefois ; rarement les instances
de la mère et de la nourrice, jamais la grosse voix du père.
Serait-ce que le regard ou la voix de l'aïeule touche à quelqu'une des fibres secrètes de la sympathie? Est-ce, comme
on l'a dit, que le petit enfant aime à dépendre quelquefois
exclusivement d'une seule personne? J'ai vu, d'ailleurs,
des enfants de cet âge montrer de la docilité à toutes les
personnes qui savent obtenir leur affection ou leur imposer
par le calme et l'énergie du commandement, comme si la
faiblesse était disposée à reconnaître la force et la protection partout où elles se montrent.

Les jeunes animaux domestiques font de même : les personnes qui les aiment le plus ne sont pas celles qui les
tiennent le mieux. Un chien de six mois, qu'un de mes
amis avait recueilli, ne se gênait pas pour faire du désordre
et des saletés dans ses appartements, ce qu'il se gardait
bien de faire quand il savait à la maison sa gouvernante,
qui aime aussi les animaux, mais qui ne craint pas de les

corriger. Mon ami a élevé aussi les petits d'une chatte qu'il
a arrachée, il y a quelques années, au vagabondage : jusqu'à l'âge de quatre ou cinq mois, ils lui obéissaient avec
assez de facilité, parce qu'ils ne le connaissaient pas bien.
Mais un peu plus tard, ils ont compris qu'il s'ennuyait de
crier après eux, et surtout de les fustiger ; ils savaient, de
plus, que morceau demandé est morceau accordé : aussi
se conduisaient-ils à son égard avec un sans-gêne remarquable. C'est ainsi qu'un enfant de quelques mois paraît
comprendre l'obéissance : elle lui est très facile quand on
le tient de près, et cela par une simple association d'idées.

Par la sympathie, par l'affection, nous pouvons obtenir
souvent de la bonne volonté, mais non pas la volonté
vraie, la soumission à la loi morale. Il ne s'agit pas tant de
faire bien agir que de faire vouloir le bien. Le désir de s'accorder avec sa mère, avec les siens, doit se confondre aussitôt que possible avec le goût du devoir. Tout d'abord, le
bien, pour l'enfant, consiste à satisfaire ceux qu'il aime ;
mais ils ne doivent se tenir pour satisfaits que lorsqu'ils lui
ont inspiré le bien. Tout jeune, il doit être soumis, non
seulement parce qu'il est sociable, mais parce qu'il comprend à sa manière la nécessité morale. Tout jeune, il doit
apprendre qu'il obéit au devoir en agissant pour faire plaisir. Nous rappelons ce double caractère de l'obéissance
aux parents qui veulent tout obtenir par l'affection.

Cette manière de procéder compromet tout à la fois
l'obéissance et l'affection. On prodigue les caresses, et l'attention de l'enfant, toute à ces chères démonstrations,
perd de vue l'acte qu'on lui demande, les moyens et les
motifs. Il se décide à la légère, par entraînement : il est sûr
d'avance que le résultat plaira. Les mères qui suivent cette
énervante méthode récompensent de leurs sourires et de

leurs paroles d'amitié l'amabilité et la complaisance, sans
se préoccuper du mérite, du petit effort de volonté. Leurs
commandements sont des suggestions, des insinuations,
quand il ne sont pas des prières. Ces ordres, inspirés par
le sentiment, ne peuvent manquer de se contredire sans
cesse. Quand elles sont forcées de commander quelque
chose de désagréable, elles se désolent de trouver de la
résistance, et, blessées dans leur affection, elles reprochent
à l'enfant de manquer de tendresse parce qu'il manque de
docilité. Ces chocs de la liberté enfantine et de l'amour
maternel doivent amener des moments d'humeur et de
dépit : ainsi, ce que l'on aura perdu en autorité, on ne
l'aura pas gagné en bonne intelligence.

L'enfant au berceau, tout inconscient qu'il semble de la
plupart de ses actes, agit déjà comme s'il savait qu'il séduit
par sa grâce, et commande par ses tons et ses mines. Il ne
tarde pas à avoir le sentiment très net de sa désobéissance;
on le voit à l'air dont il regarde les personnes accoutumées
à s'incliner devant ses caprices. Bientôt l'amabilité s'envole,
l'obéissance n'est plus ni aussi cordiale ni aussi prompte.
Il traite de maître à inférieur celui qui a eu la faiblesse
de le traiter en égal. Instruit par ses victoires répétées sur
l'autorité, il met un prix à chacune de ses apparentes
défaites. Il n'est pas dupe des moyens détournés que l'on
prend pour lui faire oublier ses caprices. Il les renouvelle
et les exagère à plaisir, comme pour expérimenter jusqu'où
va la faiblesse de ceux qui, pour avoir voulu vivre avec lui
en camarades, en arrivent à lui servir de jouets.

Quel spectacle écœurant que celui d'un enfant à peine âgé
de six mois, qui, par son regard, son sourire, ses pleurs,
ses cris, ses trépignements, ses mouvements de tête, ses
refus opiniâtres, ses désirs absolus, impose sa futile volonté

à tous les membres d'une famille ! Ses besoins réels, ses
fantaisies, toutes ses idées de choses possibles, deviennent
matière à caprices tyranniques : il ne s'endort pas sans
être bercé, il veut la montre de son père, l'agrafe à rubis
de sa mère, le tableau accroché à la muraille, le bec de gaz
ou le lustre qui éclaire la chambre ; si ses regards affolés,
ses cris inarticulés, le geste indicateur de sa main, ne sont
pas compris, ou si l'on tarde à se conformer aux ordres
qu'ils expriment, les cris s'aiguisent en hurlements, et les
gestes impératifs se transforment en gesticulation diabo-
lique. Et qu'est-ce, alors que la parole fournit au petit
maître un moyen plus facile de formuler ses caprices et
de dicter ses ordres ?

Rien de plus triste à entendre que ce mot : non ! énergiquement accentué par une petite voix enfantine. Et ce
mot revient à chaque instant, avec mille applications
diverses, sur les lèvres de l'enfant indocile. Pour lui com-
plaire, il faudra retirer les braises du feu avec la main,
avaler sans sourciller le café dans lequel il aura jeté la dernière bouchée de son dessert ; il faudra se mettre au lit
après le dîner pour qu'il se laisse mettre dans son berceau,
que sais-je encore ? sacrifier de mille façons inattendues,
gênantes, blessantes pour l'amour-propre, sa propre indépendance aux caprices désordonnés de l'idole de la maison.
Ou il faudra se résigner à des scènes d'impatience et de
fureur, à des rébellions lamentables ; ou si l'on perd soi-
même patience à la fin, et qu'on essaie de lutter contre un
entêtement sans bornes, si on veut imposer silence au despote en enflant la voix, en essayant de l'emporter, ou
même en s'oubliant jusqu'à le frapper, quel affront joint à
tant d'autres déplaisirs que d'être vaincu dans une lutte
inégale, de céder à l'enfant, parce qu'on n'a pas pris l'habi-

tude de lui résister, et que l'habitude de vous désobéir le
rend assez fort pour vous dominer par une caresse ou une
vaine marque de repentir, après vous avoir dominé par ses
révoltes flagrantes ! Quand un enfant a été aussi mal élevé
par les siens, il faut lui souhaiter d'avoir été mieux traité
par la nature, et d'avoir de par elle une réserve de bonnes
tendances, assez de franchise, de tendresse et de générosité, pour contrebalancer les pernicieux effets d'une éduca-
cation propre à favoriser tous les défauts de l'égoïsme.

III

L'autorité, sous sa double forme de commandement et de
défense, s'impose tout d'abord à l'enfant par le ton et par
les gestes. C'est la voix qui joue ici le principal rôle. Elle a
sur le jeune enfant le même effet que le fouet et la bride sur
le cheval à dresser. Certaines intonations graves et fermes,
mais agréables en elles-mêmes, ou simplement encoura-
geantes, sont associées à des mouvements libres, tolérés, et
expriment le commandement; certains sons brusques, rudes,
désagréables, associés à des actions interrompues, à des
interdictions pénibles, expriment la défense. Dès que le son
de voix produit sans hésitation la formation ou l'arrêt de
certains mouvements bien déterminés, on peut développer
à volonté la soumission dans l'enfant, et la porter des actes
les plus simples à des actes de plus en plus compliqués.

Quand l'enfant, dont l'intelligence a fait ses premiers
progrès, peut comprendre quelques-uns de nos ordres
explicites, et, comme on dit, nos raisons, le ton d'autorité
lui impose avec la même force qu'aux premiers temps.
Mais alors, avec le sentiment continuel de sa faiblesse, et
l'expérience incessante de la protection qui lui est si néces-

saire, il comprend qu'il a besoin de direction et d'appui. L'autorité passe de la voix à la personne elle-même, et la suggestion sensible tend à devenir obligation morale. Le respect doit aller plus loin encore, et reconnaître l'autorité de la loi, de la règle, après avoir reconnu celle de la personne qui l'incarne.

La liberté des mouvements qu'on peut laisser sans danger, et celle des exigences qui sont le résultat d'un véritable besoin, voilà toute l'indépendance que comporte la période primaire de la vie. Les jeux, le plaisir des caresses, les joies de la curiosité, l'entrain des premiers pas, les surprises du premier langage, les jouissances de tous les sens, de toutes les facultés, et le bonheur inconscient de vivre, ne suffisent-ils pas pour compenser, et au delà, les restrictions nombreuses que nous sommes obligés de mettre au bonheur de l'enfant, dans le but d'empêcher des maux plus grands que ces privations et ces souffrances passagères ? Opposons notre volonté éclairée à son ignorance intrépide, qui ne doute de rien, et laissons-le, en général, pleurer et crier jusqu'à lassitude, plutôt que de satisfaire ses désirs illégitimes et ses fantaisies dangereuses. Il doit s'accoutumer de bonne heure à sentir sa liberté gênée de tous les côtés, pour apprendre à borner lui-même ses désirs. D'ailleurs notre tranquillité, aussi bien que les plus chers intérêts de l'enfant, exige que nous le suivions de près, que nous le tenions court, et d'autant plus sévèrement qu'il est plus jeune.

Pour comprendre une foule de mouvements irréguliers de l'enfant, il faut être bien averti que sa personnalité se prête à nous, mais ne se donne pas. On remarque souvent, même chez de tout jeunes enfants, comme un besoin d'affirmer leur indépendance en face de notre autorité. Il y a l'attrait du fruit défendu, mais aussi le plaisir de l'affranchissement, dans la violation de la règle.

Mme Necker de Saussure a fort exactement décrit le fait, sans toutefois en donner l'explication véritable. « Il est des temps où l'enfant, comme hélas ! l'homme aussi, est saisi d'une ivresse sauvage, des temps où des désirs longtemps soumis reprennent l'empire ; il est des saturnales de mauvais penchants. Alors les scènes, la violence, la souffrance ou l'humiliation des autres ; le désordre, le mal enfin, semble plaire à l'âme et devenir son élément.... Une petite fille dont j'ai déjà parlé, cette enfant si douce, si docile, qui paraissait se plaire à l'obéissance, trouvait parfois du plaisir à y manquer ouvertement. On voyait déjà en elle, à dix-huit mois, le double besoin d'observer la règle et de la braver. Restée seule avec sa mère qui était retenue au lit par la maladie, elle entra un jour sans le moindre motif en révolte déclarée. Les robes, les chapeaux, les écrans, les petits ouvrages, tout ce qui lui tomba sous la main fut porté au milieu de la chambre sur le plancher ; elle chantait et dansait autour du monceau avec des joies indicibles ; le courroux assez réel de sa mère ne l'arrêtait point. Elle avait bien l'idée du mal, sa rougeur trahissait bien les reproches de sa conscience, mais le plaisir consistait à en étouffer la voix (1). »

Il est vrai que ces accès de mutinerie et de révolte peuvent quelquefois venir du besoin d'interrompre un état de soumission et de régularité contraire à l'appétit si vif chez les enfants de la variété. C'est pourquoi la bienveillance toute seule ne suffit pas pour se faire écouter : la docilité enfantine a pour condition une sévérité douce, ou même

(1) *L'Éduc. progr.*, t. II. p. 205.

une sévérité alternant avec la douceur. L'état moral si bien
décrit plus haut est aussi très souvent une simple décharge
de l'activité longtemps comprimée. Le cas de la petite fille
cité par Mme de Saussure ne pouvait-il pas s'expliquer par
une compression de ce genre? L'enfant était ennuyée de
voir sa mère souffrante, retenue au lit, incapable de
l'amuser et de la faire sortir, et les nerfs de la petite se
trouvaient forcément excités par cette situation anormale.
Les enfants travaillés par la dentition ou par un dérange-
ment quelconque, par le besoin non satisfait de l'exercice
au grand air, montrent de ces dispositions fâcheuses. J'ai
connu un enfant de trois mois qui se montrait fort maussade et fort irascible, le soir et le lendemain des jours où
on n'avait pu le sortir. Mais à l'âge de dix mois, il était
insupportable, grognon, pleureur, volontaire, après ces
infractions accidentelles à son régime, qui l'avaient
doublement privé, au physique et au moral, d'un exercice
salutaire et agréable. La raison de ces révoltes enfantines
n'est donc pas toujours dans le besoin inné d'indépendance.
Elles doivent être fréquentes chez les enfants mal gouvernés ou trop gouvernés.

IV

L'autorité doit se prendre au sérieux elle-même, si elle
veut obtenir le respect. «Qu'à la compagne de jeux succède
à propos la mère. » Le plus grand tort qu'on puisse faire
à l'enfant, après celui de parlementer avec lui, c'est de
plaisanter sur les actes à faire, sur les dispositions que
l'enfant y apporte. Il n'est déjà que trop porté à user de
gentillesse, et même de bouffonnerie, pour nous donner le
change sur ses infractions, désarmer notre résistance, et

éluder le châtiment. Notre exemple ou notre complicité ne doivent pas l'y encourager.

Le cousin d'un jeune enfant de trois ans, beaucoup trop complaisant pour lui, assistait à son départ pour le coucher. C'est toujours un moment solennel, quand l'enfant, subitement réveillé, est invité à faire sa ronde de baisers et de bonsoirs dans tout le cercle de la famille. La fatigue de l'enfant le prédisposait, d'ailleurs, à ce qu'on appelle l'indocilité de paresse. Son cousin lui ayant dit, en le voyant venir de son côté : « Bonsoir, monsieur », il tourna les talons, se croyant acquitté de son devoir par cette formule répétée en plaisanterie. Sa mère lui ordonna d'aller embrasser le cousin. « Bonsoir, monsieur », répéta l'enfant, et il fit mine de se dérober dans l'escalier. Sa mère ne voulut pas lui laisser le dernier mot, car il s'en serait prévalu à la première occasion. Elle le ramena vivement auprès du cousin, et l'enfant l'embrassa, sans effusion, il est vrai, et lui dit : « Bonsoir, cousin Léon », mais après une nouvelle injonction de sa mère, et une courte admonestation de son père. C'est là un exemple, entre mille, du danger de plaisanter avec les petits enfants sur les choses sérieuses, et surtout quand il s'agit de soumission et de bienséance. Le badinage ne doit être qu'un repos, jamais une abdication de l'autorité.

Comme la loi morale s'objective pour l'enfant, d'abord dans ses parents, et puis dans toutes les personnes qui sont en rapports fréquents avec lui, les parents qui veulent leur enfant obéissant et régulier doivent imposer leur attitude à leur entourage. Font-ils un reproche mérité, une observation sérieuse, ils ne doivent pas tolérer que quelqu'une des personnes présentes, sous prétexte de distraire l'enfant de son chagrin, cherche à l'amuser par gestes, paroles,

sourires ou regards bienveillants. Dans ces circonstances
pénibles surtout pour son amour-propre, l'enfant est
prompt à saisir l'appui même tacite qu'on lui prête, et il
a vite flairé un protecteur ou un avocat dans la personne
qui le regarde sans rien dire. Comme il n'apprécie pas les
choses en elles-mêmes, mais d'après leurs circonstances
tout extérieures, il n'est que trop disposé à s'exagérer ses
manquements ; il les mesure à la peine qu'ils paraissent
causer à ceux dont l'estime lui est nécessaire, étant pour
lui synonyme d'affection. Mon neveu qui avait menti,
et que sa mère entraînait vers la cave, pour l'y enfermer, lui disait : « Mais, maman, je ne suis peut-être pas
assez puni pour une aussi grande faute ? » Si, dans ce
moment, une personne se fût trouvée là, qui, par
étourderie ou complaisance pour l'enfant, se serait mise à
rire, ou aurait parlé d'indulgence, au lieu de recevoir
une leçon de morale, mon neveu aurait reçu une leçon de
perversion.

Mais ne tombons pas dans l'extrême opposé, et ne soyons
pas sérieux mal à propos, ni plus que de raison. Il n'est
pas « nécessaire de montrer constamment un visage
grave et de s'interdire de partager la joie de ces petits êtres
qui a pour nous tant de charmes ; il faut seulement savoir
au besoin y mettre fin, et faire sentir aux enfants qu'en
jouant avec eux on n'est pas descendu au rang de camarade,
qu'on reprend, quand il ne s'agit plus de jouer ensemble,
mais de commander d'un côté, d'obéir de l'autre, l'attitude
de l'autorité qui exige la soumission. C'est à nous de nous
tenir sur nos gardes, et, dans ces circonstances (où l'enfant
remplace au besoin la résistance ouverte par une mali-
cieuse bouffonnerie), de les décourager par notre froideur.
Ils sont déjà capables de sentir tout ce qu'il y a de piteux

dans une plaisanterie manquée (1). » Ils en sont capables même à l'âge de quinze mois.

V

L'autorité doit savoir céder quelquefois. « S'il est vrai, d'une part, que la discipline doit être inflexible dans les règles qu'elle impose, il n'est pas moins nécessaire, d'autre part, qu'elle soit souple et variable dans les moyens qu'elle emploie (2). » Par la communion intime des parents avec les enfants, il s'établit un rapport naturel entre la faiblesse des uns et les infirmités des autres. L'éducation morale peut souvent profiter de cette faiblesse si excusable, pourvu que les désirs et les fantaisies de l'enfant aient pour limite la raison. Il est des cas, de moins en moins nombreux avec les progrès de l'âge, où l'autorité doit se déployer avec décision et persistance. S'agit-il de méchanceté, d'égoïsme, de cruauté, d'obstination, la raison s'armera de fermeté, et réprimera sévèrement jusqu'à la moindre apparence de faute. Mais quel inconvénient y a-t-il à céder aux fantaisies ordinaires d'un enfant, à lui montrer « qu'une demande plus soumise, une expression plus douce, une caresse plus tendre ont excité l'affection à faire pour lui un peu plus qu'on n'y était porté d'abord (3) ? » Rousseau veut que tous les refus (et aussi tous les ordres) soient irrévocables. Il est bien des cas où l'enfant doit voir dans notre indulgence un motif suffisant pour céder au désir d'abord mal accueilli, pour lever l'ordre une fois donné. Nous lui donnons même un très bon exemple en lui disant que, ré-

(1) A. Martin, *l'Éducation du caractère*, p. 257.
(2) Compayré, *Cours de pédagogie*, p. 456.
(3) Mᵐᵉ Guizot, *Lettres sur l'éducation*, vii, viii et ix, *passim*.

flexion faite, nous avons trouvé quelque motif raisonnable de contremander nos ordres et de révoquer nos interdictions. On peut en user déjà ainsi avec un enfant de trois ans.

L'autorité se respecte elle-même en respectant la liberté de l'enfant. C'est là le juste milieu entre ces deux manières de mal élever, qui consistent dans la faiblesse ou la rigueur excessive. Trop gouverner est peut-être pire que ne pas gouverner assez. Cette manie part souvent d'une louable intention. Notre volonté remplace pour le jeune enfant, et à certains égards pour l'enfant plus âgé, l'expérience et le bon sens qui lui manquent : le mal est d'oublier que l'expérience est avant tout une acquisition personnelle. Nous devons le faire bénéficier de notre expérience en lui laissant faire chaque jour la sienne. Notre régularité, notre exactitude, notre prévoyance, notre surveillance, plus que nos ordres, formeront en lui des habitudes qui le gouverneront souvent beaucoup mieux que nous ne le ferions. Tout en lui imposant avec fermeté, quelquefois avec force, les habitudes nécessaires, n'oublions pas que nous avons à lui donner l'instrument propre à établir de nouvelles habitudes, c'est-à-dire la volonté.

Il n'est pas bon de trop gourverner. Mais la plupart des parents pensent que l'obéissance a pour but seulement d'amener l'enfant à faire par routine ou par choix délibéré ce qu'ils lui ont dit être le meilleur. Il ne s'agit pas, selon eux, de lui donner une volonté, mais de soumettre ou d'évincer la sienne. Ne personnifient-ils pas pour lui la raison et la loi morale ? Hélas ! que trop. Energiques ou tendres, ils aiment tous un peu le gouvernement, les uns absolu, les autres constitutionnel, les autres même anarchique. Ainsi l'affection et l'autorité ordonnent, défendent, chacune à sa manière, mais l'une et l'autre avec excès.

Les parents et les maitres faibles sont même ceux qui abusent le plus des ordres et des prohibitions, il est vrai, avec des alternatives de violence et d'abandon. Usons de l'autorité avec intelligence et mesure. Que nos ordres soient clairs, proportionnés à l'intelligence et aux forces de l'enfant ; qu'ils soient raisonnables ; ne prescrivons que des actes auxquels nous pouvons le contraindre ; n'interdisons que ce que nous pouvons empêcher ; soyons uniformes, mais jamais obstinés dans notre commandement ; ne multiplions pas trop nos injonctions et nos défenses : nous aurons le double avantage d'être mieux compris et d'être constants avec nous-mêmes, de ne pas opposer, suivant la piquante allégorie de J.-P. Richter, aux ordres des contre-ordres.

VI

Pendant les premiers mois, l'enfant obéit par respect, par sympathie, par habitude, mais il ne raisonne pas son obéissance. Il comprend mal les plus simples explications de nos ordres ou de nos défenses. Sans raisonner avec lui, on lui impose l'obéissance implicite, on la lui inspire par une caresse, par un geste, par un regard. Mais, dès qu'il commence à faire usage de la parole, on peut et l'on doit faire sur lui les premiers essais de la discipline persuasive. Dès lors son jugement commence à s'appliquer à ses expériences habituelles. Inconsciemment, il juge nos ordres et nos défenses, comme nous qualifions et jugeons ses actes. A l'obéissance des premiers temps, toute machinale et absolue, s'ajoute l'obéissance volontaire, ou la soumission comme par choix à une volonté supérieurement sage et bonne. Nous sommes la raison de tous ses actes : il ne les appré-

cie que d'après notre propre jugement ; il leur demande
cette consécration souveraine. Lui reprochons-nous un fait
de négligence ou de maladresse, il nous dit qu'il avait cru
bien faire; a-t-il mis un peu de lenteur à nous obéir, il
cherche aussitôt des raisons pour nous prouver qu'il n'a
pu mieux faire. Nous pouvons dès lors raisonner avec lui,
et même discuter la valeur de ses actes, mais seulement
après qu'il a agi, et avec une réserve extrême, et dans des
cas toujours bien rares. Nous serions bien imprudents de
vouloir faire de ces explications précédant l'acte des
motifs d'obéissance.

L'obéissance des premiers temps comporte peu l'a-
journement. L'enfant n'a pas la suite et la consistance
dans les idées qui peuvent lui permettre le choix sans
péril, quand il s'agit d'ordres à exécuter. D'un côté, sa
faible raison a peine à tenir contre les sollicitations de la
sensibilité, rendues plus pressantes par le moment de
répit qu'on leur a laissé. Elles s'imposent, d'autre part,
à sa jeune intelligence qui les transforme aussitôt en
raisons contraires aux nôtres, et voilà l'obéissance doublement compromise.

L'autorité de l'éducateur ne résisterait pas longtemps à
l'habitude de raisonner avant l'acte. Cette habitude entraîne
plus ou moins pour l'enfant celle de raisonner lui-même
avec ses parents. Proposer des motifs, c'est prévoir et
appeler des objections. La loi humaine, qui s'adresse au
peuple, une sorte d'enfant en tutelle, n'explique pas les
motifs : elle se borne à préciser l'ordre et la sanction. Un
souverain qui admettrait ses sujets à discuter la règle éta-
blie leur octroierait ainsi le droit de temporiser avec
l'obligation morale, de ruser avec son autorité, de la
braver ou de s'en moquer. Ainsi fait souvent l'enfant que

l'on veut traiter en personne raisonnable. Une mère un peu trop douce envers son plus jeune fils, âgé de deux ans, lui dit d'aller porter le journal à son père qui se trouve au fond du jardin ; l'enfant, occupé de quelque besogne agréable, se hâte de répliquer : « Maman, mais tu veux donc que je me fatigue ? »

La mère de M. Pollock m'a rapporté une réponse analogue de sa petite-fille ; elle lui faisait une défense, et l'enfant ne se pressait pas d'obéir. «Quand je dis «je veux», dit la grand'mère, c'est « je veux », tu me connais. » Et la petite fille de répliquer : « Mais non, je ne vous connais pas du tout. » Ces réponses sont faites quelquefois d'une si gentille façon, d'un air si agréable, et point mutin! Mais nous aurions tort d'en rire, doublement tort : car l'enfant nous voit mépriser nous-mêmes notre autorité, et cela favorise l'habitude de nous contredire et d'ergoter contre les autres. Notre autorité peut avoir des tolérances, mais point de faiblesses; elle ne doit être ni discutée ni mise en suspicion.

C'est, du reste, au bon sens des parents de voir ce qu'ils peuvent accorder de liberté raisonneuse, suivant l'âge, le caractère et le développement intellectuel de chaque enfant. Même avec un enfant âgé de trois ans, le plus sûr, en général, est de dire : « Fais ceci », « il faut faire ceci », et non : «il faut faire ceci pour tel motif». Les raisons d'agir ne sont rien, si l'on n'éveille pas le désir d'agir. Le plaisir de la nouveauté peut donner, par hasard, de l'attrait à une leçon de morale, visant une action prochaine ; mais autant en emporte le vent ! Le jeune Tiedemann, réprimandé et sermonné pour un larcin de sucre, fut surpris quelques jours après volant des confitures. Mon neveu Charles courait battre le chat, à peine venais-je de lui démontrer la laideur de cette action.

Il appartient encore au bon sens des parents d'employer à propos, avec les enfants un peu plus âgés, les maximes générales, pour assurer, je ne dis pas, leur moralité, mais leur obéissance. Il est possible d'amener un enfant de quatre ou cinq ans, de l'examen de quelques actes particuliers, à l'idée générale d'une nécessité de bien faire. On prépare ainsi le gouvernement de la raison, pour l'époque prochaine où la culture morale reposera tout à la fois sur des maximes et sur la discipline extérieure. Mais il ne faut guère compter que l'enfant obéisse tôt et souvent à des maximes générales, à des lois subjectives. « Votre oncle m'amuse singulièrement, dit l'héroïne du roman d'éducation de Mme Guizot, lorsque, dans ses jours de bonne humeur, il veut faire aussi de l'éducation, et représente à Sophie, par exemple, qu'elle ne peut se mettre en colère, parce que la douceur est le mérite des femmes, ou veut détourner Louise de jeter sa poupée par la fenêtre, en lui faisant des raisonnements sur les inconvénients de la prodigalité (1). » Sans négliger les maximes que nous aiderons l'enfant à tirer de ses propres expériences, n'appuyons que sur des motifs particuliers. Ainsi, pas de raison plus forte pour amener l'enfant à la tempérance ou à la douceur que de lui rappeler ses récentes coliques ou la punition dernièrement subie. Mais il faut le faire d'un air qui impressionne vivement l'enfant, car le souvenir seul d'une douleur ne suffit pas pour lui persuader la sagesse.

Résumons nos conseils relatifs à l'obéissance.

Dans nos propres rapports avec l'enfant, d'où découlent toutes ses habitudes envers les objets, les animaux ou les per-

(1) *Lettres sur l'éducation*, 2. I, p. 34.

sonnes, soyons constants, pour contrebalancer l'impulsivité de son caractère, qui le porte à changer d'habitudes en changeant de milieu ; soyons fermes, pour le tenir dans cette dépendance salutaire, condition de tout progrès et de tout bonheur ; soyons patients, parce qu'il n'a pas conscience du bien et du mal qu'il fait et que actions ne sont licites ou illicites qu'en vertu de conventions ou de nécessités sociales dont il ne peut avoir aucune idée ; formons peu à peu ses habitudes machinales et sa volonté inconsciente, par notre douce persistance à vouloir ce que nous avons voulu, et à faire accorder avec nos prescriptions la conduite et les ordres des personnes que nous admettons auprès de lui ; raisonnons rarement avant l'acte ; mais, l'acte fait, rappelons-en quelquefois les conséquences, pour les associer dans l'esprit de l'enfant à l'idée de l'acte, et préparer ainsi des motifs propres à le diriger sans notre intervention.

CHAPITRE IV

Moyens d'assurer l'obéissance et la moralité. Discipline des conséquences agréables.

I

Les conséquences naturelles de nos actes sont celles qu'ils produisent sans l'intervention directe de nos semblables. Elles sont de deux sortes : physiques, comme la douleur qui suit l'action de toucher un objet chaud ou piquant, et morales, comme le remords d'avoir mal fait ou le regret d'avoir affligé une personne estimée ou chérie. De naturelles, ces conséquences deviennent artificielles, quand nos semblables interviennent pour en assurer ou prolonger l'action, si elles sont d'ordre physique, ou pour en témoigner et en accroître la force, si elles sont d'ordre moral. Les conséquences sont agréables ou pénibles : elles associent l'idée d'un plaisir à l'accomplissement de certains actes, et ainsi elles nous excitent à les renouveler ; ou bien elles nous

détournent de ces actes, parce que leur exécution entraîne
habituellement une souffrance. Occupons-nous d'abord des
conséquences agréables.

Nous trouvons, au premier rang, les plaisirs de l'émulation heureuse, qui réunissent les joies variées de l'action et
les jouissances intenses de l'amour-propre. L'émulation est
d'abord le désir de faire bien, de faire aussi bien que les
autres, et dans certains cas, et suivant les caractères ou les
exemples donnés, de faire mieux que les autres. En somme, le
plaisir du succès, de l'approbation, en est l'élément essentiel.

L'émulation, ou, si l'on veut, l'imitation des adultes, est
l'émulation par excellence. Elle suffirait presque à l'enfant
élevé seul pour être bien élevé. Ici, point de rivalité, point
d'exaltation ni de froissement d'amour-propre ; l'émulation
vise à la qualité, à la perfection, à la vertu, et laisse la
personne en dehors ; on veut faire aussi bien, mais non pas
mieux que les autres ; le succès relève l'enfant à ses propres
yeux, et l'insuccès ne peut le rabaisser qu'au-dessous
de lui-même. Tous les inconvénients de l'éducation commune peuvent se trouver dans l'éducation d'un seul enfant ;
mais l'émulation entre plusieurs enfants sera d'autant plus
efficace et parfaite qu'elle se rapprochera plus de la bonne
émulation de l'enfant aux parents, et, d'une manière générale, aux adultes.

Rousseau et son disciple Kant, beaucoup trop exclusifs,
ne veulent pas que l'enfant s'estime d'après les autres. Sauf
une ou deux exceptions, par exemple, quand il s'agit de
gagner un gâteau à la course (1), Émile n'a point de concur-
rent ; c'est à lui seul qu'il doit se comparer : quels progrès
a-t-il faits depuis six mois, depuis un an (2)? Il est absurde,

(1) Livre II.
(2) Livre III.

dit Kant, de vouloir que l'enfant s'estime plus ou moins que d'autres. « Vois-tu comme tel enfant se conduit ? etc. » Parler ainsi aux enfants n'est pas le moyen de leur inspirer de nobles sentiments (1). » L'enfant, selon Rousseau et Kant, doit s'estimer d'après son expérience, sa raison, et la connaissance qu'il a de soi-même. Il est bon, en effet, qu'il en soit ainsi, pourvu que l'enfant y soit aidé. Il y a tout avantage, même pour un adulte, à se demander où il en était l'an dernier, où il en est aujourd'hui de son évolution intellectuelle et morale. Cela vaut tout autant, sinon plus, que de calculer ses bénéfices et de supputer ses pertes au bout de l'an. Mais, encore une fois, il faut un idéal de raison, pour établir cette estimation comparative de soi-même. Au premier âge, le champ de tels jugements sera très limité, comme les forces et les facultés de l'enfant ; nous devrons, en général, lui en fournir la matière d'après ses actes les plus importants.

Quelquefois la comparaison aura pour objet les défaillances de l'enfant. Si vous lui avez fait un mérite de sa sincérité, de sa patience, de son courage, et (si le mot n'est pas trop ambitieux pour un enfant de deux ou trois ans) de sa probité, de son respect du bien d'autrui, c'est augmenter la bonne opinion qu'il doit avoir de lui-même, et fortifier en lui le sentiment du devoir par la conscience de son mérite, que de lui dire : « Mon ami, je n'attendais pas cela de toi », quand il a agi contrairement à ces bonnes habitudes. On peut lui parler de la même manière quand il s'est acquitté avec lenteur des petites tâches ou des actes de complaisance qu'on lui demande, quand il a enfreint la volonté de ses parents en leur absence. « Personne (2), dit

(1) *Traité de pédagogie*, édit. R. Thamin, p. 109.
(2) *Lettres sur l'éducation*, t. 1, lettre xix, pp. 217-219.

à ce propos Mme Guizot, ne saurait se sentir capable de quelque chose de bien, sans reconnaître aussitôt qu'il le doit. »

Le principe et le modèle de l'émulation se trouvent dans les grandes personnes. L'enfant apprend d'elles ce qui est bien, il cherche à faire d'après elles ce qui peut lui valoir des éloges. Il cherche à réussir de son mieux les choses qui semblent leur plaire. C'est encore à elles qu'il demande l'appréciation des actes qu'il a vu faire à ses frères ou à ses camarades.

II

L'approbation se traduit par des signes extérieurs, qui deviennent à leur tour objets de désir et mobiles d'action et d'émulation. On les recherche pour soi, on les envie à d'autres ; on souffre d'en être privé, on peut souffrir d'en voir combler autrui. Ces conséquences sociales, ces récompenses de nos actes, qui en deviennent les stimulants et les fins, sont les louanges, les témoignages d'honneur, les marques d'affection, les dons matériels, les concessions de plaisir ou de liberté. Tous ces mobiles, d'inégale valeur, ont leur utile influence, quand l'éducateur sait les manier avec justice, à-propos et mesure.

L'approbation pure et simple, traduite par un mot, un signe de tête, un sourire, est une récompense en général très suffisante. Elle est d'autant plus sûre que l'éducateur a plus d'autorité sur son élève ou ses élèves. Dans les cas importants, quand l'acte approuvé intéresse vivement celui qui en est l'auteur et ceux qui en sont témoins, l'approbation se manifeste par une joie plus vive, par d'expresses louanges.

Le bon éducateur n'est ni avare ni prodigue d'éloges. Il

personnifie la conscience de son élève, qui s'estime en raison de l'estime qu'on paraît faire de lui. Il évite de blesser
en aucune façon le sentiment inné, ou du moins très vite
accusé chez l'enfant, de la justice distributive. Il ne loue
pas seulement le succès, je l'ai déjà dit, mais aussi l'effort,
et souvent même la bonne intention. Il se garde bien de
proposer tel ou tel en exemple à ses frères ou à ses camarades ; mais il loue de façon à imposer l'admiration aux
plus jaloux. Il montrera que le succès est moins dû aux
qualités naturelles qu'à leur bon et persévérant emploi. Ce
n'est pas d'avoir réussi qu'il félicitera les uns, mais d'avoir
fait, en une circonstance particulière, ou de s'être habitué
à faire ce qu'il fallait; ce n'est pas d'avoir été malheureux
qu'il gourmandera les autres, mais il les plaindra plutôt de
n'avoir pas su mettre en œuvre leurs facultés naturelles,
d'avoir péché, et surtout péché par défaut de volonté. Il suivra, sur ce point, les sages conseils de Jacotot.
Il se gardera bien aussi d'exalter ou de décourager aucun
amour-propre, car il aura bien médité ce bon avis de
Mme Guizot: « Opposez comparaison à comparaison ; que
l'enfant qui se vante de courir mieux que celui-ci, soit aussitôt averti qu'il saute moins bien que celui-là. Au lieu de
ce misérable orgueil qui se contente de regarder en arrière,
excitez l'émulation de marcher en avant (1). »

Les éloges répartis avec discrétion et justice sont les plus
délicates et les plus précieuses récompenses. Elles suffi-
raient, à elles seules, même dans l'éducation commune.
M. Compayré, qui, mettant les avantages au-dessus des inconvénients de l'émulation, est pour les récompenses et
les distinctions scolaires, n'en estime pas moins que, dans

(1) *Lettres*, t. II, lettre xix, p. 202.

une classe bien tenue, avec un maître aimé et respecté, « les récompenses pourraient se réduire à l'éloge (1) ». A plus forte raison, pourrait-il en être ainsi dans une famille. Ce que nous disons ici s'applique d'ailleurs à l'éducation du premier âge, puisque nos petits enfants vont à l'école. Dans les éloges qu'il décerne aux plus méritants, comme dans les blâmes qu'il inflige, le maître s'adresse à la conscience collective de la classe, et il semble qu'il parle au nom de cette dernière. « Il ne fait que diriger le jugement d'une multitude avec laquelle il ne doit jamais se trouver en désaccord ; son opinion particulière doit toujours être exprimée en particulier. L'opinion d'une classe, lorsqu'elle a toute sa valeur, est l'accord du jugement de la tête avec celui des membres, du maître et des élèves (2). »

Est-ce à dire qu'en aucun cas, et surtout s'il s'agit de jeunes enfants, le jugement de ce petit peuple doive s'imposer au maître, ou peser du même poids dans la balance? L'éloge et le blâme peuvent-ils être exprimés publiquement par les élèves eux-mêmes?

Plus d'un illustre pédagogue a proposé de confier aux élèves eux-mêmes le soin de la justice rémunératrice et pénale. L'abbé de Saint-Pierre, entre autres, voulait qu'un jury choisi parmi les pairs du délinquant, et statuant sous la présidence du maître, décidât à l'égard des punitions exceptionnelles. Il conférait aussi aux élèves le droit d'attribuer les récompenses honorifiques (3). Goldsmith pensait que l'enfant ne saurait être mieux jugé que par ses pairs. Mme Mary Godwin voyait dans cette pratique un moyen de graver profondément dans les cœurs les principes de la

(1) *Cours de pédagogie*, p. 438.
(2) Rendu, cité par M. Compayré, *ibid.* p. 439.
(3) Compayré, *Hist. critique des théories de l'éducation*, t. II, § II.

justice. A son tour, M. Berra, l'illustre pédagogue de Mon-
tevideo, préconise un système de juridiction scolaire, appliqué déjà, grâce à lui, dans l'Uruguay, sous le nom de *verdict
scolaire*. Il consiste à substituer aux prix distribués aux plus
méritants la simple proclamation de leurs noms, désignés
par le jugement combiné des examinateurs, des maîtres et
des élèves. C'est le suffrage universel à l'école.

Ou peut prévoir quelques objections sérieuses à l'établissement de l'électorat écolier. Est-il utile que l'école ait une
sanction publique ? Est-il moral d'encourager la distinction
aristocratique du classement, et de surexciter l'ambition du
succès relatif ? Est-il possible à de jeunes enfants d'être
des juges vraiment éclairés et impartiaux ? Peuvent-ils
tenir compte des facteurs variables d'un acte, ou même
de la valeur absolue du mérite intellectuel ou moral ? Le
jugement d'un enfant peut-il être mis sur le pied d'égalité
avec celui d'un adulte ? En tout cas, M. Berra répond : oui,
au nom de l'expérience. « Que les enfants soient capables
d'agir avec conscience et liberté, c'est bien prouvé par
l'accord qui s'est montré entre leurs jugements et ceux
des maîtres et des examinateurs. » S'il en était ainsi,
il y aurait tout avantage, comme il le dit, à accoutumer
l'enfant à manifester publiquement son opinion, à agir avec
indépendance, à attribuer un caractère de haute moralité
au plus sérieux office du citoyen moderne. Il ne m'en reste-
rait pas moins quelque méfiance à l'endroit des distinctions
honorifiques dans l'école : les prix supprimés, je serais
désolé de les voir reparaître sous une autre forme.

Le fait attesté par M. Berra a d'ailleurs besoin d'être con-
firmé par de nouveaux et nombreux essais. Jusqu'ici, nous
n'aurions à citer que des faits qui ne prouvent ni pour ni
contre le fonctionnement loyal de l'électorat scolaire. En

voici deux, entre autres, qui nous reviennent en mémoire. On avait institué, dans un pensionnat de garçons, un prix de sagesse décerné à la majorité des suffrages : tout alla d'abord fort bien ; mais bientôt la brigue, la séduction, l'intimidation, la vénalité, en un mot, la corruption électorale s'établit là comme ailleurs. L'expérience ne fut pas continuée, et, au point de vue du progrès pédagogique, ce fut assurément regrettable. Nous savons bien que le suffrage universel est susceptible d'éducation.

Le second fait s'est passé dans une excellente pension de demoiselles. Elles avaient à désigner les deux plus sages pour porter à un préfet le produit d'une collecte en faveur des blessés : deux modèles de perfection furent envoyés à ce haut personnage. On découvrit cependant qu'une petite vaniteuse avait essayé d'entamer l'intégrité du suffrage universel : elle avait écrit en cachette à quelques-unes de ses compagnes, leur promettant des cadeaux en échange de leurs voix. Les électrices furent incorruptibles. Rangeons-nous par provision à l'opinion de M. Berra, tout en maintenant nos modestes réserves à l'égard de l'influence morale de ce stimulant honorifique.

Quant à l'émulation, non pas pour l'honneur, mais pour les distinctions d'honneur, je persiste à croire qu'elle n'est bonne en soi, ni pour les hommes ni pour les enfants. Notre démocratie me semble en abuser un peu : pas de mérite scientifique, artistique, diplomatique, industriel, agricole, qui ne soit objet de concours et de primes. Les distributions de prix ont passé des jésuites à l'enseignement secondaire, des collèges aux écoles primaires de villes; elles passeront bientôt aux écoles de village. J'admets encore, pour les grands enfants, des billets de satisfaction, et aussi des notes de blâme, que le livret scolaire met sous les yeux de la famille. Mais à quoi bon des places d'honneur, des rubans, des médailles et des croix, même pour les enfants moins âgés ?

On peut cependant justifier quelques-unes de ces distinctions en disant qu'elles ne récompensent pas le succès, mais l'effort, le progrès accompli ou cherché. Quoi qu'on fasse, il s'établira bientôt une distinction entre les récompenses décernées à la supériorité et même entre les récompenses accordées au simple mérite. « Les jeunes gens, dit M. Gréard, ne se trompent pas sur la valeur relative de ces récompenses. La distinction les touche. Ils aiment à voir une élite à leur tête ; ils s'en glorifient. Ont-ils le sentiment que ce qui fait le caractère de cette élite, c'est qu'il n'est interdit à personne d'y prendre place, et que le rang de chacun s'élève ou s'abaisse suivant ses mérites ? Toujours est-il que ce sentiment est conforme à celui qui doit présider au développement de l'aristocratie du monde moderne, — aristocratie qui n'appartient en propre à aucune caste, qui se renouvelle ou se crée tous les jours par les services rendus et le travail, et qu'un pays doit avoir à cœur de soutenir, non seulement comme l'expression la plus pure de sa force intérieure, mais comme la garantie de sa durée : une démocratie qui se défierait de l'élite sortie de son sein ne tarderait pas à succomber sous sa propre faiblesse, faute d'hommes (1) ». Ce raisonnement est fort juste, et les conclusions en sont élevées et pratiques. Mais précisément parce que les élèves sont disposés à reconnaître d'eux-mêmes la supériorité, à la respecter, et à l'aimer, je crois qu'il lui suffit de ses œuvres, et de l'approbation des parents et des maîtres ajoutée à l'approbation

(1) *L'esprit de discipline dans l'éducation*, p. 33. Delalain, édit. 1884.

tacite de la classe, sans qu'elle s'affirme et s'étale par des distinctions accessoires, de pur ornement et de gloriole.

III

Après l'honneur, l'affection est un des mobiles les plus élevés de l'émulation. Une des plus chères récompenses de l'enfant dans sa famille, et de l'élève dans sa classe, c'est le plaisir que son travail ou sa conduite causent à ses éducateurs. Cette sanction a cela d'inappréciable qu'elle implique l'éloge. Heureux l'enfant qui, en s'appliquant à une tâche difficile ou en réprimant quelque tendance mauvaise, penserait, avant tout, au sourire, à la caresse amicale, à l'embrassement qui paieront ses efforts heureux ! Le mal serait que l'enfant ne fît ses efforts qu'en vue d'une pareille récompense, quelque pure qu'elle soit.

Le mal serait encore plus grand si ces marques affectueuses étaient distribuées sans discernement, par faiblesse, par complaisance, et en manière de consolation (1), et surtout si elles donnaient lieu à des préférences et à des injustices. Ces diverses pratiques rentrent dans les habitudes de gâterie qui ont pour effets la sensiblerie, la fatuité, le caprice chez les uns, et le refoulement de l'affection, le découragement, la jalousie chez les autres.

(1) M. A. Martin dit à ce sujet : « Nous n'avons que peu de chose à dire des caresses employées comme récompenses. Elles sont trop naturelles et trop douces pour ne pas occuper une grande place dans l'éducation des enfants, surtout pendant le premier âge. Mais il ne faut pas en abuser, ni développer par elles une sensibilité passionnée, ni s'en servir comme d'un moyen banal pour calmer les enfants désagréables. Nous n'aimons pas l'expression « dévorer un enfant de caresses », et nous croyons qu'il faut se défier de la chose qu'elle désigne... L'expérience ne montre pas que les mères les plus caressantes soient les meilleures éducatrices. (*L'Éducation du caractère*, p. 322.)

Il ne faut pas proscrire absolument les récompenses matérielles, qui s'adressent aux goûts inférieurs de la sensibilité, à la gourmandise, au besoin de jeu, d'activité et d'indépendance. Locke a été trop rigoureux en cette matière. « Celui qui donne à un fils des pommes, ou des dragées, ou quelque autre chose du même genre, pour le décider à apprendre sa leçon, ne fait qu'encourager son inclination pour le plaisir et choyer cette dangereuse tendance qu'il devrait par tous les moyens vaincre et étouffer en lui (1). » Son commentateur, M. Compayré, ne va pas si loin. S'il condamne, en règle générale, les récompenses en argent, il admet les friandises pour les tout petits enfants, qu'on peut conduire par l'appât d'un gâteau (2).

J'admets volontiers qu'on ne récompense pas le travail et la sagesse de l'enfant avec des pièces d'or ou d'argent dont l'enfant ne connaît pas le prix, la valeur et l'usage, qu'on enfouit pour lui dans une tirelire sacrée, qu'on ménage et qu'on dépense pour lui comme on croit devoir le faire. Quel bien peut-il en revenir à l'enfant, à la fois riche et pauvre de par la volonté d'autrui ? Quant aux récompenses intéressant particulièrement le goût, le plaisir de jouer et de courir, elles peuvent être la sanction accidentelle et la récompense inattendue, et comme par surcroît, du bon travail et de la bonne conduite. Mᵐᵉ Guizot parle très sagement à leur occasion. Tout en répudiant très énergiquement la morale de l'intérêt, elle croit possible d'associer l'idée de sagesse à celle de bonheur. Si l'enfant agit en vue d'un plaisir désiré ou d'une récompense promise, il faudra, le lendemain, l'appât d'un plaisir

(1) *Loc. cit.*, 2. I, p. 302.
(2) Ibid. id., *Cours de pédagogie*, p. 158.

nouveau pour l'exciter à bien faire. Mais la satisfaction des parents peut se manifester quelquefois par une complaisance. Le bonheur que l'enfant en éprouve est pur de tout calcul et de toute combinaison intéressée.

Une idée très belle et très féconde, sur laquelle cette grande éducatrice appuie comme il convient, c'est que, dans le plaisir comme dans la tristesse, dans la récompense comme dans la punition, « en nous unissant aux sentiments de nos enfants, nous les associons à notre raison (1) ». On ne perdra, en effet, jamais son temps en cherchant à fortifier la solidarité domestique. Que le contentement des parents à l'égard d'un enfant se manifeste d'une manière imprévue pour tous les autres, rien de mieux ; mais il en devrait être de même pour les privations de plaisir auxquelles les parents sont condamnés par la faute d'un seul. Ainsi, telle partie de plaisir était projetée, ou seulement espérée ; mais la malencontreuse faute ne permet plus aux parents de goûter cette joie en l'absence du coupable. Peines et plaisirs, tout est commun dans cette société d'esprits et de cœurs qui s'appelle une famille. C'est ainsi que « la famille est, par excellence, l'école où l'on apprend à accepter de bonne grâce une discipline (2) ».

(1) *Loc. cit.*, p. 58.
(2) H. Marion, *la Solidarité morale*, p., 251.

CHAPITRE V

Discipline des conséquences désagréables.

I. Conséquences désagréables des actes.— De la discipline des conséquences par rapport à l'exercice des sens.—II. Conséquences de nature plutôt morale que physique ; quelques exemples.

I

Les conséquences pénibles de nos actes, qu'elles nous arrivent toutes seules ou par l'intervention de nos éducateurs, sont les premières et les plus sérieuses de nos punitions. Rousseau n'en voulait point d'autres. La nature a seule le droit de punir les transgressions de ses lois. «Maintenez l'enfant, dit-il, dans la seule dépendance des choses. » Il ne voyait pas que ce mot « maintenez » indique bien que l'enfant dépend aussi des hommes. Il ajoute : « N'offrez jamais à ses volontés indiscrètes que des obstacles et des punitions qui naissent des actions mêmes. » Spencer a développé, en le corrigeant par d'heureuses contradictions, ce système rigoureux des sanctions naturelles. Il est loin d'en faire, quoi qu'il en dise, un moyen exclusif de discipline. Il admet, à côté de réactions naturelles, les réactions sociales, les premières ayant le rôle principal, et les secondes le rôle accessoire, dans l'éducation des enfants. L'approbation, le blâme, l'estime, la sympathie, la peine

morale, les avertissements, au besoin même les ordres et
les actes d'autorité, font partie de ses moyens disciplinaires. Mais leur force sera proportionnée à l'habitude que
l'enfant aura prise de se voir soumis aux conséquences
naturelles de ses actes. Dans ces conditions, le système
de la discipline naturelle renforce et complète tous les
autres moyens de direction morale, qui lui sont subordon-
nés, mais non sacrifiés. Il est bon de méditer cet admirable
chapitre III de l'*Education*, sans oublier de demander aux
critiques autorisés les inconvénients possibles de ce système
dont M. Spencer prône avec tant de raison les avantages.

Le danger serait de prendre le système trop au pied de
la lettre, et de laisser à la nature le soin d'avertir et de
châtier l'enfant de ses erreurs ou de ses fautes. Il n'est pas
vrai que toute violation de l'ordre naturel entraîne une conséquence douloureuse ; les conséquences de certains actes
ou de certaines habitudes d'action sont quelquefois très
éloignées ; elles ne sont pas toujours proportionnées à la
gravité des infractions à la loi naturelle ; elles sont quelquefois d'une rigueur qui ne ressemble en rien à la justice. Tous ces inconvénients, et d'autres non moins sérieux,
d'une discipline accordant trop aux réactions naturelles, ont
été magistralement exposés dans le mémoire déjà cité de
M. Gréard.

Les occasions ne manqueront pas à l'éducateur pour
intervenir au moment propice, atténuer ou augmenter.
les impressions utiles, donner leur vrai caractère et faire
porter tous leurs fruits aux leçons données par la nature
elle-même.

S'agit-il des plaisirs du goût, nous savons tous que
l'expérience toute seule n'apprend, ni aux enfants, ni même
à beaucoup d'adultes, à les régler avec sagesse. Il arrivera

tôt ou tard à l'enfant sevré de souffrir des suites de son intempérance ; ses parents, tout en le soignant avec empressement, mais sans le plaindre, lui feront remarquer combien il importe de ne satisfaire sa faim ou sa soif que dans une juste mesure. S'ils le voient, à quelque temps de là, sur le point d'oublier cette leçon de tempérance, ils la lui rappelleront en termes doux et modérés : « Ne mange pas trop, mon ami, lui diront-ils : tu le sais, tu serais malade ensuite. »

Relativement aux antipathies naturelles ou acquises pour certaines saveurs, l'éducateur serait souvent désarmé, s'il voulait laisser agir la nature avec ses seules inspirations. L'enfant apprendrait rarement à revenir sur ses premières impressions, quand elles lui auraient laissé des souvenirs désagréables. Au contraire, en s'adressant à la naissante raison, à la petite bonne volonté de l'enfant, en le prêchant d'exemple, on l'amène à dompter ses répugnances, à recommencer une expérience peut-être mal faite. Si le mets lui a paru supportable, la médecine moins amère, la cause de l'éducateur est presque gagnée. Une autre expérience, suivie des mêmes remarques, sera peut-être encore plus décisive. Dès lors, il ne sera pas difficile d'appliquer à d'autres cas cette leçon de choses, qui n'en aurait pas été une, si l'éducateur n'avait pas été là pour en faire profiter l'enfant.

Il en sera de même pour les plaisirs et les peines de l'odorat. Vous seriez à la fin bien détrompés, si vous aviez espéré que l'enfant venant, par impossible, à soupçonner les mauvais effets sur sa santé générale et sur ses états nerveux d'un goût excessif pour les bonnes odeurs, se corrigerait d'en encombrer sa chambre ou d'en charger sa personne. Mais s'il arrive à quelqu'un d'en être incommodé,

et de s'éloigner pour cette raison, ou d'ouvrir portes
fenêtres pour en purger l'air trop saturé, il faudra s'assurer que l'enfant a bien compris cette leçon occasionnelle.
Surtout il ne faudra pas négliger de la lui rappeler à propos. Si quelque personne de la maison, et, de préférence,
si lui-même a souffert de la tête pour un bouquet laissé
dans une chambre fermée, faites que la cause de cette
migraine lui soit bien connue. S'il la devine, vous n'avez
rien à lui dire ; mais vous devriez vous en souvenir, s'il
l'oubliait.

Il apprendra, de la même manière, à supporter les odeurs
désagréables sans se plaindre, ayant reconnu par expérience qu'on peut les supporter. Il ne sera pas mauvais, non
plus, qu'il ait eu devant vous à souffrir de telles odeurs,
quand elles sont en même temps malsaines, et qu'il soit
surtout amené à les fuir par cette dernière raison.

Quand l'hygiène et l'esthétique ont fait leur œuvre relativement aux plaisirs ou aux peines de la vue, l'éducation
morale n'a pas grand'chose à réclamer. Il sera pourtant
utile, à mesure que l'intelligence de l'enfant se développe,
de retenir son attention sur certains effets dont il ne se
serait guère préoccupé sans cela. Ainsi, vous l'avez vu
regarder fixement un objet très brillant, le soleil, ou
quelque flamme très vive ; il passe la main sur ses yeux, il
regarde, il frotte encore, et le brouillard où les phosphènes
qui troublaient sa vue ont disparu. Appuyez sur ce funeste
effet d'une vision trop intense : montrez-lui un livre, un
objet dont la couleur ne lui soit pas bien connue, et deman-
dez-lui quelle en est la couleur ; ou, s'il est d'âge à lire,
mettez-lui une page imprimée sous les yeux, et dites-lui de
lire la première ligne. Cette expérience peut faire comprendre à l'enfant que la petite peine qu'il vient d'éprouver

n'est rien au prix du mal qu'elle annonce pour plus tard. Vous pourrez ajouter que la vive lumière des éclairs ou l'impression prolongée d'une couleur éclatante, comme celle de la neige, a fait perdre la vue à beaucoup de gens. Vous lui apprendrez aussi, en utilisant son expérience personnelle, à prendre pour lui-même une partie des précautions dont on l'a jusqu'alors entouré à son insu.

Quant à l'abus des plaisirs se rapportant à la vue, mais toujours compliqués de plaisirs d'autre sorte, plaisir de jeu, de curiosité, d'affection, un enfant même âgé de huit ou dix ans est à peine capable de comprendre le fâcheux effet qui en peut résulter pour le système nerveux, la santé, l'humeur et l'activité générale. Les leçons de la nature doivent, à cet égard, se dissimuler sous les nôtres, et notre rôle consiste surtout, dans le premier âge, à donner des habitudes de modération.

Quand l'enfant est tout jeune et incapable d'échapper par ses propres efforts aux impressions désagréables, l'éducateur doit religieusement veiller sur les sensations auditives. Il faut lui épargner, quand on le peut, les froissements de l'ouïe, qui peuvent si grandement influer sur les dispositions morales et intellectuelles. Nous savons avec quelle facilité l'enfant s'habitue aux sons intenses et désagréables, et cela, au préjudice de ses sentiments affectueux et de ses sentiments esthétiques. Il serait donc trop tard de songer à l'en faire apercevoir, quand son oreille serait faite à ces sensations grossières, et que sa sensibilité morale serait déjà mise à leur diapason. Mais si nous avons pris au début les précautions nécessaires, si nous avons écarté, autant que possible, de son berceau, les bruits rudes et discordants, les voix criardes ou violentes, surtout les voix fausses, si nous lui avons fait entendre avec modération jusqu'aux sons joyeux et aux voix agréables, enveloppant ce jeune être impressionnable d'une atmosphère de calme et de sérénité, il nous sera facile, un peu plus tard, de l'arrêter quelquefois sur les impressions auditives qui l'auront justement flatté ou blessé, et de l'encourager, de lui apprendre à rechercher les unes et à éviter les autres, le tout sans raffinement et sans ostentation.

Une des plus légitimes préoccupations de l'éducateur, par rapport au sens thermique, est celle qui regarde les impressions extrêmes de ce genre, et tout d'abord celle de la brûlure. Les expériences de l'enfant, de ce côté, sont si précoces, et si périlleuses, qu'on doit s'être préparé dès longtemps à les contrôler et à les diriger de la manière la plus utile. Il est inévitable que l'enfant se brûle aux braises, aux plaques de la cheminée, ou à la flamme d'une bougie, qu'un liquide bouillant tombe sur sa peau, ou qu'un aliment trop chaud lui brûle le palais. Mais est-il est nécessaire d'aggraver ces avertissements de la nature? De telles impressions ont beau lui être fort pénibles sur le moment; sa mémoire est si courte, son impétuosité si grande, que son expérience suffit rarement à empêcher de grands malheurs. Arrangeons-nous pour diriger son attention sur ce danger, et en accroître l'appréhension. Même grandelet, il ne sera jamais trop averti et prémuni contre ces graves accidents. Ainsi, profitons de la première occasion que l'enfant déjà maître de ses mouvements nous donnera, pour lui apprendre à manier le feu avec prudence. Il brûle devant nous une feuille de papier, par curiosité pure; nous lui disons avec douceur, comme Spencer le conseille : « Je crains que tu ne te brûles, si tu fais comme cela. » S'il se brûle les doigts malgré notre avertissement, son

expérience lui aura été doublement utile : il aura fait connaissance avec le danger, et éprouvé la sagesse de nos avertissements. De même, il est prudent de ne pas laisser des
allumettes à la portée d'un jeune enfant. Mais, à l'âge de
cinq ans, on peut aussi lui en montrer le maniement et le
danger. La première fois que vous le voyez jouer avec des
allumettes, que vous le lui ayez ou non défendu, vous pouvez lui donner à tenir une allumette enflammée, de telle
sorte qu'il soit modérément incommodé par l'odeur et
légèrement chauffé aux doigts. Cette expérience, au besoin
renouvelée, l'empêchera sans doute de toucher aux allumettes avant d'être à l'âge de s'en servir.

Quand on songe à la gravité possible des leçons de la
nature, on est porté à s'en méfier. La belle chose, vraiment, qu'un front bossué et cicatrisé, un nez écrasé ou
tordu, une joue, une lèvre ornées d'une balafre, une main
couverte de rayures ou de plaques faisant tache sur la peau !
L'expérience de la vie dût-elle s'acheter au prix de quelques-uns de ces vilains stigmates, que l'enfant en aurait
toujours assez. Ce n'est pas, d'ailleurs, le nombre ou la
rudesse de ces avertissements naturels qui peut rendre un
enfant prudent et courageux. Ces deux vertus tiennent
plutôt à la manière dont ces accidents sont reçus, appré-
ciés, et gravés dans la mémoire. Prévenons-les, si c'est
possible, par nos recommandations précises ; l'événement
survenu, soignons l'enfant, d'un air sérieux, sans le plaindre
beaucoup, de sorte que nous puissions tranquillement parler de la cause du mal, si elle a été dans son imprudence
ou sa maladresse.

Un enfant à qui sa tante venait de donner tout un assor-
timent de couleurs, de pinceaux, de godets, de fioles,
descendait du premier étage au rez-de-chaussée, pressé

d'aller dessiner des bonshommes. Un cordonnet de sa sandale qui s'était dénoué le fit glisser dans l'escalier. Il se releva, la main tout en sang, avec une forte entaille à la première articulation du médius. Son oncle et sa tante lui plongèrent aussitôt la main dans une jatte d'eau. L'enfant, voyant les visages sérieux autour de lui, se mit à dire de lui-même : « Ce maudit lacet ! j'avais pensé à le rattacher, puis je l'ai oublié ! » Une de ses tantes ajouta: « Tu sais aussi que je t'ai plusieurs fois averti de ne pas descendre en courant : l'escalier est dangereux. » L'éducation n'avait rien à se reprocher : on avait même averti l'enfant de bien nouer sa chaussure, et, comme il avait huit ans, il n'aurait pas dû négliger de le faire.

Voici un autre accident qui aurait pu être fort grave, et que nous imputerons tout à la fois à la maladresse de l'enfant et à l'imprévoyance de ses parents. Il avait dix ans, était fort intelligent, mais très maladroit, et moins robuste que la plupart des enfants de son âge. On lui avait promis, pour couper du bois pendant les vacances, un couteau à plusieurs lames. On le lui donna au départ, sans autre souci de ce qui pourrait advenir. Dès le premier jour, l'enfant ne cessait de faire jouer le ressort, précisément parce qu'il le trouvait un peu dur: il se fit une large coupure au pouce. Sa mère se mit à crier, il vit tout le monde en l'air, il crut son affaire plus grave qu'elle ne l'était; il s'évanouit, de peur sans doute. N'est-ce pas que la leçon de la nature, amenée par la négligence des parents, qui auraient dû adoucir le ressort de l'instrument brutal et apprendre à l'enfant à s'en servir, était encore gâtée par la façon ridicule dont ils accueillirent l'accident à prévoir?

Il est des cas en apparence plus simples, que le bon sens des parents devrait résoudre au profit de leur autorité, et

de la sécurité, du développement moral de l'enfant. Ainsi
un baby s'obstine à se tenir debout et à s'agiter sur sa
chaise, de telle façon qu'une chute est imminente : certains
éducateurs seraient d'avis qu'il faut le laisser tomber, si ce
n'est pas de trop haut. J'aimerais mieux tirer l'enfant de
la chaise et lui dire : « Tu n'y remonteras pas. » S'il persiste à s'approcher d'une fenêtre, d'un bassin, à mouiller
ses habits et son corps en versant à pleins robinets l'eau
d'une fontaine, vous devez le tirer résolument de là. Je
connais un père de famille qui, dans ce même cas, se com-
porta d'une façon par trop lacédémonienne. Une première
fois à la fenêtre, une seconde fois au bord du bassin, il
courut sus à l'enfant, le saisit et le poussa comme pour le
précipiter. Une troisième fois, il le retint de force sous le
robinet d'une fontaine, de façon à asperger à jet continu
sa tête et ses épaules : « Te voilà arrosé, puisque tu veux
l'être », lui dit-il. On peut être sévère, sans être aussi dur.

II

Disons maintenant quelques mots sur les réactions morales. Les actions des enfants qui peuvent être considérées
comme des fautes causent à ceux qui en sont témoins des
sentiments pénibles, en rapport avec la nature et la gravité
du méfait. Ces sentiments peuvent se traduire en simples
signes de désapprobation, de chagrin, de douleur, d'indignation, de mépris ; leur expression peut aller jusqu'à des
paroles et jusqu'à des actes qui sont de vraies punitions
infligées au coupable. Les meilleures sont celles qui ressor-
tent naturellement des actes mêmes. Spencer en cite quelques exemples intéressants. C'est une petite fille laissée à la
maison parce qu'elle n'est pas prête, par sa faute, à l'heure

où les autres enfants vont s'amuser dans la campagne; un enfant grandelet, dont on ne remplace pas aussitôt les jouets qu'il a brisés; un autre qui, ayant mis peu d'empressement à faire une commission pour son oncle, se voit refuser, le soir même, le jeu auquel son oncle l'avait accoutumé. Dans ces sortes de cas, les conséquences de la mauvaise conduite s'imposent d'elles-mêmes à la réflexion de l'enfant. D'autres fois, il n'aura pas de peine à reconnaître les conséquences indirectes de ses fautes, dans la froideur que nous lui témoignerons.

Mais, le plus souvent, à mon avis, nous devrons aider le jeune enfant à rattacher à sa faute la peine qu'il éprouve et qui pourrait très aisément lui faire oublier la faute elle-même. On pourra, par exemple, lui faire remarquer qu'on le traite avec plus de froideur parce qu'il a manqué de politesse; que, s'étant montré poltron, ses camarades se sont moqués de sa lâcheté. Si un enfant qu'il insultait ou maltraitait s'est rebiffé contre lui et l'a battu sans trop de violence, on lui dira : « Que veux-tu? il était dans son droit. » Si, malgré les précautions et les défenses renouvelées, il a reçu quelque égratignure ou quelque morsure d'un animal qu'il tracassait : « Je t'avais bien averti, lui dira-t-on : les bêtes, comme les gens, n'aiment pas qu'on les tourmente. »

Mais tous ces cas sont encore bien simples. Il en est de plus difficiles à résoudre, et qui comportent des solutions bien différentes suivant l'âge de l'enfant, son degré d'intelligence et de sensibilité morale, et suivant les circonstances très variables de temps, de lieux et de personnes. Ainsi, il est dans l'ordre de la nature que l'orgueil diminue la tendresse, que le mensonge fasse naître l'incrédulité. Si l'enfant a péché par orgueil, une humiliation imposée à son amour-

propre irritera cet amour-propre tout en le blessant. Par
exemple, on donnerait une mauvaise leçons de modestie, en
se moquant de la pédanterie ou de la coquetterie de son
enfant : il vaut mieux lui faire voir, et répéter soi-même
d'un air peiné, que d'autres ont ri de lui. On humilie et l'on
afflige l'enfant qui a menti, en ne croyant plus ou en faisant
semblant de ne plus croire à sa parole : ce serait assez de
la peine sans l'humiliation. Mieux vaudrait que l'humiliation lui vînt des autres, et sans notre intervention, et
non pas de nous-mêmes. Je suis à cet égard de l'avis de
M. A. Martin. « L'éducateur sans parti pris, et qui recourt
aux procédés habituels, lorsqu'ils lui semblent bons, repren-
dra vivement le coupable, lui témoignera toute l'aversion
que lui inspire la laideur de son mensonge, et tâchera de produire sur lui une impression assez forte, assez désagréable,
pour que l'idée du mensonge s'associe dans son esprit à
l'idée de quelque chose de très vilain et de très pénible.
Ce n'est pas ainsi que l'on traite les menteurs dans la vie
réelle : suivant le cas, on les plaisante ou on leur témoigne
une défiance froide, ou on leur inflige un affront sanglant.
Ces procédés n'auraient pas du tout la même action sur un
petit enfant que sur un homme ; la défiance prolongée pourrait, en particulier, donner d'assez mauvais résultats (1) . »
Quelques autres cas vont nous montrer à quel point
le bon sens, la prévoyance et le tact moral sont nécessaires à l'éducateur pour ne pas mésuser du meilleur des
moyens disciplinaires. Il est mille manières de combattre
la paresse, ou plutôt d'exciter le goût de l'activité chez un
jeune enfant. Mais si, pour des raisons toutes morales, un
enfant bien portant vient à se montrer paresseux, comment

(1) *L'Éducation du caractère*, p. 303.

lui appliquer la discipline des conséquences naturelles ? J'ai lu quelque part que l'enfant d'un ouvrier mort de misère et de paresse fut recueilli par l'assistance publique, et mis ensuite en apprentissage dans une maison dépendant de l'administration, où l'on n'eut longtemps qu'à se louer de lui. Un beau jour, par je ne sais quelle influence héréditaire, il lui prit la fantaisie de ne pas travailler, et il refusa d'entrer à l'atelier. Le directeur le laissa libre ; deux ou trois jours après, l'enfant, honteux et repentant, revint se mêler au groupe des jeunes travailleurs. La porte de l'atelier lui fut impitoyablement fermée, et ainsi de suite, pendant quelques jours, pour que la leçon fût sérieuse. L'enfant fut, en effet, corrigé pour quelque temps : il devint un ouvrier modèle. Mais une fois dehors, il ne tarda pas à faire de mauvaises liaisons, et, avant sa majorité, à se faire éliminer, comme son père, de la société des honnêtes gens. C'est qu'une maison d'asile pour l'enfance n'a peut-être pas tous les moyens d'appliquer la discipline naturelle comme une bonne école, et surtout comme une bonne famille pourrait le faire. Ainsi, pour rester dans le même ordre d'idées, un père de ma connaissance, voulant faire honte de sa paresse à son fils âgé de huit ans, et la lui rendre insupportable, le priva, pour quelques jours, de ses cahiers et de ses livres. Le moyen réussit, au moins pour le moment. Je ne conseillerais pas d'en abuser : l'enfant pourrait fort bien prendre goût à ne rien faire, et se blaser sur la privation humiliante de ses instruments de travail.

Encore un cas où les parents font souvent preuve de la plus complète irraison, tout en se croyant les plus raisonnables du monde. Un petit enfant a outragé ou menacé une grande personne, un domestique, un maître, qui se sont cru autorisés à lever la main sur lui ; les parents, après le rapport de l'enfant, s'ils sont sages, lui feront reconnaître la faute qui lui a attiré ce mauvais traitement, et ils garderont pour eux leurs réflexions sévères à l'endroit de ceux qui l'ont appliqué. La discipline des réactions naturelles aura donc été fort bien appliquée. Mais supposez un enfant âgé de sept ou huit ans, à la raison et à la générosité duquel on peut s'adresser en toute confiance, la même discipline devra-t-elle s'employer toute sèche et toute nue? Le bon sens et le cœur des parents trouveront quelque autre chose à y ajouter. Voici, par exemple, une des solutions très variées que comporte le cas présent, et elle en pourra suggérer d'autres.

Gérard, le domestique, était occupé à rincer des bouteilles : Just est venu par derrière, et lui a donné un grand coup de fouet dans la jambe. Gérard, surpris, hors de lui, a tapé sur l'enfant, et il a été congédié par ses maîtres. Il s'en va désespéré, et regretté, car c'était un serviteur fidèle, qui avait déjà servi la grand'mère de Just. Celui-ci apprend des domestiques consternés le départ de Gérard ; ils lui disent que c'est sa faute. Sa mère l'attire à elle. « Je voulais me faire raconter les détails de l'affaire, afin de savoir ce qu'il en pensait; mais je n'ai pu rien obtenir, si ce n'est que Gérard lui avait fait aussi bien mal. Il se sentait dans son tort, et ne songeait qu'à se défendre. « Aussi, lui ai-je dit, Gérard est renvoyé, vous ne le verrez plus. » Il m'a paru que cette idée commençait à l'émouvoir. « Mais pourquoi, dit-il, mon père l'a-t-il renvoyé? — Parce que, comme vous êtes assez méchant pour le battre, lui qui avait tant d'amitié pour vous, il pourrait bien arriver qu'il vous le rendît encore. — J'aime mieux qu'il me le rende et qu'il reste. — On ne veut pas non plus que vous preniez l'habitude de battre. — Mais c'était pour jouer. — Nous aurons un autre domestique avec qui vous n'oserez pas jouer de cette manière. — Je n'aurais plus donné de coups de fouet à Gérard. — Si nous en étions bien sûrs, lui ai-je dit, peut-être Gérard pourrait-il revenir? — Oh! maman, bien sûr, bien sûr. » La contrition s'était emparée de lui dès qu'il avait vu qu'elle pouvait servir à quelque chose : elle s'est refroidie quand j'ai proposé d'aller demander à son père le pardon de Gérard. Edmond avait grondé sincèrement son fils, et d'ailleurs comme les enfants sont effrayés de tout ce qui les étonne, Just était si troublé d'avoir vu son père en colère contre Gérard, qu'il n'osait lui en parler. Je n'ai pas insisté, je voulais qu'il se déterminât tout seul, mais j'ai tourné l'entretien sur le chagrin de ce pauvre Gérard, sur son petit-fils qui est de l'âge de Just, et à qui il allait dire que Just l'avait fait renvoyer, sur le chariot que Gérard était si pressé de finir, où il espérait traîner Just dimanche prochain : pauvre Gérard! Tout cela travaillait dans son petit cœur, il a pris sa résolution, et m'a dit tout d'un coup : « Je vais parler à mon père. » Il est parti en courant pour aller trouver son père dans le jardin; puis, arrivé près de lui, s'est arrêté tout court en baissant la tête, et prononçant bas quelques mots inintelligibles. Mais j'avais suivi de loin; Edmond, à qui j'ai fait signe, a bien compris, bien vite accordé; la réconciliation a été générale, les promesses solennellement renouvelées, la lettre écrite sous les yeux de Just, qui ne m'a pas quittée que je ne la lui eusse remise pour aller lui-même dire à Jean de la porter tout de suite à la poste; elle est partie, et nous voilà tous contents (1). »

(1) Mᵐᵉ Guizot. *Lettres sur l'éducation*, lettres XIV et XXV, t. I, pp. 286-291.

Ce dernier exemple implique l'idée de réparation, qui, sous sa forme la plus matérielle et la plus simple, commence déjà à être comprise par un enfant de deux ans. Jean, âgé de vingt-huit mois, vient d'apporter dans la chambre de son père tout son attirail d'ustensiles de cuisine, des soldats de plomb, sa brouette pleine de sable, sa pelle et son gobelet. Le père, occupé à écrire une lettre pressée, ne l'a pas d'abord aperçu. Bientôt, il voit les jouets éparpillés au milieu des papiers de rebut, dont le panier a été renversé, le tout saupoudré de sable mouillé. Il se lève, et, d'un ton impatienté : « Quel affreux gâchis tu as fait là ! Qui nettoira ma chambre ? — Rosalie, papa. — Non, elle a trop affaire ailleurs. Elle n'a pas le temps de réparer le désordre que tu as fait. — Eh bien, toi, papa. — Moi, y pensés-tu ? j'aurais de la besogne, si j'avais à refaire tout ce que tu défais. Voyons, ramasse le papier, remets-le dans le panier ; puis, tu reprendras tes jouets, et tu balaieras le sable avec ce petit balai. » L'ordre était intimé d'un air très sérieux, et l'enfant, confus, se mit en demeure d'obéir. Il le faisait avec autant de maladresse que de bonne volonté. « Je vais t'aider pour cette fois, lui dit le père ; mais une autre fois, tu répareras seul le gâchis que tu auras fait. — Oui, papa, moi seul. » Le lendemain, l'enfant ayant fait un désordre du même genre dans le corridor, son père survient ; aussitôt Jean, qui était assis par terre, se pose sur ses genoux, et fait mine de reprendre ses jouets, en saisissant un d'une main, et de l'autre relevant du papier émietté. « C'est moi tout seul qui nettoie, papa ; n'y touche pas. » C'était là une leçon bien donnée, et fort bien comprise. Si l'enfant, surtout un peu plus âgé, avait montré quelque velléité de résistance, on aurait pu utilement lui appliquer la méthode préconisée

par Spencer, lui refuser ses jouets au moment où il en
aurait eu le plus vif désir, en lui disant qu'on ne veut pas
être exposé à réparer le désordre qu'il fait.

Je me demande si la même discipline est aussi aisément
applicable, même avec les enfants de dix ou douze ans,
dans un autre cas proposé par Spencer. Voici un enfant
« habituellement négligent dans le soin de ses habits, qui
traverse les haies sans précaution, qui ne fait point attention à la boue. Si on le bat ou si on le met au lit, il se trouvera maltraité, et il sera plus occupé à ruminer sur ses
griefs qu'à se repentir de sa faute. Mais supposez qu'on
l'oblige à réparer autant que possible le mal qu'il a fait, à
nettoyer la boue dont il s'est couvert, à raccommoder les
déchirures de ses vêtements, ne saura-t-il pas que c'est là
un ennui qu'il s'est causé lui-même? Pendant qu'il souffrira la peine méritée, n'aura-t-il pas constamment présent à l'esprit le lien entre cette peine et sa cause? malgré son irritation, n'aura-t-il pas clairement conscience
de la justice de cet arrangement? Si plusieurs leçons de
cette espèce ne produisent pas leur effet, si les habits neufs
sont gâtés avant le temps, le père, poursuivant l'application de sa méthode disciplinaire, refusera de dépenser de
l'argent pour de nouveaux habits avant l'époque où l'on a
coutume d'en acheter; et si, pendant ce temps-là, il se
présente des occasions dans lesquelles, faute d'habits
propres, l'enfant soit privé de sortir avec sa famille,
comme, par exemple, des excursions le dimanche et des
fêtes chez ses amis, il est évident que le châtiment sera très
vivement senti, l'enfant apercevra de mieux en mieux l'en-
chaînement de cause et d'effet, sa négligence et la privation
d'un grand plaisir. »

La solution de Spencer est admissible en principe, et

peut même à certains égards être employée pour les jeunes
enfants. Mais l'on ne saurait admettre, même pour les
enfants de dix ou douze ans, que le refus de réparer ses
habits entraîne la réclusion à l'intérieur de la maison pendant que le reste de la famille s'en va en partie de plaisir.
A part les inconvénients nombreux de l'internement solitaire, je trouve que la conséquence de la faute est cher-
chée bien loin, et poussée fort loin aussi, à tel point que
Spencer lui-même l'appelle un véritable châtiment. Et s'il
advient que l'enfant se complaise dans son expiation, s'habitue à ses habits sales et déchirés, ou tire même vanité de
ses haillons et de ses trous comme Diogène? Le plus
simple est, selon moi, d'ordonner à l'enfant de réparer le
désordre de sa toilette en tant que la chose est possible. Ne
rions pas trop de cette obligation imposée à l'enfant de
raccommoder ses vêtements. Un père qui voudrait obtenir
cela d'un enfant de trois à huit ans rappellerait quelque
peu le fameux consul dont il est question dans l'histoire
romaine. « Le consul Mummius, qui avait remplacé Métel-
lus et remporté la bataille de Leucopétra, s'empara de
Corinthe en 146. Il fit transporter à bord de sa flotte les
statues et les tableaux qui ornaient cette riche ville. « Pre-
nez garde de les briser, vous seriez obligés de les refaire »,
disait-il aux ouvriers chargés du transport (1). Mais cette
méthode serait tout à fait applicable à un enfant plus âgé.

Voici, enfin, un cas en apparence aisé à résoudre, mais
qui ne l'est pas toujours, et qui ne l'est pas de la même
manière pour tous les caractères ni pour tous les âges.
Spencer distingue, parmi les suites naturelles du larcin,
une conséquence directe, la restitution, et une consé-

(1) E. Maréchal, *Histoire romaine*, Delalain, édit., p. 203.

quence indirecte, le mécontentement des parents. Rien
de mieux : cette double sanction convient à tous les âges.
Mais elles ne suffisent jamais ni l'une ni l'autre. Pour un
jeune enfant de deux à trois ans, un vol n'est jamais chose
considérable : la main basse sur les objets à sa portée lui
est si naturelle, qu'il suffit presque de l'habituer à laisser
les objets en place et à ne pas prendre sans permission ceux
dont la jouissance ne lui est pas personnellement acquise.
Mais à cinq ans, à sept ans, surtout à neuf ou dix ans, il
n'y a plus de petit larcin ni de petit larron. L'autorité doit
se déployer avec force, de façon à imprimer un souvenir
durable. Encore faut-il s'y prendre avec prudence, voire
même avec habileté, pour ne pas blesser la délicatesse de
l'enfant. Ne perdons pas de vue que l'enfant ne doit pas
considérer ses fautes comme des défauts : l'idée qu'il est un
voleur ou qu'on le considère comme tel pourrait lui causer
un amer et inutile désespoir, ou, chose plus grave, commencer à le blaser sur une faute de cette importance. Cette difficulté est fort heureusement tournée dans l'exemple suivant :

« Mon petit Jacques avait six ans environ. Il revient de
l'école avec un petit collier de verroteries; il me le montre :
«Qui t'a donné cela?—On ne me l'a pas donné.— Tu l'as
donc acheté? Comment as-tu fait? tu n'avais pas d'argent.
—Il y a sur la place de l'église une marchande; je l'ai pris
à l'étalage.—Est-ce que la marchande t'a vu?—Oh! non! je
me suis caché. — Pourquoi t'es-tu caché? (Point de réponse)... Tu savais donc que tu faisais mal? (Point de
réponse encore)... Enfin, tu avais une idée en te cachant;
quelle était cette idée? — C'est que la marchande ne me
l'aurait pas laissé prendre. » Ces réponses et l'aveu qui
les avait précédées me marquaient clairement que le
petit bonhomme n'avait pas sur la gravité du vol des

opinions bien nettes. Il sentait vaguement (était-ce instinct héréditaire, était-ce influence de première éducation?) qu'un enfant ne doit pas dérober ce qui ne lui appartient pas. Mais ce mot d'*appartenir* ne devait lui représenter rien de précis : si la distinction entre le tien et le mien s'était faite jamais dans son esprit, c'est qu'il n'eût jamais souffert qu'on lui chipât ses balles; il eût sans scrupule mis la main sur celles de son camarade. Je pris Jacques par la main : «Suis-moi, lui dis-je; nous allons aller chez la marchande.» Il devint tout pâle et fondit en larmes : «Non, non, je ne veux pas y aller.» Il fallut bien obéir. «Voilà, madame, dis-je gravement à la marchande, un petit garçon qui vous a volé un collier pendant que vous aviez le dos tourné. Je viens vous le rendre en son nom et vous faire des excuses.» La femme leva de grands bras au ciel. Elle ne pouvait croire à tant de perversité chez un enfant qui avait l'air si gentil. La figure de Jacques était à peindre. « Je ne veux pas, reprit-elle, qu'il soit dit que vous ayez jamais rien volé de votre vie. Je vous donne le collier. » Le bambin leva sur moi un regard d'interrogation en même temps que de convoitise. «Garde-le, puisqu'on te le donne. Mais je compte que l'avanie que tu viens de subir t'apprendra qu'il n'y a rien au monde de plus laid que le vol (1). »

(1) Fr. Sarcey, l'*Estafette*, *Chronique* du 19 août 1886.

CHAPITRE VI

Discipline par la sanction morale ou matérielle.

I. Réprimandes.— II. Menaces.— III. Punitions effectives.— Les différents sens comme instruments de discipline.

I

Les réprimandes ne sont pas de simples témoignages de désapprobation. Il s'y mêle un blâme plus énergique, infligeant
une assez grande humiliation, et une expression de mécontentement très pénible à voir chez un être aimé. Voir ses parents surpris et affligés de sa faute, c'est quelquefois pour un
enfant une punition plus dure que la correction manuelle.

Nous devons toujours modérer l'expression de notre plus
vif mécontentement. Il est toujours plus marqué au dehors,
dans notre voix, nos attitudes et nos regards, que nous ne
pouvons le croire, et l'impression que nous faisons est
souvent plus désastreuse que celle que nous prétendons
faire. Ces moyens de discipline sont d'ailleurs trop faciles
pour ne pas aller le plus souvent au delà du but, c'est-à-
dire de l'intimidation pure et simple. « Le gouvernement
domestique, dans sa forme grossière et rude, est à la portée
des intelligences les moins cultivées ; les coups et les gros
mots sont des moyens qui s'offrent au barbare le plus primitif et au plus stupide paysan. Les animaux eux-mêmes

peuvent appliquer cette méthode de discipline ainsi qu'on le voit par les grognements et les coups de dents au moyen desquels une chienne réprime ses petits trop exigeants (1). » Même à l'âge tendre, où les parents incarnent pour leurs enfants la loi morale, ils ne doivent pas trop prendre à cœur leur rôle de conscience personnifiée. Ils doivent songer qu'il y a, qu'ils le sachent ou non, deux choses tout aussi respectables que leur autorité, c'est la liberté de l'enfant, et sa petite raison, qui veut vivre et s'alimenter de ses expériences personnelles. S'ils en sont persuadés, ils ne voudront pas mériter le reproche que Spencer adresse à certains éducateurs : « Comme ils ont identifié leur autorité et leur dignité avec le maintien des nombreuses lois qu'ils ont instituées, toute transgression devient une offense envers eux et une cause de colère de leur part (2). »

« Ne reprenez jamais l'enfant, dit encore Fénelon, ni dans son premier mouvement, ni dans le vôtre. Si vous le faites dans le vôtre, il s'aperçoit que vous agissez par humeur et par promptitude, non par raison et par amitié : vous perdez sans ressource votre autorité. Si vous le reprenez dans son premier mouvement, il n'a pas l'esprit assez libre pour avouer sa faute, pour vaincre sa passion, et pour sentir l'importance de vos avis : c'est même exposer l'enfant à perdre le respect qu'il vous doit. Montrez-lui toujours que vous vous possédez : rien ne le lui fera mieux voir que votre patience (3). »

Comme tous les moyens de discipline fondés sur l'amour-propre, les réprimandes habituelles ou faites sans discernement peuvent offrir des dangers, que nous n'avons pas

(1) H. Spencer, *l'Éducation*, p. 162. Édit. popul. Alcan, édit.
(2) Spencer, *loc. cit.*, p. 139.
(3) *De l'éducation des filles*, édit. Defodon, p. 35.

tous signalés, quand nous avons parlé de l'émulation. L'inépuisable sagesse de Mme Guizot nous fournit encore sur ce
point les meilleurs avis.

Les enfants, dit-elle, n'attachent pas à la faute qu'ils ont
faite l'idée d'un défaut. Ils s'accoutument à considérer
comme des défauts les fautes qu'on leur reproche habituellement. Ils y mettent même de l'amour-propre. Si l'on
parle de gâteaux ou de confitures devant un enfant ainsi
élevé, il dira : « Moi, je suis gourmand, je mange tout ce que
je trouve. » Si on cite un enfant docile et appliqué : « Moi,
dira-t-il, je suis paresseux, je n'aime qu'à ne rien faire. »
Un enfant bien dressé pourra bien aussi se laisser tenter
par un gâteau ou par un fruit, et braver volontiers l'indigestion pour un goûter qui lui plaît ; il pourra bien préférer le
far niente à toute la science du monde : mais il ne peut
consentir à passer pour un gourmand ou un paresseux !

« Louise ne s'est peut-être jamais entendu reprocher
généralement sa gourmandise et sa paresse, quoiqu'elle en
ait été reprise en mainte occasion ; mais chaque occasion
est un fait à part qui ne se renouvellera plus. Louise, ainsi
que tous les autres enfants, est persuadée que tout est fini
pour elle avec la faute réparée ou pardonnée ; il ne lui entre
pas dans la tête qu'on en puisse faire de nouveau un sujet
de reproche ni le fondement d'une opinion sur l'ensemble
de son caractère ou de sa conduite. Si j'accuse Louise
d'avoir déjà perdu trois ou quatre paires de gants, elle me
répondra : « Maman, je n'en ai perdu qu'une aujourd'hui » ;
et si je lui parle d'une faute dont elle s'est rendue plusieurs
fois coupable, elle me dira : « Mais je ne le fais pas à présent. » Jamais à l'idée d'une faute les enfants n'attachent
celle d'un défaut ou d'une habitude ; et le mot « je ne le
ferai plus » leur est beaucoup plus naturel que la pensée

qu'ils recommenceront demain ce qu'ils ont fait aujourd'hui.

« Quant à Sophie, dont l'amour-propre est plus éveillé que celui de sa sœur, j'ai trouvé un autre inconvénient à lui reprocher ses défauts par leur nom, c'est qu'il pourrait lui arriver d'en tirer vanité. On aime ¡assez à dire : « Je suis comme cela. » C'est en quelque sorte se donner un état dans le monde en apprenant aux autres qu'on est quelque chose. Sophie commence à s'en apercevoir et aime à le faire remarquer; tout ce qui lui est propre, bien ou mal, acquiert une certaine importance. Sa bonne lui avait dit plusieurs fois qu'elle était impatiente, elle se plaisait à le répéter, et j'ai eu quelque peine à la faire renoncer à ce genre de mérite, d'autant qu'assez peu disposée à se corriger, elle ne trouvait pas que l'impatience fût un grand défaut. J'attends, pour lui en donner une juste idée, quelque occasion où elle se soit impatientée d'une manière bien déraisonnable et bien ridicule, et je prendrai soin que le souvenir qu'elle en conservera soit de nature à lui faire passer l'envie d'apprendre à tout le monde qu'elle est impatiente (1). »

Les réprimandes continuelles ont de nombreux inconvénients. L'enfant souvent grondé s'aperçoit fort bien qu'il ne le mérite pas toujours : son sentiment de justice en est d'abord froissé, puis il devient indifférent aux reproches ordinaires. Ils ne laissent pas, d'ailleurs, de produire en lui un état chronique de malveillance ou d'irritation et d'affaiblir la confiance et la sympathie, c'est-à-dire les deux plus puissants ressorts de l'éducation. Le moindre inconvénient de cette discipline grondeuse, c'est qu'elle en est souvent pour ses gros mots : l'enfant ne les écoute plus. Quelle influence morale peuvent avoir sur lui les parents et

_____

(1) *Lettres sur l'éduc.*, t. I, lettre xx.

les maîtres qui voient dans les moindres peccadilles une menace pour leur autorité? Fénelon, prêchant d'exemple, recommandait aux éducateurs de passer aux enfants bien des choses, des étourderies, des méprises, « qu'on peut faire semblant de ne pas voir », ou qu'on se contente de relever par de petits avis et de douces réprimandes.

Locke allait beaucoup trop loin, il oubliait le principe de proportion dans la pénalité, en accordant aux parents le droit d'imposer leur domination à propos de quelques petites bagatelles, sous prétexte qu'ils doivent toujours être obéis de leurs enfants et ne pas souffrir qu'ils leur fassent la loi. On ne saurait admettre un droit qui n'a pas raison. L'autorité doit mesurer la répression à la faute, sous peine d'être arbitraire, de se contredire elle-même, et d'être souvent méconnue, parce qu'elle aura heurté le sentiment de la justice qui est si vif chez le petit être.

Pour sauvegarder le respect, et satisfaire à ce sentiment de justice, les réprimandes ne doivent avoir qu'une durée raisonnable. On pourrait, à la rigueur, ne pas trop reprocher à la mère d'un tout jeune enfant la faiblesse qui la fait gronder et pardonner presque en même temps. Mais, en règle générale, et surtout quand il s'agit d'enfants plus âgés, rien de plus fatal à l'autorité que ces alternatives d'indulgence et d'emportement qui caractérisent les mères faibles. Et à cet égard, hélas ! combien d'hommes qui sont femmes ! Rien aussi de plus propre à diminuer l'affection ; comme le dit avec raison Herbert Spencer, « ne continuez pas sans nécessité à montrer de la froideur pendant trop longtemps, de peur que votre enfant ne s'accoutume à se passer de votre affection et que vous ne perdiez ainsi votre influence sur lui (1). »

(1) *L'Éducation*, p. 157.

II

Les menaces sont des avertissements ou des prohibitions rendus plus pressants par la signification d'une peine qui suivra l'accomplissement de l'acte défendu. Je ne leur vois pas d'autre but que de faciliter la soumission, ou d'affaiblir une résistance qu'on ne veut pas briser. Elles viendont naturellement après une défense renouvelée d'un ton sérieux, mais de bonne amitié. La volonté de l'enfant paraît-elle indécise entre l'interdiction et l'attrait de l'action commencée, on l'avertit que, s'il continue, on va lui ôter le moyen de faire ce qui déplaît. Si la menace ne réussit pas, on l'exécute sans mot dire.

Les meilleures menaces sont celles qui se rapportent à des actes que l'enfant veut faire ou est en train de faire. L'obéissance lui est ainsi plus facile, et c'est tant de gagné pour l'habitude que nous voulons lui en donner. Un enfant de deux ans, de quatre ans, ne comprend rien aux interdictions visant un temps quelque peu éloigné ; l'absolu et le permanent ne disent pas grand'chose à sa pensée. Comment le souvenir de nos interdictions, même associées par une longue habitude à l'idée de notre mécontentement et de certaines autres conséquences pénibles, pourrait-il opérer pendant notre absence, et pour une série d'actes de même nature, puisque notre présence n'en empêche pas l'accomplissement ? On ne lui dira donc pas, comme à un enfant de six ou sept ans bien dressé : « Ne fais pas ceci ou cela, quand je ne suis pas là ; — un enfant ne doit pas monter debout sur une chaise » ; « tu ne te serviras jamais du couteau ou des ciseaux sans ma permission. » Mais on lui dira :

« Encore une fois, ne fais pas cela » ; — « je ne veux pas que tu montes sur cette chaise » ; « laisse là ce couteau, ces ciseaux, ou je vais te les ôter. »

Comme les menaces sont appelées à soutenir notre autorité méconnue, il y aurait quelque imprudence à le laisser trop voir. Il en est souvent ainsi quand notre amour-propre de législateur se trouve engagé en toute rencontre ou que notre pusillanimité nous donne trop aisément l'illusion du péril, quand nous avons plus en vue notre repos que l'intérêt de l'enfant en lui défendant de mal faire, et que nous oublions enfin que c'est à lui plutôt qu'à nous qu'il fait tort par sa désobéissance. Nos menaces, comme nos prohibitions, doivent être faites, et surtout exécutées avec le plus grand calme. La sévérité sans violence fait souvent plus d'effet que la plus forte punition.

Cette fermeté douce, l'idéal du caractère paternel, est beaucoup plus rare qu'on ne le croit. Quelle misère qu'un homme, dans la force de l'âge et de l'expérience, aille jusqu'à voir un affront personnel dans le méfait ou l'obstination d'un petit être faible et sans consistance, et entre en compétition d'autorité avec ce fétu vivant qu'il renverserait d'un souffle ! Il en est qui perdent toute mesure et toute dignité dans ces sortes de conflits, souvent amenés par leur imprudence ou leur versatilité. Je montais un jour dans la chambre d'un fort mauvais élève, dont aucun maître n'avait pu rien faire, et dont je n'ai rien fait moi-même. Le père, voulant me donner la preuve de sa compétence péda- gogique, m'avait précédé et s'était mis à cravacher le jeune révolté, comme il aurait fait un chien. C'étaient, des deux côtés, des cris épouvantables, au milieu desquels je sai- sis ces mots significatifs : « Sera-ce toi ou moi qui céderai ? — Je ne céderai pas. » Après une nouvelle grêle de coups, le père ouvrit la porte, et passa devant moi, hors de lui, mais l'air plutôt navré que furieux. A peine eut-il fait quelques pas dans l'escalier, et comme je mettais la main sur la poignée de la porte, j'entendis l'enfant rire aux éclats pour narguer son père. N'était-ce pas bien triste?

Les mères, dans les mêmes circonstances, blessées encore plus dans leur affection que dans leur amour-propre, et croyant ne plus être aimées dès qu'elles ne sont plus écoutées, font des scènes de désolation, qui ne montrent que davantage leur faiblesse. Trop heureuses, si leur abdication ne va pas plus loin, si, ne pouvant mettre d'accord leurs menaces et leurs actes, elles ne se retranchent pas derrière l'autorité d'un absent! L'enfant ne laisse pas échapper de tels aveux d'impuissance, et il sait trop bien s'en prévaloir à l'occasion.

Dominés par la colère, les parents s'oublient à faire souvent des menaces irréalisables, ou qu'ils n'ont pas l'intention de réaliser. Les parents sans esprit de suite arrivent au même résultat en oubliant d'exécuter leurs menaces : chose passée, chose oubliée. Rien de plus malheureux pour l'enfant. Il ne croit aux paroles que lorsqu'elles sont d'accord avec les actions. Il en use à son aise avec une autorité qui ne se prend pas elle-même au sérieux. Le principe de l'obéissance est atteint en lui-même par cette éducation molle et ondoyante, et chaque menace illusoire fait perdre une occasion d'établir une bonne habitude, et par conséquent fait gagner du terrain à une mauvaise.

III

On entend par punitions des souffrances positives ou des privations de plaisir imposées à la sensibilité physique de l'enfant. Elles suppléent aux réactions naturelles, quand les conséquences de la faute seraient éloignées ou excessives. Elles peuvent pourtant quelquefois n'être pas en rapport avec cette faute ; comme, par exemple, lorsque la privation d'un dessert ou d'une friandise suit un acte d'insubordination, de grossièreté, d'indiscrétion, de mensonge, commis pendant le repas ou au moment de se mettre à table. Il est bien entendu que ces punitions et ces privations seront, dans tous les cas, justes, proportionnées à la faute, et surtout rares et légères.

L'enfant comprend de fort bonne heure la signification des petits châtiments qu'on lui inflige. En effet, ces souffrances lui sont imposées avec le même air et la même voix sévère que les interdictions et les réprimandes. Ce sont des réprimandes aggravées d'un mal d'autant plus sensible qu'il vient à l'improviste. J'ai vu de toutes petites chiquenaudes sur la main produire un très grand effet sur un enfant de dix mois pleureur et récalcitrant. Mais l'effet est bien plus profond, bien plus moral chez un enfant plus âgé, quand il est en état de comprendre que la punition est destinée à châtier une faute pour laquelle une réprimande, ou une simple désapprobation n'auraient pas suffi.

Voici une question bien controversée, et à l'égard de laquelle il est difficile de prendre absolument parti. On mène les animaux par la bouche, pour répéter une locution vulgaire, par les satisfactions accordées ou refusées à leur palais et à leur estomac. Bossuet estimait qu'on ne mène ainsi que les brutes ; Fénelon et Locke n'admettaient pas de tels moyens pour des êtres raisonnables. Le premier disait : « Ne promettez jamais aux enfants pour récompenses des ajustements ou des friandises. » Et le second : « Pas de récompense, de cajolerie, pour les engager à s'ac-

quitter de leur devoir. » Ces théoriciens ont fait école ; je
lis dans le livre d'un auteur qui a consacré à l'enfant un
chapitre intéressant : « N'employons jamais la nourriture
comme moyen d'émulation, soit comme punition, par la
privation: soit comme récompense, par un surcroît quelconque de friandise ; c'est rendre inévitablement un enfant
gourmand et envieux, fantasque et paresseux; c'est le cor-
rompre infailliblement (1). »

Cette maxime est un peu exagérée. Je ne dirais pas avec
Rousseau, qui s'est assez souvent trompé dans les questions de pédagogie morale: « Il n'y a presque rien d'indifférent au goût... Je conclurais au contraire que le moyen le
plus convenable pour gouverner les enfants est de les
mener par la bouche. Le mobile de la gourmandise est
préférable à celui de la vanité, en ce que la première est
un appétit de la nature, et que la seconde est un ouvrage
de l'opinion (2). » Mais je trouve dans l'ouvrage de M. Bain
sur l'éducation des raisons très plausibles de faire appel,
en fait de discipline morale, aux énergiques stimulants de
l'appétit. « On peut faire, dit-il, une distinction instructive
entre la privation et la faim, ainsi qu'entre leurs contraires.
La privation est une insuffisance réelle de matières nutritives dans le sang ; la faim est la voix de l'estomac qui
réclame sa nourriture aux heures où il a l'habitude de la
recevoir: c'est une sensation locale qui peut être très
aiguë, mais que n'accompagne jamais l'abattement profond
causé par l'inanition. Notre sang peut avoir bien assez de
substances nutritives à sa disposition au moment où la faim
nous fait déjà souffrir. Punir un enfant en lui retranchant,

(1) *De l'éducation populaire,* A. Robert, p. 62.
(2) *Émile,* p. 154, édit. Garnier frères.

une fois par hasard, un des trois ou quatre repas de la journée, ne saurait avoir le moindre inconvénient au point de vue de sa santé, et peut en même temps produire sur lui une impression salutaire comme motif d'action. Diminuer d'une manière absolue les éléments nutritifs mis à la disposition de l'organisme, est une punition fort rigoureuse : infliger par la faim une souffrance passagère n'est pas du tout la même chose... La réunion des plaisirs très vifs du goût avec la satisfaction de l'estomac, et le bien-être que cause l'abondance des éléments nutritifs dans un corps vigoureux, constituent une somme considérable de sensations agréables. Entre le minimum nécessaire à la conservation et la nourriture luxueuse que permet la richesse, l'échelle est fort étendue, et offre un vaste champ d'influence pour l'éducation des enfants (1). »

Ce moyen disciplinaire basé sur les plaisirs du goût et la privation, ou plutôt la réduction de ces plaisirs, me paraît applicable même à l'égard d'enfants âgés d'un an à trois ans. Mais pour tous les âges d'enfants, il y faut un tact et des ménagements infinis.

Mieux vaudrait passer à l'enfant quelques fautes graves, et attendre l'occasion de les réprimer par d'autres moyens, que de s'exposer à le priver, même un jour, du *minimum de nourriture nécessaire à la conservation de la vie !* Dans plus d'un cas, l'hygiène et l'humanité protesteraient hautement contre cette invasion de pratiques barbares dans l'éducation. Mais supposé que l'on ait affaire à un enfant robuste, et que la privation d'une friandise, par exemple, celle du dessert, ou d'un mets préféré, l'amène à réfléchir sur l'importance de sa faute, je ne vois nul inconvénient à

(1) *La Science de l'éducation,* A. Bain, p. 47.

lui infliger cette souffrance d'un moment, qui aura pour
lui d'heureuses conséquences. J'ai vu ce moyen, employé
avec justice et modération, contribuer à la disparition de
certains défauts intolérables, comme le mensonge ou la
cruauté. Mais, parmi les peines se rapportant au goût, il
en est une qu'on ne devrait jamais, selon moi, infliger à un
enfant : c'est de le forcer à manger des aliments qui ne
lui vont pas.

Les punitions fondées sur les peines de l'odorat auraient
beaucoup plus d'inconvénients que d'avantages. Elles pourraient occasionner chez certains enfants délicats des dé-
rangements graves et, par suite, une irritation très défa-
vorable à l'influence morale de l'éducation. Elles ne tarde-
raient pas à émousser la sensibilité olfactive, et cesseraient
d'être une souffrance, ce qui serait un double mal. C'est là
un genre de pénalité barbare, et l'on rougit en pensant
qu'il a pu être employé par des éducateurs.

Les sensations pénibles de la vue peuvent-elles, en certains cas, servir de moyens disciplinaires ? Avec M. Bain,
je réponds absolument : non. « Les souffrances éprouvées
par les organes de la vue, dit-il, peuvent être fort intenses ;
mais, comme punition, on ne les trouve que dans les codes
les plus barbares (1). » Je ne saurais admettre, même pour
une seule fois, même pour une faute grave, même à l'égard
d'un enfant non timoré, la réclusion dans les ténèbres, avec
ses effrayantes visions qui peuvent avoir de si désastreux
effets sur le système nerveux. Le mot de cachot, comme celui
de revenant, doit être banni du vocabulaire enfantin. S'il est
bon de dresser l'enfant à n'avoir pas peur des ténèbres,
ce n'est pas en les lui faisant subir en manière de châtiment.

(1) *La Science de l'éducation*, p. 48.

Il nous vient par la vue une foule d'impressions donnant
lieu au réveil de sentiments très pénibles qui se sont associés à des sensations visuelles. Ce sont des souvenirs, et
comme des menaces de châtiments, de privations, de souffrance et de honte. J'ai connu une mère, de l'école rébarbative d'Orbilius, qui, fatiguée de gronder et de battre ses
enfants, les contraignait à se tourner vers le mur, et à
regarder sans bouger, pendant un quart d'heure ou plus,
le martinet pendu à son clou. Elle ignorait qu'on n'obtient
pas mieux la véritable obéissance en frappant l'imagination
qu'en broyant le corps. Loin de conseiller aux mères de
l'imiter, je les engage de toutes mes forces à ne se servir
du martinet que pour battre leurs habits.

Si la morale tire son profit plus ou moins direct des
plaisirs de l'ouïe, on ne saurait non plus compter les
souffrances de cet organe parmi les punitions admissibles.
« Des sons durs et discordants peuvent devenir une véritable torture (1) » ; mais leur intensité aurait pour effet
d'émousser l'acuité du sens et de le rendre insensible à cette
douleur, et de produire dans la sensibilité nerveuse et
morale une irritation qui irait contre le but même de la discipline, qui est d'amener au calme par la réflexion, et à la
sagesse par l'un et par l'autre. L'emploi du moyen contraire
rendrait plutôt des services à l'éducation. Une petite fille
avait été punie pour une faute assez grave ; mais la punition
l'avait seulement attristée ; elle accourut en pleurant et en
sanglotant vers sa mère, qui s'était mise tout machinalement à jouer au piano un des airs favoris de l'enfant. Elle
couvrit de baisers les mains de sa mère, grimpa sur un
haut tabouret à côté d'elle, et lui dit, en l'implorant du

(1) *La Science de l'éducation*, p. 48. A. Bain.

regard : « Pas fâché : maman, Louise sage : pas fâché !
petite maman, joué. » Ce fut une révélation pour sa mère,
qui depuis lors usa, sans en abuser, de ce dérivatif commode pour amener, sans réprimande ni punition, l'enfant
au diapason moral qu'elle lui souhaitait. La gaieté de l'enfant, c'est la moitié de sa sagesse.

La fatigue musculaire n'est imposée comme punition que
par les parents ignorants et mal élevés. Mais, à quelque
excès que cette fatigue fût poussée, elle serait encore moins
désastreuse pour la santé et pour l'humeur de l'élève que
la fatigue nerveuse qui résulterait d'un surcroît de devoirs
ou de leçons imposés en manière de punition. Le travail
intellectuel est d'ailleurs quelque chose de si élevé, de si
intimement lié à la liberté de l'esprit, que je considère
comme une punition excessive au point de vue moral de
donner seulement deux lignes à écrire ou à apprendre.
Quant à la privation des jouissances musculaires, elle peut
être utilement imposée au jeune enfant comme punition.
Mais cette interruption de jeu doit, en général, avoir pour
motif quelque faute commise pendant le jeu même. Elle est
alors plus sensible, plus naturelle, et la seule condition à
observer, c'est qu'elle soit toujours courte.

Les sensations du toucher thermique peuvent-elles,
comme celles du goût, être exploitées au bénéfice de la
discipline morale ? Peut-être, mais rarement, et dans les
cas extrêmes, et avec les plus sages précautions. On a
tellement abusé, dans l'éducation scolaire, de la station à
l'air par toutes les saisons, que ce système a été presque
unanimement condamné comme inhumain. J'ai vu cependant
de mauvais écoliers grandement humiliés et torturés par
une telle punition subie pendant un quart d'heure ou même
cinq minutes, en plein hiver, mais sans nul préjudice pour

l'exercice nécessaire à leur santé. Ici l'effet moral est tout, et la durée du châtiment est ce qui importe le moins. J'ai vu aussi de petits enfants très salutairement punis de leur obstination ou de leur irascibilité par une exclusion d'un moment. Un enfant de deux ou trois ans considère comme un châtiment rigoureux d'être pris vivement par le bras et comme jeté hors de la famille, dans la cour ou le jardin, la porte se refermant brusquement sur lui, pour dix minutes en été et cinq minutes au plus par les temps de froid modéré. Les impressions physiques de ce genre de punition sont inoffensives, mais il en peut résulter des impressions morales fort salutaires.

Les coups imposés en manière de châtiment se rapportent aux pénibles sensations de la peau et de la chair, autrement dit aux souffrances tactilo-musculaires. Je ne serai pas long sur ce sujet. Mes lecteurs ont dû se renseigner, je suppose, ou se renseigneront avec plaisir et profit auprès des maîtres qui en ont tout récemment parlé mieux que je ne saurais le faire (1). Les verges, les férules, les coups sont officiellement interdits dans nos écoles. Je fais des vœux pour qu'ils y soient supprimés, et pour que la mode en passe de l'école à la famille. Il est inutile, ce semble, de rappeler à des parents instruits et quelque peu bien élevés, que les châtiments corporels sont les pires des punitions, et, soit par l'irritation, soit par la honte qu'elles engendrent, les moins propres de toutes à assurer l'obéissance intérieure. Locke les admettait pour les cas extrêmes. Je ne les admets en aucune façon, ni pour les cas graves, ni envers les enfants les plus mal nés, ni sous la forme la plus bénigne. « Les règlements, aussi bien que

(1) Entre autres, M. Gréard, dans son très remarquable mémoire sur *l'Esprit de discipline dans l'éducation.*

les mœurs, condamnent absolument en France les châtiments corporels », dit M. Compayré, et il nous suffit, comme
à lui, pour légitimer leur interdiction, que, « selon l'expression de Locke, ils constituent une discipline servile qui
rend les âmes serviles (1) ».

Libre aux Anglais et aux Allemands de discuter encore
sur les vertus singulières du fouet, de la bastonnade, des
coups de pied et des soufflets, comme moyens de discipline scolaire ou militaire. Relativement à nos écoliers,
rappelons-nous que nous sommes les héritiers de Rabelais
et de Montaigne, qui, les premiers, ont protesté contre
cette discipline barbare. « Au livre quatrième de son
Pantagruel, Rabelais parle d'un certain Tempeste qui
« feut un grand fouetteur d'escholiers au collège de Mon-
tagu » ; et dans le *Gargentua*, il maudit ce « collège de
pouillerie », « car trop mieux sont traités les forcez entre
les Maures et les Tartares, les meurtriers en la prison cri-
minelle, voire certes les chiens, que ne sont ces malautruz
audict collège ». Montaigne appelle les collèges de son
temps « une vraie geôle de jeunesse captive ». «Arrivez-y,
dit-il, sur le poinct de leur office, vous n'oyez que cris, et
d'enfants suppliciez, et de maîtres enyvrez en leur cholère.
Quelle manière pour esveiller l'appétit, envers leur leçon,
à ces tendres âmes et craintives, de les y guider d'une
trongne effroyable, les mains armées de fouets (2) ! » Je
plains les parents, arriérés de trois siècles, qui, pour mater
un ou deux enfants, ne trouveraient rien de mieux que ces
barbares traitements dont un bon maître n'a pas besoin
pour tenir une classe de quarante ou cinquante élèves.

Et puis n'oublions pas que ces chers enfants sont de

(1) *Cours de pédagogie*, p. 412.
(2) A. Martin, *l'Éducation du caractère*, p. 281.

jeunes soldats, soldats par l'esprit et par le cœur, qui marchent déjà virilement au son du clairon et au bruit du tambour. Dans la famille, à l'école, traitons-les en soldats. Or, les soldats de France n'ont jamais pu tolérer la discipline des verges. Le comte de Saint-Germain, ministre de la guerre sous Louis XVI, tenta d'opérer dans l'armée des réformes qui n'étaient pas toutes fort heureuses; celle, entre autres, de soumettre le soldat à des punitions corporelles. « Pour ne pas appliquer cette dernière ordonnance, des caporaux descendirent au rang de simples soldats. Un officier subalterne, contraint de frapper un de ses inférieurs de vingt-cinq coups de plat de sabre, s'arrêta au vingt-quatrième, disant : « Quant au dernier, je me le suis réservé à moi-même », et il s'enfonça le fer dans le corps. On prêtait à un grenadier le propos suivant : « Les Français n'aiment du sabre que le tranchant (1). »

(1) E. Maréchal, *Histoire de l'Europe et particulièrement de la France, de 1610 à 1789*, Delalain, édit., p. 1051.

CHAPITRE VII

Du sens moral et des habitudes morales chez le jeune enfant.

I. Progrès dans la distinction du bien et du mal.— Il doit se faire
par expériences lentes et bien comprises. — Quelques qualificatifs
employés à propos d'actes ordinaires ou saillants. — Se surveiller
avec soin quant aux actes et aux appréciations d'actes que l'on
fait devant l'enfant.—L'enfant moraliste.— Il formule des jugements
sur la conduite des autres. — Il vaut mieux l'encourager à se juger
qu'à juger les autres.—Les parents ne s'observent pas assez dans les
critiques qu'ils font devant l'enfant de la conduite d'autrui.—
II. L'enfant cherche peu à peu des motifs moraux à ses actes.— Ne
pas juger la moralité de l'enfant d'après les appréciations
morales qu'il peut formuler. — L'idée de la règle morale, du
devoir, est en réalité un motif d'action bien insuffisant. — Avant
de devenir une loi interne, la loi morale comporte un nombre considérable d'applications extérieures.— III. A trois mois l'enfant peut
avoir déjà reçu un certain nombre d'habitudes régulières, qui ne
sont pas encore morales. — Ces habitudes elles-mêmes, beaucoup
plus tard, sont très instables. — La moralité, comme l'obéissance
de l'enfant, dépend du milieu et de l'entourage. — Le germe du
remords chez un enfant de dix-huit mois. — La présence même des
parents n'empêche pas toujours le mal, mais il faut qu'elle s'impose
sans phrases, par la persuasion.— IV. La moralité de l'enfant est toujours de l'égoïsme. — Il fait plaisir aux autres pour se faire plaisir à lui-même.— Son amour de la justice et de l'égalité est presque entièrement personnel. — Immoralité pathologique chez certains enfants.

I

A l'âge de deux ans, les expériences plus nombreuses,
les progrès du langage ont étendu à un plus grand nombre

d'objets précis la distinction du bien et du mal. Même
avant l'âge d'un an, il faisait une moue caractéristique aux
seuls mots de *vilain*, de *méchant*, de *sale* ; il souriait
aux mots *joli*, *aimable*, *pas méchant*. Sans doute ces
qualificatifs s'associent à des tons de voix, à des mines,
à des gestes caressants ou pénibles. Toujours est-il que ces
mots, et quelques autres termes ou formules de signification analogue, tendent à se substituer aux marques plus
frappantes de la satisfaction ou du mécontentement des
parents. Voyons là un premier pas dans le monde des
abstractions morales : l'idée éveillée par un geste ou par
un mot embrassant un certain nombre d'actes, ce geste,
ce mot rappellent à l'esprit les idées de plaisir ou de peine,
de permis ou de défendu.

C'est là un progrès du sens moral, qu'il faut faire avancer comme il est venu, par expériences lentes et bien comprises. Quelques qualificatifs, employés à propos, et avec
mesure, avertiront l'enfant d'éviter certains actes qu'il a pu
déjà faire, et certains autres qu'il serait sur le point de
faire pour la première fois. Ainsi, le mot *méchant* fit une
grande peine au fils de Darwin, quand celui-ci lui avait
demandé un baiser qui fut refusé; ainsi un enfant de dix
mois se mit à pleurer parce que sa mère lui avait dit:
bébé *vilain*, en entendant crier un chat dont l'enfant tor-
tillait la queue. C'est ainsi, du reste, que la simple articulation : *hum !* prononcée d'un ton énergique, arrête mes
chats sur le point de faire leurs griffes à un meuble ou
leurs ordures devant ma cheminée. A l'âge d'un an, et
beaucoup auparavant, les enfants doivent aussi souvent se
retenir, à l'audition d'un seul mot ou d'une seule formule,
quand ils vont désobéir, malmener un objet, maltraiter un
animal, se mettre en colère, commettre une indiscrétion,

se salir. Un seul mot aussi, une seule petite phrase, un geste, un sourire, doivent, en plusieurs cas, les exciter à bien faire, comme ils les détournent de mal faire. Mais l'abus de ces qualificatifs et de ces formules disciplinaires serait regrettable : ces mots de *joli* et de *vilain* doivent être répétés tous les jours, mais seulement à l'égard des actes les plus saillants que fait l'enfant ou qu'il voit faire.

Sur les actes d'autrui, son entourage lui suggère chaque jour quantité de jugements dont plusieurs passent pour lui inaperçus, mais dont un certain nombre le frappent, tout au moins par la formule qui les qualifie : ceci l'amène à apprécier à son tour ces actes, aussi bien qu'à les imiter. Il voit les conséquences immédiates de certains actes, la manière dont les autres se comportent entre eux, dont ils déjouent les obstacles opposés à leur activité, leurs succès, leurs méprises, leurs fautes, la récompense ou l'approbation, la punition ou le blâme infligés à leur conduite. Ce spectacle quotidien est une vraie morale en action, un aliment incessant pour la moralité, et même pour le sens moral de l'enfant âgé de quinze mois. Il faut donc se surveiller, autant que possible, quant à la reproduction des exemples et des appréciations d'actes faits devant lui, et éviter les appréciations vicieuses d'actes bons avec le même soin que les mauvais exemples.

A l'âge de deux ans, l'enfant fait déjà de la morale autant et plus qu'une grande personne. Il apprécie, au point de vue du bien et du mal, les actes de ses frères et sœurs, de ses amis, des grandes personnes, rarement pourtant de celles qui ont quelque autorité sur lui. Un enfant prend devant Lucien, âgé de deux ans et demi, les jouets d'un camarade ; Lucien court sur lui, les poings fermés, et lui crie : « Tà tò un méchà : tu fais pleurer Victò ; laisse jou-

jou. » Il est chez lui tapageur et tracassier, mais il ne peut tolérer ces défauts chez les autres.

On l'amène visiter des garçons de son âge ; ils jouent à la guerre, avec des engins qu'il n'a pas chez lui ; ce jeu le surprend, l'irrite, et son envie et sa mauvaise humeur se traduisent par cette phrase de moraliste (on a dit que tous les moralistes étaient gens chagrins ou malades) : « Marraine, il faut s'en aller : ces bébés (notez l'orgueil) font trop de bruit ! » On lui donne alors des morceaux de bois pareils aux bûchettes et aux copeaux dont il fait chez lui toutes sortes de jeux. Il les manipule en trépignant et criant, plus bruyant que tous ses amis ensemble ; bientôt il s'oublie à voler à celui-ci un sabre, à celui-là une trompette, à un autre un tambour. Il les en frappe et les en assourdit.

Il n'est pas mauvais que l'enfant applique de temps à autre aux actes de ses compagnons les maximes générales de conduite, apprises de nous, et plus souvent répétées par lui que suivies. Ce sont des formules qui viennent en aide à son expérience personnelle et en ébauchent les inductions provisoires. « Faut pas mentir, faut pas désobéir, faut pas voler du sucre, faut pas battre Minet ; c'est vilain, ça, c'est très vilain. » En les appliquant à ses amis, l'enfant les grave dans sa mémoire, et elles lui reviennent plus aisément à propos de ses actes mêmes. Mais il ne faut pas encourager l'enfant à juger les autres. Il vaut mieux lui apprendre à se juger lui-même, en jugeant nous-mêmes, et quelquefois d'une manière indirecte, les plus importants de ses actes. Les reproches et les éloges dissimulés sous une formule générale excitent l'enfant à réfléchir sur sa conduite sans irriter son amour-propre.

L'enfant devant qui l'on ne se gêne pas de juger les

autres en prendra facilement lui-même l'habitude, et il les
jugera le plus souvent en mauvaise part. En effet, il faut
avoir le jugement déjà bien formé, pour comprendre le
mérite des bonnes actions, qui est très souvent dans l'intention plutôt que dans l'effet. Il est, d'ailleurs, bien
rare que les parents habitués à apprécier tout haut les
moindres défauts du prochain, ne le fassent pas avec un certain retour sur leurs qualités personnelles. Leur exemple
n'est bon qu'à former ce qu'il y a de plus odieux au monde,
des critiques en bourrelet. Il en est qui tous les jours passent au crible, en présence de leurs enfants, la conduite,
les paroles, les intentions de leurs amis et connaissances ;
ils sont quelquefois punis, mais non corrigés de leur imprudence par les indiscrétions légendaires de leurs inconscients copistes. Plus d'une mère aussi se décharge trop
librement en famille des ennuis que lui causent les personnes attachées à son service, et que l'enfant devrait
aimer et respecter presque à l'égal de ses parents. Comment s'y prendra-t-elle si l'enfant, habitué à critiquer de
son mieux la conduite des domestiques, en vient à apprécier sans retenue celle de son père ou de sa mère ?

II

Ne jugeons pas du sens moral de l'enfant, ni de son aptitude générale à bien faire, d'après les appréciations ou
l'imitation accidentelle de certains actes que nous appelle-
rions moraux chez l'adulte. On ne va pas loin avec une
connaissance du devoir, plutôt d'emprunt et de hasard que
d'expérience personnelle et solide. Même à trois ou quatre
ans, la règle morale a rarement à elle seule une valeur
actuelle de détermination. Si l'homme est loin de vouloir

toujours ce qui serait le meilleur, et dont il a une très claire idée, à plus forte raison en est-il ainsi de l'enfant, qui n'a du bien et du mal qu'une idée fort imparfaite. Comme cette distinction s'objective encore plus dans les personnes que dans les choses, elle fournit à sa volonté des motifs plus ou moins forts, selon son caractère et ses goûts natifs, selon l'éducation qu'il a reçue, et encore plus selon les temps, les lieux et les circonstances.

Le sens moral n'est la plupart du temps, pour l'enfant comme pour l'adulte, que la théorie de ses actes. Déjà, avant l'âge de trois ans, la nécessité de généraliser inhérente à toute intelligence porte l'enfant à mettre d'accord ses pensées et ses actes. « Cette loi psychologique ne devrait jamais être perdue de vue, tant elle est de grande conséquence : tous nos penchants innés ou acquis, bons ou mauvais, toutes nos habitudes, par conséquent, de quelque manière que nous les ayons contractées, tendent non seulement à déterminer en fait, et comme mobiles actuels, notre conduite, mais aussi à se changer en motifs pour la volonté réfléchie, c'est-à-dire à se faire prendre pour des raisons dans la délibération même, à suggérer du moins des sophismes de justification, dont le jugement corrompu finit par être dupe presque de bonne foi (1). » Les actes entraînent les pensées, et les pensées les actes. C'est dire que les sophismes de la passion ont leur bonne part dans les meilleures déterminations de l'enfant. Il cherche à motiver ses actes, même quand on ne le lui demande pas. « J'ai fait ceci, parce que... », cette formule revient à chaque instant sur ses lèvres. Il cherche nos louanges pour une foule d'actes insignifiants qu'il juge méritoires. Il imagine

(1) H. Marion, *la Solidarité morale*, p. 109.

des motifs quelquefois invraisemblables aux actions des autres, qu'il juge d'après les siennes; surtout il imagine des raisons spécieuses pour expliquer ses actes les plus blâmables.

Quelques exemples suffiront à montrer combien l'idée du devoir, de la règle morale, est encore pour le jeune enfant un motif d'action insuffisant. Bien souvent, l'enfant âgé d'un an cherche à échapper à notre surveillance, s'il ne peut impunément braver notre autorité. Que signifient, en effet, ces cachoteries, et ces ruses si naïvement ourdies, si aisément trahies, qu'elles nous font sourire en secret, quand nous en avons fait justice? Et ces mensonges transparents par lesquels il essaie de nous cacher ses maladresses, ses larcins, ses petites cruautés, ses grosses désobéissances ? Ici encore, c'est l'égoïsme pris en faute, et qui ne veut pas se rendre. L'enfant se cache surtout pour n'être pas entravé dans l'exécution de l'acte défendu, mais agréable. Ou, s'il lui arrive un moment de penser à la punition, ce qu'il cherche à éviter, c'est la peine dont l'idée est associée à l'idée de l'acte défendu, très indifférent d'ailleurs à la question de savoir si l'acte est bon ou mauvais en soi. A cet âge, « il en est du bien comme du mal; l'enfant est bon ou méchant, avant d'avoir le discernement de l'un ou de l'autre (1), » et très souvent aussi malgré le faible discernement qu'il en peut avoir.

Avant de devenir une loi interne, qui commande et punit dans le secret de la conscience, la loi morale, dont le principe est social, doit avoir reçu un grand nombre d'applications extérieures. A vingt-trois mois, le jeune Tiedemann vint dans un endroit de la maison où il avait été

---

(1) P. Janet, *Traité élémentaire de philosophie*, p. 667.

puni la semaine auparavant parce qu'il l'avait sali, et, sans
autre provocation, il dit immédiatement que « quiconque
salirait la chambre recevrait des coups. » Il rééditait à l'usage
des autres la loi qu'on lui avait appliquée. C'est ainsi que
mon neveu, que l'on m'avait donné à garder avant le
dîner, m'empêchait de regarder aux plats : « N'y touche pas,
c'est pour le souper. » Le développement primaire du sens
moral est surtout l'extension, à d'autres cas et à d'autres
personnes, des conséquences bien qualifiées de certains
actes.

III

A l'âge de trois mois, et même de deux mois, tout
mon livre le prouve surabondamment, l'enfant peut avoir
reçu un certain nombre d'habitudes régulières, mais qui
ne sont pas morales, puisqu'il n'en a pas conscience. Des
quatre vertus fondamentales, la prudence, la patience, la
modération, la justice, un enfant de trois mois n'en pratique
pas une seule, si ce n'est par pur automatisme natif ou
mécanisme d'habitudes reçues. Ce n'est pas autrement que
l'enfant même de sept mois (1), grondé et secoué fortement par sa mère, apprend à ne pas pleurer pour être levé
ou tenu sur les bras, qu'il obéit quand son père grossit la
voix et lui dit : « Tais-toi. » C'est encore tout machinalement, quoique en vertu d'une sympathie plus ou moins
bien cultivée et développée, que se voyant présenter une
moitié de pêche, ou attiré par un sourire, il essaie
quelques pas timides, malgré la difficulté qu'il a à marcher
seul. Je ne décorerai pas de l'épithète de morales ces actions
où domine le désir d'une satisfaction sensible, ou la crainte

(1) *Les trois premières années de l'enfant*, p. 335.

d'une peine pour soi, et peut-être pour les autres, satisfaction et peine dont l'idée est associée par la mémoire à l'idée
de tel ou tel acte, que l'enfant accomplit avec l'impulsion en
quelque sorte brute du sentiment. Je ne veux pas voir là de
la moralité, encore moins de la conscience morale. Mais
l'on ne peut nier que le plus ou moins d'aptitude à obéir,
à agir sous l'influence de tels mobiles, ne constitue déjà un
grand progrès vers la moralité. Le peu de conscience
qui s'y mêle pour l'enfant ne permet pas de dire qu'il est
déjà entré en possession du sens moral, mais seulement
qu'il en a saisi les premières lueurs.

Ne cherchons guère encore, à quinze mois, et même à
deux ans, que des habitudes, et point de conscience morale,
bien que les bases de la conscience soient déjà posées à
quelques égards.

A cet âge, la gourmandise est encore immodérée ; mais
l'enfant bien dressé ne demande, en général, qu'à sa faim,
ou à ses heures, comprenant ou non que cela convient.
La modération dans les plaisirs est aussi une vertu inconnue de lui ; mais l'éducation intellectuelle et affective de
ses sens a fait des progrès marqués, qui sont une prudence
rudimentaire. Le plaisir et la douleur lui ont fait connaître certaines propriétés des objets, et lui ont appris à
les rechercher, à les refuser, à les repousser, à se comporter à leur égard de telle ou telle manière utile. A
l'égard aussi des personnes, son expérience, tout objective
et concrète, se résume dans cette formule utilitaire de la
sagesse : « Fais ce qui t'est fait, souris à qui te donne du
plaisir, montre de la haine à qui te fait du mal. » Voilà
donc des habitudes de moralité plus ou moins bien prises,
et peut-être déjà vaguement conscientes, ce qui, d'ailleurs,
importe encore peu à cet âge d'irraison ou de raison

naissante. Il me semble aussi qu'à cette époque, l'idée de justice, innée selon Rousseau, le P. Girard et Darwin, n'a pas encore fait son apparition : l'enfant qui redouble ses pleurs, se tait, bleuit, étouffe, pour avoir été battu à l'excès ou mal à propos, ne me paraît dominé que par un violent sentiment de douleur, peut-être de dépit, si on lui a refusé une chose bien désirée, si l'on a combattu une de ses plus chères habitudes ; mais le sentiment de l'affront qu'on lui fait me paraît supérieur à cet âge. Je reviendrai sur cet instinct, prétendu inné, de la justice.

Un petit garçon de deux ans et demi changea trois ou quatre fois de caractère, selon les différentes stations qu'il fit chez des parents et des amis pendant deux mois de vacances : très obéissant, très doux, très sympathique et très gai chez son oncle ; très maussade, mutin, querelleur, tapageur chez sa tante ; et réservé, complaisant, silencieux, obéissant, obséquieux, chez une amie de sa mère. Si impulsive est la nature de l'enfant, que si l'image de la sanction, si la voix et le ton de la personne qui l'objective pour lui, ne se présentent pas aussitôt que l'idée d'un acte à faire, il se hâtera d'agir contrairement à ses habitudes. Mais comme, en changeant de milieu, il change incontinent d'habitudes, il reprend, aussitôt revenu dans son milieu ordinaire, les habitudes qu'il avait si vite oubliées en partie. Les parents peuvent donc être rassurés sur les effets de l'éducation qu'ils donnent à leurs enfants, tout en prenant sur eux de les éloigner aussi peu que possible de la famille.

Même à l'âge de trois ans, et plutôt encore à l'âge d'un an ou vingt mois, l'enfant agit loin de ses parents, loin de sa conscience incarnée, bien plus en vertu de l'habitude prise que sous l'influence de l'idée de ses juges. Il faut, à cet âge tendre, que l'impression ou la tentation actuelle soit bien faible, pour que l'imagination de l'enfant lui représente son rémunérateur-vengeur se dressant entre lui et son acte. Une fois l'acte accompli, la tentation passée, le désir assouvi, la nature de l'acte peut lui suggérer l'idée de la sanction. Un petit enfant de dix-huit mois, s'étant élancé dans le jardin, en l'absence de la bonne qui le gardait, se mit à ravager quelques plates-bandes, sachant bien qu'on lui avait défendu de toucher aux fleurs : il commit son acte de vandalisme avec un entrain et une insouciance admirables ; mais, quand il vit tous ces débris jonchant l'allée, il se rappela tout à coup la défense faite, il songea au traitement qui l'attendait ; il se mit à rougir, quoiqu'il ne se crût vu de personne, et alla d'un air confus se cacher derrière la cage aux poulets ; sa bonne, un moment . après, l'appelant, il resta coi dans sa cachette jusqu'à ce qu'elle fût venue l'y trouver.

Assurément le remords n'y était pas pour grand'chose. On peut dire, il est vrai, qu'un certain nombre d'expériences pareilles, la peine répétée d'être grondé ou puni pour un larcin ou un délit analogue, peut-être encore le déplaisir de faire de la peine à ceux qu'il aime, en mettant les instincts égoïstes de l'enfant en conflit avec ses tendances et ses habitudes sociales, diminueront d'autant la facilité qu'il avait à satisfaire les premiers, quand il les savait impunis. Cependant je doute fort qu'à l'âge de deux ans, la pensée seule de l'expiation prochaine puisse empêcher beaucoup d'actes agréables. Le repentir est étranger à l'enfant de cet âge, aussi bien qu'à l'animal. Je crois, en effet, que M. Romanes a un peu surfait la capacité morale de l'animal. « Étant allé, dit-il, dans la maison d'un ami, j'avais enfermé un terrier dans ma chambre. Furieux d'avoir été laissé à la maison, il mit les rideaux en lambeaux. A mon retour, il m'accueillit avec joie. Mais, dès que je ramassai les lambeaux et que je les lui présentai, l'animal se mit à hurler et à gémir en s'enfuyant vers l'escalier. Le fait est d'autant plus remarquable que l'animal n'avait jamais été châtié. Je ne puis donc y voir qu'un certain sentiment de *repentir* (1). »

La présence même des parents n'est un excitant pour le bien, et surtout un empêchement du mal, que lorsqu'elle s'impose sans phrases. Henri, un enfant de trois ans, bien élevé, paraît toujours fort distrait, quand on le gronde, pour peu que le sermon dure ; la réprimande finie, il fait une question à brûle-pourpoint, et reprend la série des idées, quelquefois réitère les actes interrompus par la gronderie. Ainsi se conduisent les animaux pris en flagrant délit de larcin, si l'on crie après eux, au lieu d'agir. Mais si l'on prend avec l'enfant dont je parle un air sévère ou attristé, et si on lui dit simplement : « Y penses-tu, Henri ? Tu me fais de la peine, » il écoute, observe le visage, réfléchit pendant deux secondes, et se montre à son tour plus ou moins affligé, et plus ou moins disposé à bien faire. N'est-ce pas cette peine de sympathie, directement engendrée par l'instinct de sociabilité, qui est, entre deux et trois ans, l'avant-coureur du remords ? Lorsqu'une défense lui a été faite d'un air sérieux ou fâché par ses parents, Fernand, âgé de deux ans et demi, y pense quelquefois toute la journée. C'est là une heureuse disposition, qui doit se perfectionner par les expériences successives, et, grâce au progrès du raisonnement, arriver aisément à cette sorte de sens moral abstrait, ou du moins très large, qui s'exerce

(1) Cité par la *Revue philosophique*, p. 503, nov. 1878.

souvent en dépit des influences les plus contraires, et qui fournit plus tard les meilleurs motifs à la discipline personnelle.

IV

La sympathie, d'un côté, l'autorité, de l'autre, ont déjà ébauché, dès l'âge d'un an, cette sorte de moralité rudimentaire, qui n'est que l'habitude de se comporter comme nous le voulons, et comme les expériences personnelles de l'enfant et nos exemples, encore plus que nos caresses et nos réprimandes, lui ont appris à le faire. Mais il est curieux d'observer les révoltes fréquentes de la liberté de l'enfant contre l'autorité que ses tendances sympathiques lui rendent par ailleurs si chère. Ainsi, l'enfant agit quelquefois dans le but en apparence exclusif de faire plaisir à ses semblables ; il paraît même obéir mieux à ceux qui l'aiment ou lui plaisent le plus, à sa mère qu'à son père. Dès l'âge de dix mois, il semble que la crainte du châtiment ou de la réprimande influe moins sur lui que la sympathie. Notons cependant que l'amour-propre, dans la plupart de ces circonstances, se met volontiers de la partie, ce qui ne doit pas étonner, quand on est convaincu de l'origine égoïste de la sympathie elle-même.

Quand il a l'air de ne chercher qu'à nous plaire, il ne veut souvent que se faire plaisir à lui-même, ou faire devant nous acte de personne. Il est heureux quand il a fait arrêter les larmes de sa mère, et aussi quand on l'a loué pour quelque chose, ou qu'on a ri de ses jeux. La joie d'être aimé ou loué, l'ennui de déplaire ou d'être blâmé, sont déjà, il est vrai, une ébauche des joies et des peines de la conscience dite abstraite, et qui est beaucoup moins abstraite chez l'adulte qu'on ne le croit communément. Il faut tenir grand compte, même à l'âge d'un an ou quinze mois, de cette disposition plus ou moins facile, plus ou moins développée, chez l'enfant, à comprendre la douceur et la sévérité, l'approbation et la réprimande. Mais combien de fois les considérations de ce genre sont oubliées par lui, ou foulées aux pieds !

On peut en dire autant de l'idée de justice : l'enfant l'applique d'abord aux actes d'autrui, et d'après la nature des sentiments que ces actes lui font éprouver. Il s'irrite de voir qu'on lui prend ses jouets ; puis, à force d'avoir entendu dire qu'il est vilain de prendre aux autres ce qu'ils ne vous donnent pas, il finit par concevoir l'idée d'abord concrète, et puis assez générale, d'appropriation illicite. De même, lorsqu'on punit un de ses frères, il viendra vous raconter en détail la nature du châtiment, la faute qui l'a occasionné, surtout la manière dont le coupable l'a supporté ; il ne manquera pas de qualifier par quelque épithète générale l'acte puni : tout cela, parce qu'il en a commis de tels, et subi conséquemment des punitions semblables. Du reste, l'enfant hait l'injustice, mais surtout à lui faite, ou supposée faite, et qui n'est pour lui qu'un désaccord entre la manière accidentelle et la manière habituelle dont on le traite. Il est passionné aussi pour l'égalité, mais quand elle flatte ses caprices, ses goûts, ses penchants dominants. Quand l'inégalité s'exerce au détriment des autres, même de ses parents et de ses amis, s'il y trouve un avantage quelconque, il ne la sent guère.

Terminons par une réflexion aussi triste à faire qu'utile à méditer. La bonne volonté et la vertu même des parents ne garantissent pas toujours une éducation heureuse. Des parents sains de corps et d'esprit, d'âge bien assorti, vivant dans de bonnes conditions hygiéniques, n'ont pas toujours des enfants moraux. Il y a, pour eux aussi, à compter avec les affligeants retours de l'hérédité. Quant aux surmenés de toute sorte, aux excessifs, aux intempérants, aux vicieux, qu'ils le soient ou non de naissance, ils préparent infailliblement une race vouée aux vices, à la folie, au crime. Sans doute des tendances violentes ou malsaines se montrent chez beaucoup de jeunes enfants ; mais elles sont souvent si accusées, quoique parfois intermittentes, chez plusieurs, qu'il faut voir en eux de pauvres victimes des lois fatales de l'hérédité et de la dégénérescence. Ces dispositions psychopathiques réclament des soins spéciaux, peut-être, en certains cas, des écoles spéciales, et toujours la coopération étroite de l'éducateur avec le médecin et l'hygiéniste(1). Heureux les parents, si, dès leur jeunesse, ils avaient été mis en garde contre ces effrayantes surprises de la paternité ! Peut-être se seraient-ils comportés de manière à neutraliser pour leurs enfants les effets lointains de l'hérédité, et surtout à ne pas aggraver par leur faute ces causes premières de l'épuisement de leur race. Quand donc le vœu de Spencer sera-t-il réalisé ? Quand les jeunes gens des deux sexes apprendront-ils un peu de pédagogie avant leur sortie de l'école ?

. (1) Le regretté pédagogue italien, M. Siciliani, a, l'un des premiers, porté la question de la folie infantile sur le terrain pédagogique (*Science dans l'éducation*, pp. 429-44). M. A. Martin a fort utilement traité le même sujet dans son *Éducation du caractère*, pp. 136-147.

DEUXIÈME PARTIE

L'ÉDUCATION AFFECTIVE ET MORALE DES SENS

CHAPITRE PREMIER

L'éducation affective et morale des sens.
Le Goût.

La culture morale du goût en vue du bonheur et de la moralité de
l'enfant. — Comment il faut régler l'appétit de l'enfant pour les mets
qu'il aime. — Trouver le juste milieu entre le strict nécessaire et
le superflu exagéré n'est pas toujours chose facile ; erreurs de Locke,
Rousseau et Spencer sur ce point. — L'enfant admis à la table
de ses parents apprend mieux la tempérance et la docilité. — Comment on l'habitue à se contenter de toute espèce d'aliments. —
Le goût a ses répugnances naturelles, qu'il faut se garder de confondre avec ses caprices. — Ces répulsions n'indiquent pas toujours un simple dégoût de certaines saveurs. — Diverses sensations qui s'ajoutent à celles de saveur. — Conséquences pratiques
à tirer de ce fait. — Précautions à prendre quand la répugnance
persiste. — Plus fait ici douceur que violence.

Les divers sens, au regard de l'éducation morale, sont
tout ensemble objets et instruments de discipline. Leur
fonctionnement régulier doit procurer à l'enfant, comme à

l'adulte, le plus de plaisir avec le moins de peines possible, et tourner au profit général de sa culture morale. Il convient de les étudier ici comme objet d'éducation.

Les moralistes, et même les hygiénistes, paraissent en général sacrifier le bonheur actuel de l'enfant à son bonheur à venir. Sous prétexte d'endurcissement physique, quelques-uns condamneraient volontiers le nourrisson à une sobriété qui n'est pas même le fait du sage. Quand ils parlent du goût, c'est presque toujours pour en restreindre les exigences et en signaler les dangers. Il y a cependant une sensualité légitime pour tous les âges. Le bien-être, à tous les instants de la vie, est pour chacun un besoin et un droit. Il a pour condition essentielle l'abondance suffisante d'aliments agréables. Il a sa place entre le strict nécessaire et le superflu exagéré.

Trouver ce juste milieu, tel est un des premiers points de l'éducation morale du goût.

Y a-t-il lieu d'exercer le goût au point de vue émotionnel, de le rendre plus habile à discerner les saveurs agréables des saveurs désagréables ? La nature s'est elle-même chargée de ce soin. Le goût est, chez le nouveau-né, le plus perfectionné de tous les sens. L'enfant, dès sa naissance, distingue les saveurs principales, le sucré de l'amer, de l'acide, du salé. Il est moins apte à distinguer l'intensité des saveurs ; mais il apprend de lui-même à le faire. L'éducation morale du goût doit donc porter sur d'autres points. Elle doit se préoccuper surtout d'en modérer l'excès et la délicatesse, et d'en faire tourner les plaisirs et les peines au profit général des habitudes morales.

Pour la première période de la vie, la nature semble s'être réservé la solution du problème. L'enfant se rassasie avec délices du lait maternel, et il s'endort satisfait. Mais, si nous n'y prenons garde, cette sensualité légitime ne s'arrête pas toujours aux bornes prescrites par la nature. Malgré la facilité qu'a son estomac de se débarrasser du trop plein, l'enfant au berceau est souvent victime de son imprévoyante gloutonnerie. Faire des repas trop abondants, trop nutritifs ou trop fréquents, est la cause de nombreux accès de colique ou d'impatience. La nature ne suffit donc pas toute seule à régler la sensualité et à assurer le bonheur de l'enfant? C'était l'opinion de Locke, qui a poussé cette vérité jusqu'à l'abus, confondant plus d'une fois la règle avec la réglementation. Mais l'opinion contraire, soutenue de nos jours par son savant compatriote Herbert Spencer, accuse un optimisme utilitaire qui a ses dangers. Examinons de près les deux théories opposées.

Locke, trop préoccupé, comme Rousseau, d'arracher l'enfant à l'empire des habitudes physiques, a pensé que les heures de ses repas ne doivent pas être réglées; mais il a compris la nécessité des prohibitions et des prescriptions relativement à la nature des aliments; cette partie de son traité fourmille, il est vrai, d'erreurs capitales. M. Herbert Spencer, en haine des appétits artificiels, accorde trop de confiance aux appétits naturels. Selon lui, les enfants livrés à eux-mêmes ne se donneront jamais d'indigestion; laissez-leur, offrez-leur, sans choix arbitraire, sans parcimonie, les aliments et les friandises qui leur conviennent; l'expérience leur apprendra à se régler eux-mêmes, s'ils ont péché par gourmandise. Cette infaillibilité de l'instinct est surfaite à l'égard de l'enfant, comme elle le serait à l'égard des animaux. A l'état sauvage ou à l'état domestique, l'animal est capable de mille intempérances funestes. Est-ce que l'élevage de nos animaux,

même étant mises de côté nos vues sélectives sur eux,
n'est pas forcément soumis à des règles ?

La vérité est qu'on risque autant à violenter la nature
qu'à la laisser faire. La gourmandise et l'intempérance
sont bien souvent des revanches prises contre des privations injustes, mais souvent aussi elles sont les fruits naturels de la gâterie. Une éducation trop rigide ou trop molle
fait des bourreaux ou des victimes de leur estomac. Il
importe donc de former le jeune enfant, autant que possible, à des habitudes qui persisteront peut-être pendant
toute la vie. J'estime, avec Locke, qu'il faut des règles pour
la nature de ses aliments, et, contre son avis, qu'il en faut
aussi pour les heures de ses repas. On peut consulter, sur
ces deux points, les ouvrages de nos hygiénistes, qui ont
fort bien traité de la matière.

Lorsque l'enfant est à peu près sevré, on peut se demander s'il n'y a pas des inconvénients à lui faire partager les
repas communs, inconvénients relatifs à sa docilité et
à sa tempérance. La question, à ce double point de vue, a
préoccupé les médecins moralistes et attiré l'attention des
éducateurs.

Faut-il admettre les enfants aux honneurs de la table de
famille, et à quel âge faut-il les y admettre ? Plusieurs sont
d'avis que, jusqu'à l'âge de quatre ou cinq ans, les enfants
dînent à part, sous la surveillance des bonnes. A voir comment tant de jeunes enfants se tiennent à table, on serait
tenté de penser comme eux. Voyez ce petit garçon de dix-
huit mois, que l'on vient de jucher sur une haute chaise,
devant une assiette de potage, sa cuiller à la main. Tant
que, dans ses maladroits essais, le mangeur novice se borne
à éclabousser la nappe, les habits des voisins et ses propres
vêtements, le mal paraît médiocre : mais bientôt, un coup

d'œil lancé à droite et à gauche annonce les accès d'impatience ou de mutinerie : la cuiller est jetée au loin sur la
table, et va se loger où elle peut ; le verre de l'enfant,
brusquement repoussé, inonde tout autour de lui ; ou sa
main, après s'être aplatie au beau milieu de son assiette,
prend le pain d'un voisin, s'en amuse et en fait toutes
sortes de jeux. Si de pareilles scènes ne se sont pas produites au commencement du repas, elles ne se feront guère
attendre : bientôt rassasié d'un mets qui lui a plu, il en
saisit à pleines mains les restes, ou même la grosse bouchée
qui ne veut plus passer, et cela tombe sur la nappe ou sur
la poitrine du marmot. Et je ne parle pas des pleurs, des
cris, des trépignements, qui accueillent la moindre remontrance faite alors par la mère, pour peu qu'il se sente des
intelligences dans la place, qu'il ait rencontré un regard
de pitié ou de satisfaction dans les yeux d'un convive. Ce
sont là des excès que la douceur la plus maîtresse d'elle-
même ne peut à la fin tolérer, et, pour avoir raison de l'enfant, force est de l'emporter hors de la salle, malgré ses
cris désespérés.

Il est rare aussi que le régime de famille ait la simplicité
que comporte l'éducation physique et morale du petit enfant,
et il n'est pas toujours facile, à la table commune, de lui
en faire un entièrement à part. Il s'y trouve, d'ailleurs,
mêlé à des conversations de toute espèce, qui ne sauraient
être pour lui d'aucun profit intellectuel et moral. Graves
considérations, mais qui ne suffisent pas pour faire refuser
la table commune au petit homme.

Et d'abord, s'il ne devait y voir que des exemples équivoques de sobriété et de retenue morale, je me demande
comment les personnes qui les lui donneraient pourraient
s'arranger, par ailleurs, pour lui en inculquer des leçons

profitables. Le jeune enfant apporte à la table l'innocente
gaité : on peut lui rendre la monnaie de sa pièce, et l'y
accueillir avec un sérieux aimable. Respecter l'enfant, c'est
se respecter soi-même: le beau malheur ! Les repas de
famille sont aussi pour l'enfant la continuation et comme
le couronnement de toutes les leçons, surtout des leçons de
morale. Tantôt une allusion sur sa conduite du jour le fait
rougir de honte ou de plaisir ; tantôt ses désirs combattus
d'un ton doux, mais ferme, lui rappellent la distance qui
est entre lui et les grandes personnes ; d'autres fois, l'attention sans faiblesse qu'elles prêtent à ses actes ou à ses
paroles lui apprend à quel point il est sur le pied d'égalité
avec elles ; enfin, au dessert, un peu avant l'heure des jeux
bruyants et animés, il y a un moment précieux pour les
petites anecdotes, cè cher régal de tous les âges. Oui, bien
qu'il en doive coûter quelquefois à l'humeur et aux habitudes des grandes personnes (sacrifice toujours léger quand
on aime les enfants), je crois que, sous tous les rapports,
l'enfant se trouve mieux placé à la table de ses parents,
qu'à la table des domestiques ou sur les genoux des
bonnes.

A la table de ses parents, il apprendra mieux la tempérance et la docilité, et cela suffit pour qu'on l'y garde.

On dresse aisément les enfants à ne manger que les
aliments qu'on leur offre, et à des heures aussi réglées
qu'il convient. Un de mes jeunes parents, depuis l'époque
du sevrage, s'est toujours assis à la table commune, et,
malgré sa tendance naturelle à la gourmandise, et peut-être
même à la gloutonnerie, il s'y est toujours contenté de
ce qu'on lui donnait. Quand il avait mangé d'un plat,
il ne manquait jamais de s'écrier : « Et après, qu'est-
ce qu'il y a ? » Mais il n'étendait jamais la main, il jetait

rarement un regard d'envie sur l'assiette de ses voisins :
il savait que cela n'était pas pour lui. Ses parents s'étaient
rendus avec lui chez des amis de la campagne ; la promenade avait aiguisé les appétits, et surtout celui de Fernand:
après avoir échangé les baisers d'usage, il se mit à gamba-
der par la chambre ; on ne tarda pas à lui offrir d'un
bouillon auquel il fit honneur. « Et après ? » dit-il doucement
à sa mère. Celle-ci lui dit : « Il n'y a plus rien, c'est fini »,
et elle le fit descendre de sa chaise, refusant pour lui les
autres aliments qu'on lui offrait. L'enfant obéit sans mau-
gréer ; mais bientôt, tirant à lui le bras de sa mère, il lui
dit à l'oreille : « Je te dis qu'il y a de la viande dans une
cocotte ; il y en a, je l'ai vue. » Cette retenue inconsciente,
chez un gourmand avéré, est un exemple de l'influence des
bonnes habitudes contractées dans la famille. J'ai vu un
assez grand nombre d'enfants bien élevés se tenir à table
chez eux, et se conduire aussi bien que celui-ci chez des
étrangers. J'en conclus qu'on peut régler, tout en la satis-
saisant, la sensualité enfantine.

Le goût a ses répugnances naturelles, qu'il faut se garder de confondre avec ses caprices.

Elles vont si loin, à l'égard de certains mets ou de certaines boissons, que la vue seule en provoque chez le tout
jeune enfant des mouvements de répulsion, et, quand il est
plus grand, des nausées. L'éducateur ne doit pas mécon-
naître ces avertissements de la nature.

Les répulsions n'indiquent pas toujours un dégoût de
certaines saveurs.

Nous voyons souvent l'enfant repousser ou demander un
mets ou une boisson qui lui avait plu ou déplu tout d'abord.

Ce n'est point simple fantaisie de sa part. Il a pu être un moment trompé par la nouveauté de cette saveur, ou par les sensations de contact, de température et d'odeur, qui s'y trouvaient associées.

En effet, diverses sensations peuvent s'ajouter à celles du goût. Ce que nous appelons une saveur, nous dit M. Taine, peut renfermer, outre la sensation de saveur proprement dite, une quantité de sensations d'une autre espèce. D'abord, comme l'arrière-bouche communique avec le nez, le nerf olfactif fonctionne en même temps que les nerfs gustatifs ; une sensation d'odeur ou plutôt de tact nasal est incluse parmi les sensations du palais. Les sensations de saveur proprement dite se compliquent en beaucoup de cas d'une sensation tantôt attrayante, tantôt répugnante, qui appartient aux nerfs du canal alimentaire. Le même plat de viande change de goût, selon que l'estomac est vide ou surchargé. Les aliments les plus délicats sont sans saveur, terreux ou amers, quand l'estomac est malade. Beaucoup d'impressions réputées sapides sont uniquement tactiles : telles sont les saveurs âcres, irritantes, astringentes. Enfin certaines saveurs sont en elles-mêmes mélangées d'une sensation de chaud ou de froid : telles sont celles des liqueurs fortes ou celles de plusieurs bonbons (1).

Il faut donc s'assurer que la saveur du mets repoussé par l'enfant ne lui déplaît pas à cause de ces sensations adjointes.

On sait que la répugnance de l'enfant pour une substance vient quelquefois de notre négligence même. Les substances les plus amères, par exemple, la camomille et la rhubarbe, quand elles sont sucrées, mais ni trop chaudes, ni trop froides, sont agréées par le nourrisson comme du lait.

(1) *L'Intelligence*, t. I, pp. 210 et suiv.

C'est à nous de ne pas lui offrir des liquides d'un goût fort, non sucrés, trop froids ou trop chauds. Il a raison de refuser du lait aigri, des mets trop salés, ou supposant un émoussement du goût et de l'odorat qui ne lui viendra que par la suite.

Pour vaincre un dégoût persistant, plus fait douceur que violence.

C'est rendre un très mauvais service à l'enfant que de vouloir l'obliger à prendre des aliments à contre-cœur. L'effet de ces exigences lacédémoniennes est aussi déplorable pour la santé que pour le caractère. Je connais une jeune dame qui se révolte encore au souvenir des oignons et du bouilli que son père la forçait à manger, et qu'elle vomissait presque toujours après le repas. Moi-même, dans mon enfance, j'avais toujours mal à la tête les jours de pot-au-feu ; je n'ai pu me faire que très tard à ce genre d'aliment. Il faut compter sur le temps, sur l'invigoration des organes, sur l'effet de l'exemple et des encouragements, pour dominer à la longue ces répugnances presque toujours légitimes. L'abus de la force, la finesse des expédients, n'en triomphent qu'au détriment de la docilité ou de la sincérité de l'enfant. On aura bien de la peine à combattre plus tard une répugnance qui a résisté aux menaces ou même aux punitions. Il n'est guère permis, non plus, de ruser avec la crédulité d'un enfant de trois ans, et de le faire manger de tous les mets qu'il refuse en lui assurant, à haute voix, et d'un air décidé, comme le veut Preyer, « que cela est bon ». Une fillette élevée avec douceur, et qui n'osait pas être d'un autre avis que sa mère, au lieu de lui dire : « Je n'en veux pas », lui disait : « C'est bien bon, mais je n'ai pas faim. »

On peut avec le temps vaincre la plupart de ces répugnances, en engageant l'enfant à goûter à certains mets, par raison et pour faire plaisir, et le laissant ensuite libre de les refuser. « Tu vas faire un essai ; manges-en un peu, rien qu'un peu. » Sur de pareilles injonctions, l'enfant ne tarde pas à se rendre, et le plus souvent il avoue que tel mets, dont il ne voulait pas, « n'est pas mauvais ».

CHAPITRE II

L'odorat.

Importance de l'odorat au point de vue des plaisirs qu'il procure. —
La sensibilité olfactive chez les petits citadins et les petits villageois.
— Effets de l'éducation affective de l'odorat. — L'abus des odeurs
et des parfums est nuisible de plusieurs façons.

L'odorat, avant-garde du goût, éclaireur de l'intelligence,
est aussi, pour l'animal en général, et pour l'homme adulte
en particulier, la source de jouissances comme désintéres-
sées et de déplaisirs sans conséquence utile. Il a même une
certaine parenté avec le beau. Ainsi, dit M. Marion, « la
joie esthétique que cause la vue d'un beau paysage d'été est
certainement augmentée par l'odeur des foins coupés (1) ».

Rousseau supposait, avec raison, selon moi, que l'odorat
ne doit pas être fort actif dans le jeune âge, puisque ses
indications ne paraissent guère utiles à la nourrice de l'enfant, non plus qu'au nourrisson lui-même. Cependant, dès
le premier jour, les sensations olfactives existent. Le nouveau-né est impressionné par certaines odeurs, et l'on cite
un enfant de six semaines, et un autre de deux mois, qui
refusaient ou qui prenaient le sein de certaines femmes,
guidés par la seule odeur de leur transpiration. Tiedemann,
dont l'enfant, âgé de treize jours, avait rejeté quelques

(1) *Leçons de psychologie*, p. 290.

médecines après les avoir goûtées à plusieurs reprises, va jusqu'à supposer qu'il les « distinguait de ses aliments par l'odeur ». Le fils de Darwin, à trente-deux jours, « recon- naissait le sein de sa mère à une distance de 75 à 100 mil- limètres, comme le montraient le mouvement de ses lèvres et la fixité de ses yeux », et Darwin suppose que la vue et le toucher n'y étaient pour rien, que l'enfant y était guidé par la sensation de chaleur, ou par l'odeur. Kusmaül a fait des observations du même genre.

J'ai vu des enfants très jeunes qui se montraient plus sensibles aux bonnes qu'aux mauvaises odeurs. Il en était encore ainsi plus tard pour beaucoup d'entre eux. C'est qu'il faut un sens exercé et une grande habitude d'attention volontaire pour distinguer les sensations provenant d'im- pressions aussi variables et fugitives. Les jeunes enfants ne sentent bien les odeurs que lorsqu'on les invite à le faire. Alors, si on les approche d'une fleur ou si on leur met un bouquet sous le nez, ils reniflent, car c'est leur manière de flairer, et sourient de plaisir. On voit par là qu'ils sont très sensibles aux bonnes odeurs. Ils ne font aucune démonstra- tion à l'égard des mauvaises odeurs ; ils s'y habituent sans doute avec une très grande facilité.

La sensibilité olfactive varie suivant les individus, et sur- tout suivant les différences de milieu. Les enfants élevés à la ville ont en général l'odorat plus fin que les jeunes paysans. On ne les amène guère dans les jardins que pour leur faire admirer et sentir les fleurs ; les salons de leurs mères, leurs fenêtres leur offrent à chaque instant de suaves émanations à respirer ; ils sont souvent eux-mêmes imprégnés de parfums très excitants qui, variant de nature ou d'intensité, irritent sans l'émousser leur sensibilité pour les bonnes odeurs. Quant aux odeurs désagréables, ils leur

voient faire autour d'eux une guerre acharnée ; ils prennent, eux aussi, l'habitude de les signaler comme offen-
santes : double exercice de l'attention qui contribue à
raffiner ce genre de sensibilité. De son côté, l'enfant élevé
aux champs, en plein air, n'a guère l'occasion de s'arrêter
à flairer les pauvres fleurs des champs. Il se vautre dans
l'herbe, et la prend à pleines mains, sans songer à faire
l'analyse du parfum végétal qui s'en dégage. C'est bien
inconsciemment qu'il distingue, sans en jouir, l'odeur caractéristique des blés, du maïs, des luzernes, des vignes, des
noyers, des cerisiers, des chênes ; il connaît plutôt et
savoure celle des pommes et des poires mûres. Il fait même
bon marché, en général, des odeurs les plus repoussantes. Il
a été de bonne heure accoutumé à ne pas rechigner aux plus
pénibles besognes, sans se préoccuper des susceptibilités
de son nez. Ses vaches, ses dindons, la cour de la ferme,
le verger, les champs, ce n'est pas l'odeur du fumier qui
les lui gâte et qui l'empêche de les aimer.

Il est sans doute possible de concilier, pour le sens de
l'odorat, les effets de l'éducation rustaude [et de l'éducation bourgeoise. Le discernement des bonnes odeurs et celui des mauvaises peuvent très bien aller ensemble : celles-
ci ne sont pas les contraires de celles-là, et la délicatesse
d'impression pour les unes ne détruit pas la délicatesse d'impression pour les autres. De ce côté, on peut espérer une
réaction morale, et particulièrement chez les enfants des
classes élevées. Sans émousser chez l'enfant le sentiment
des odeurs désagréables, des odeurs caustiques, alliacées,
nauséeuses, fétides, il faut l'habituer à les supporter. Il sera
ainsi préservé de plus d'un ennui dans la vie ; il ne sera pas
exposé à perdre la tête ou l'appétit dans une foule de circonstances inévitables.

Il y a un aguerrissement indirect de l'odorat, presque aussi utile que l'endurcissement contre le froid. J'ai vu des femmelettes ébaucher une grimace d'horreur, au seul mot de tabac, de gaz, de fumier, etc. Il n'en aurait pas été de même, si, toutes jeunes, on les avait amenées (pourquoi pas ?) à manger quelque mets préféré au milieu d'odeurs d'une âcreté ou d'une fétidité progressivement accrues. Est-ce que le nourrisson se dégoûte du lait de sa nourrice, ou de ses premiers aliments, quand il sent l'odeur fétide qui s'exhale, malgré qu'on en ait, de sa chétive personne ? Il y a tout un système d'habitudes faciles à prendre au point de vue de l'aptitude à savourer les odeurs agréables et à supporter les mauvaises. Un enfant de trois ans doit être déjà dressé de telle façon, qu'il flaire une fleur ou un bouquet en disant : « Quel plaisir de sentir cela ! » et qu'à propos d'une odeur infecte, il dise tranquillement, sans se boucher le nez et sans presser le pas : « Vraiment, cela ne sent pas bon ! » Il est même bon de rire avec lui de certaines impressions malodorantes, tout en s'en éloignant ou s'efforçant de les chasser. Le rire fait passer bien des choses !

Enfin n'oublions pas que l'abus des odeurs et des parfums est nuisible de plusieurs façons. Une stimulation incessante de la membrane et des nerfs olfactifs émousse, aussi bien que la maladie, la sensibilité de l'odorat. De plus, elle énerve le corps et amollit la volonté. Cet abus expliquerait à lui seul les alternatives d'extrême langueur et d'irritabilité extrême qui sont le propre de certaines natures asiatiques. J'aimerais mieux un enfant dont les narines aspirent avec délices les odeurs culinaires, que celui qui se montrerait ravi des odeurs ambrosiaques ou aphrodisiaques, dont certains parents aiment à s'entourer. Je ne voudrais jamais un bouquet dans sa chambre, point de parfum dans ses bains, dans ses cheveux, sur ses vêtements. Je le voudrais cependant très sensible aux odeurs suaves des fleurs, telles que la rose, la violette, le lys, la verveine, le jasmin, le réséda, et je crois qu'il convient de l'exciter tout jeune à les distinguer, à les savourer, mais toujours en plein air, dans un jardin, en pleine nature. Ces plaisirs délicats ont une influence indirecte sur les sentiments esthétiques et sociaux, influence heureuse, si l'on sait éviter le raffinement et l'affectation.

CHAPITRE III

La vue.

On ne sait encore rien de bien certain sur l'ordre dans lequel l'enfant arrive à distinguer les diverses couleurs. — Premiers plaisirs
de la vue. — Premières peines dues à la vision. — Origine probable du plaisir et de la peine que nous procurent les couleurs. —
Part à faire à l'expérience individuelle. — Conclusions pratiques
des observations précédentes. — Préceptes relatifs aux sensations
désagréables de la vue.

On ne sait encore rien de bien certain sur l'ordre dans
lequel l'enfant arrive à distinguer les diverses couleurs.
L'enfant est manifestement sensible à la quantité, avant
de l'être à la qualité de la lumière : tout prouve qu'il
distingue d'abord le clair de l'obscur, et qu'il n'arrive que fort lentement à distinguer les diverses couleurs. Il les percevrait, assure-t-on, dans un ordre correspondant au degré décroissant de lenteur et de longueur
des ondes d'éther. Il passerait du rouge au jaune, au blanc,
au noir et au gris, puis au vert et au bleu, qu'il confondrait
assez longtemps avec le gris. On reconnaît ici la théorie
de l'évolution des couleurs qui a valu à H. Magnus tant
d'objections sérieuses. Elle ne saurait être confirmée par
les récentes expériences faites sur de jeunes enfants, et
portant sur l'époque où les diverses couleurs sont correctement désignées. Il est assez probable que ces expé-

riences, étendues à plusieurs sujets, ne donneraient pas des résultats identiques. Et ceci pour deux raisons : c'est d'abord que les progrès sérieux du langage ne sont pas également hâtifs chez tous les enfants; d'autre part, que le daltonisme, fréquent même chez les adultes, comporte plusieurs variétés : chez certains, la rétine est insensible aux rayons rouges et aux rayons bleus ; d'autres confondent entre elles les diverses couleurs, tout en ne les confondant pas avec le blanc, le gris et le noir ; d'autres enfin ne perçoivent pas le violet, et ne perçoivent les autres couleurs que sous un éclairage intense (1).

Quoiqu'on ne sache encore rien de bien certain sur la distinction progressive des couleurs chez le jeune enfan- encore muet, on sait qu'il éprouve dès les premiers jours un grand désir de la lumière. Le nouveau-né recherche la lumière vive du jour. Il ne tarde pas à tourner la tête vers la fenêtre, quand elle s'ouvre, ou quand on l'en éloigne, et à suivre des yeux une lumière promenée dans la chambre. On peut dès lors constater chez lui des signes de plaisir. Bientôt sa joie est plus vive à la vue d'objets clairs, brillants, surtout d'objets en mouvement. La clarté modérée, les couleurs éclatantes, pour lui des couleurs claires, leur agitation lente qui lui permet d'en voir les nuances variées ou simplement les lui fait percevoir comme déplacées dans le champ de vision, ce sont là, pour les premiers temps, les plaisirs de la vue.

La vue a aussi ses premières peines. Ce sont les lumières trop vives, les objets aux tons trop crus, quand on les rapproche brusquement des yeux. Ces impressions pénibles se traduisent par la fermeture ou le battement des

(1) Taine, *l'Intelligence*, t. I, p. 228.

paupières, tandis que les yeux grands ouverts et brillants marquent la satisfaction produite par la vue ou par tout autre sens.

Quelques mots sur l'origine probable du plaisir et de la peine que nous procurent certaines couleurs.

D'après les philosophes transformistes, les plaisirs et les peines de la vue ne sont pas primitifs et simples. Au plaisir immédiat qu'entraîne toute sensation intense se serait associé chez nos ancêtres le plaisir d'autres sensations agréables. Ainsi le jaune et le rouge, si chers aux enfants, aux sauvages et aux gens du peuple, ne plaisent pas seulement à cause de leur tonalité lumineuse : ils ont dû attirer fortement l'attention de nos ancêtres frugivores ; de là le plaisir qui s'attache à ces sensations correspondant aux premières jouissances alimentaires de l'homme. Le plaisir du goût aurait ici accompagné et dominé le plaisir visuel. Le plaisir que nous avons à regarder la couleur si fraîche et si vive d'ailleurs de la voûte azurée serait un souvenir organique de l'époque ancestrale, se rattachant aux idées de repas faciles et de tranquillité heureuse. A la vue de la verdure abondante et de nuance claire se rattacherait l'idée de belle saison et de bonne vie.

Quant aux couleurs dont la vue seule déplaît, s'il y en a, elles se sont, en outre, primitivement associées à certaines sensations ou à certains sentiments de nature pénible. De là leur caractère affectif. « Le noir n'est pas une sensation, mais le manque de toute sensation en un point donné et à un moment donné, quand on compare ce point et ce moment à d'autres où la sensation est présente (1). »

_____

(1) Taine, *l'Intelligence*, t. I, p. 233.

Cette cessation de l'action sensorielle étonne l'enfant ; elle peut même lui déplaire. Ajoutons qu'il a pu s'y ajouter, dès les temps primitifs, des expériences tristes, qui auront fait de cette nuance un symbole et un accompagnement d'idées lugubres.

Il ne faut pas négliger la part de l'expérience individuelle. Quelle que soit la part à faire à l'hérédité dans le plaisir ou la peine que nous causent certaines nuances ou certains assemblages de couleurs, les émotions les plus vives et les plus durables sont celles qui ont intéressé l'enfant par quelque autre côté. Ainsi au jaune, au rouge et au blanc se rattachent pour lui des souvenirs d'aliments, de vêtements, de jouets, d'objets divers, dont l'usage ou la rencontre lui fut jadis agréable. Pour moi, le bleu clair m'avait plu dans un grand nombre d'objets soyeux ou lustrés, des robes de femmes ou de jeunes filles aux gracieux contours, etc. Mais ni la voûte du ciel, ni l'azur céleste des cimes pyrénéennes, n'ont laissé la moindre trace dans mes souvenirs d'enfant. Le vert-clair des bons points, le vert doré des raisins, des figues et des prunes, me réjouissaient fort aussi. Mais celui des plantes et des arbres, des tiges, des feuilles, des branches, des massifs, celui même des hautes herbes ou des gazons unis ne me disait rien, que je sache. Encore à dix ans, je restais froid au sein de la *verte nature* (1). Il est aussi, je le crois, bien peu d'objets qui déplaisent à l'origine par la couleur seule. Le noir nous plaît, au contraire, quand s'y associent les sensations, dues au toucher, de rond, de poli, de doux. Le noir peut déplaire au jeune enfant en vertu d'expériences personnelles. Il se détourne quelquefois, en effet, des personnes habillées de noir,

_____

(1) V. *l'Enfant de trois à sept ans*, p. 170.

B. Pérez. — L'éducation morale   9

Ne serait-ce pas à cause du contraste de cette couleur
avec la couleur ordinaire des vêtements ? Une personne
tout habillée de cette couleur inusitée pour ses yeux doit
le surprendre et, au premier moment, lui déplaire. Mais il
s'y fait vite. Ainsi un animal domestique, chien, chat,
oiseau, est d'abord tout agacé de vous voir avec un chapeau
sur la tête, mais il n'est pas longtemps à s'y habituer.

Nous pouvons tirer quelques conclusions pratiques des
observations précédentes.

Comme toutes les sensations de la vue ne laissent pas
d'être agréables au petit enfant, quand leur objet ne lui
déplait pas, et qu'elles ne dépassent pas une certaine intensité, la première éducation n'a guère à s'en préoccuper.
Mais, dès l'âge de trois ou quatre ans, il convient de procurer à l'enfant le plus possible de jouissances visuelles,
par la présentation fréquente d'objets dont le charment tout
à la fois la couleur, la forme, la destination ou les usages.
Encore faut-il y procéder avec mesure. De ce que les
enfants ont en général un goût pour les couleurs tranchées
et criardes, il n'en faut pas conclure qu'il soit bon de favoriser chez eux ce goût, qui est un signe d'infériorité,
et qui est très marqué chez les peuples non civilisés.
Certains peuples du Midi de l'Europe affectionnent les
couleurs voyantes, et on les en a excusés sur ce que les
couleurs vives sont en harmonie avec la lumière éclatante
de leur ciel. Mais les Américains du Nord ont-ils la même
excuse à leur mauvais goût pour ces couleurs ? C'est là
une infériorité esthétique, si l'on veut, mais qui restreint
beaucoup la somme des plaisirs visuels. Chez nous l'art
d'apprécier les couleurs tendres, et de combiner leurs
nuances, est poussé plus loin. Comme on peut s'en rendre
compte par les savants travaux de M. Chevreul, cet art

s'appuie sur les notions précises de la science plutôt que sur les impulsions primitives de l'instinct. Je ne sais pas s'il est bien possible de concilier, dans l'éducation du premier âge, le développement intellectuel de l'œil et ses habitudes affectives et esthétiques. Voici, en tout cas, un conseil facile à suivre, dès que l'enfant a quitté le berceau : rien de trop voyant, ni sur lui, ni autour de lui.

Du côté des sensations pénibles de la vue, le principal souci de l'éducateur doit être de ménager l'œil du jeune enfant, d'entourer de précautions ce sens infirme et délicat, d'éloigner de lui les impressions trop intenses, la lumière et les couleurs trop crues, et de l'entourer, de le rapprocher autant que possible d'objets à couleur tendre.

Quant au sentiment pénible que cause à l'adulte, et à l'enfant plus âgé, la discordance des couleurs ou la disproportion des formes, les conseils à donner sur ce point relèvent de l'éducation purement esthétique.

CHAPITRE IV

L'ouïe.

Premières sensations de l'ouïe. — Premiers signes de sensations agréables.— Quelques-uns de ces plaisirs ne sont ni expressifs des émotions, ni encore esthétiques. — Explication physiologique des premières impressions musicales. — Conclusions pratiques : réflexion préliminaire. — Précepte hygiénique et pédagogique. — Second précepte plutôt d'éducation affective. — Conseil utile à quelques mères.

Il est facile d'observer, dans la première quinzaine, une très grande impressionnabilité aux moindres bruits, quels qu'ils soient. L'enfant tressaille et cligne les yeux lorsqu'il entend le bruit soudain d'un choc, d'une porte fermée, d'un meuble dérangé, d'une voiture roulante, d'un éternuement, d'un éclat de rire, d'un cri, d'un chant élevé. A l'âge de deux, de trois, et même de quatre mois, les bruits soudains, éclatants, retentissants, en général désagréables à l'oreille d'un adulte au repos, provoquent chez l'enfant des tressaillements, des soubresauts, un froncement de sourcils, une mine effrayée. Ce sont là des manifestations instinctives de surprise autant que de déplaisir, et qui, antérieures à l'expérience, ont tout à la fois pour but la protection immédiate de l'organe auditif et la protection indirecte de la personne tout entière.

Du deuxième au troisième mois, la voix de la mère, surtout lorsqu'elle chante, éveille chez l'enfant des signes de plaisir très vif. Cette voix le calme souvent lorsqu'il crie. Au quatrième mois, un fredonnement fait par une personne quelconque, un sifflement doux, le son de tous les instruments, même des plus bruyants, entendus à distance, paraissent le réjouir beaucoup.

Ces faits n'indiquent pas toujours des émotions affectives ou esthétiques. Toute sensation élémentaire de son, quand elle est normale, plaît par elle-même. Mais il y a des raisons physiques pour que les sons d'intensité moyenne soient les plus agréables. Les sons aigus, correspondant à des vibrations plus courtes et plus concentrées, communiquent aux nerfs auditifs un ébranlement plus brusque et plus violent que les sons intermédiaires. Les sons graves eux-mêmes, quand ils ne le sont que modérément, et que la rudesse du timbre ou le degré de l'intensité ne les modifient pas trop, plaisent à l'oreille qui les perçoit.facilement, vu l'amplitude et la durée des vibrations sonores.

A plus forte raison, les sons agréables le sont-ils à l'enfant, quand ils sont expressifs des émotions. Au premier temps, et beaucoup plus tard encore, la cause la plus ordinaire des plaisirs de l'oreille, c'est la voix humaine, dans les sons doux, moyens, et surtout caressants. Entre la voix et l'oreille, il y a une sympathie antérieure à toute expérience individuelle. Certaines notes de la voix parlée, l'accent de certaines personnes, ont un charme pénétrant, qui correspond aux prédispositions héréditaires de l'oreille et du sensorium. Le sons vibrants, rudes, brusques, saccadés, de la voix, expriment des sentiments pénibles, qu'ils éveillent chez l'enfant, avant toute expérience.

Les premières impressions musicales de l'enfant ont une explication toute physiologique. De très bonne heure, les enfants sont égayés par des bruits et des sons, qui ne disent rien à l'adulte. Parmi ces causes de plaisirs auditifs, il faut citer en première ligne les sons clairs, tintants, argentins, les sons des instruments à corde, du violon, du piano, du hautbois, certaines notes de la clarinette, du cornet à piston, du cor de chasse ; le bruit du tambour, de la grosse caisse, du clairon, leur plaît, entendu d'un peu loin. Mais ils ne pleurent qu'un moment à l'entendre de près.

Même stridente, même choquante pour l'oreille, la musique plaît à l'enfant, à cause de la succession variée des notes, de leur retour, et du plaisir tout animal que cause le rythme. Les notes harmoniques en rapide succession font affluer le sang au cerveau, et son excitation énergique a pour contre-coup des sentiments vifs et des mouvements rapides et variés. Ainsi la musique la plus grossière répond d'abord à ce besoin d'activité musculaire si énergique chez l'enfant.

Il y a plus : si l'on peut dire de l'enfant, comme de beaucoup d'animaux, qu'il aime le bruit pour le bruit, il est certain qu'il aime par-dessus tout le bruit fait par lui-même. Il est certain que, dès l'âge de six ou sept mois, en faisant du bruit, il cherche à poser sa personnalité sociale. Ses jeux sont plus animés et plus bruyants, quand il y a quelqu'un pour le voir et l'entendre.

Nos conclusions pratiques exigent une réflexion préliminaire. On prend souvent pour de l'indifférence à certains sons une surdité relative. A la naissance, l'oreille de l'enfant est loin d'être formée. Le développement de sa coque osseuse n'est à peu près terminé qu'à l'âge de quatre ou cinq ans. Avant cet âge, beaucoup d'enfants ont eu à souffrir de la gorge et des narines, et, par contre-coup, des organes auditifs. Cette lésion est souvent bilatérale, et elle peut affecter d'une manière imperceptible la portée de l'audition ; d'autres fois, elle n'affaiblit ou ne supprime l'audition que d'un côté ; le monosourd n'entend pas quand on lui parle près de l'oreille malade ; mais il entend d'un peu loin. Toutes ces observations, faites par des savants très compétents, n'intéressent pas moins l'éducation affective que l'éducation intellectuelle du premier âge.

Comme on le voit, les premiers soins de l'éducateur, en ce qui concerne l'ouïe, relèvent tout à la fois de l'hygiène et de la morale. On sait, par exemple, combien il importe à la santé et à la bonne humeur de l'enfant de ne pas interrompre ou troubler son sommeil. Or si, pendant les premiers jours, les bruits forts ou les cris ne le réveillent pas, il n'en est pas de même plus tard. Dès la fin du premier mois, l'enfant ne s'endort pas, quand on marche ou qu'on parle autour de lui. S'il est endormi, un petit bruit près de sa personne excite chez lui quelques mouvements de la face et lui fait même tourner un peu la tête ; un bruit plus fort détermine un mouvement général.

Notre second conseil aura trait à l'éducation affective de l'ouïe. Il faut comprendre les avertissements de la nature, et épargner autant que possible à l'enfant des froissements de l'ouïe inutiles à son instruction, et qui peuvent avoir une influence grave sur son état nerveux. Les précautions à cet égard, qui ne sont pas toujours faciles à prendre, doivent avoir surtout pour objet les sons et les chocs inattendus. Il est, d'ailleurs, fort heureux que les enfants s'habituent avec plus ou moins de facilité aux bruits qui les ont d'abord désagréablement surpris. Un enfant de trois mois tressaillit vivement et se mit à crier, au premier bruit des roues du train qui l'emportait : cinq minutes après, il était consolé,

souriait, s'endormait; réveillé, il se mit à sourire et à jouer
comme d'ordinaire. Il faut dire aussi que l'enfant n'a pas
les mêmes raisons que l'adulte pour trouver certains bruits
pénibles, et même insupportables. Le financier de La Fontaine ne pouvait se faire à la voix et au marteau de son
joyeux voisin ; mais je suppose que les enfants du quar-
tier n'en avaient ni la veille ni le sommeil troublés ;
peut-être même en étaient-il fort réjouis. Quoi qu'il en soit,
ménageons toujours, quand nous le pouvons, la susceptibilité auditive des enfants. Tout ce qui leur plaît ne leur fait
pas du bien.

L'instinct éducateur des mères et des nourrices se
trompe plus souvent qu'on ne croit. Il en est beaucoup,
sans doute, qui savent bien quelles notes de leur voix
plaisent aux nourrissons, et quelles voix étrangères leur sont
antipathiques. Quand elles ne peuvent pas éloigner du berceau de l'enfant ces voix malencontreuses, elles savent
doucement rappeler à leurs possesseurs « qu'il y a toujours
moyen de se servir de la voix qu'on a, de manière que le
timbre n'en soit pas désagréable ». Il est même des hommes
qui ne manquent pas de cette délicatesse affective de l'oreille,
et qui la respectent religieusement chez les autres. Rien de
piquant et même d'attendrissant comme de voir un soldat assouplir sa rude voix, habituée aux tons cassants du
métier, et l'adoucir jusqu'à imiter les caresses maternelles.
Par contre, combien de mères et de nourrices semblent
croire que si la nature les a douées d'une voix claire et
vibrante, c'est pour qu'elles fassent auprès de l'enfant l'office d'étourdissants perroquets ! Il est bon de leur rappeler
que cet abus de notes criardes et glapissantes, bien que
l'habitude en affaiblisse l'impression, cause un grand préjudice au bien-être physique et au développement affectif

et intellectuel de l'enfant. Quel travail fatigant et stérile pour son cerveau !

Les impressions de l'ouïe, ne l'oublions pas, sont celles qui affectent le plus puissamment la sensibilité de l'enfant ; comme l'a dit si bien le poète, l'oreille est le chemin du cœur. Envelopper l'enfant d'une atmosphère de sons doux, tendres et réjouissants, c'est travailler à son bonheur actuel, et c'est faire beaucoup pour son humeur et sa moralité futures.

Il ne saurait être question ici de l'éducation esthétique de l'oreille. Mais cette éducation commence avec l'éducation affective, et tout ce qui est favorable à l'une l'est à l'autre. Nous avons déjà donné un exemple de cette heureuse coïncidence (1).

(1) Chapitre VI, p. 90.

CHAPITRE V

Le tact.

Plaisirs vagues du tact élémentaire. — Premiers signes de souffrances tactilo-musculaires. — Excitabilité variable des diverses régions cutanées.—Sensations de déchirure et de piqûre. — Sensations du contact des liquides.—L'éducation affective du tact est affaire de préservation et d'endurcissement. — L'endurcissement relève de l'éducation morale non moins que de l'hygiène. — Il y faut procéder avec mesure. — On ne fait pas d'un tempérament tout ce qu'on veut. — Mais on peut toujours faire quelque chose en s'y prenant bien : exemple.

Nous avons à distinguer les sensations du contact proprement dit, et les sensations semi-intellectuelles du toucher. Les premières sont dues à de simples excitations des nerfs de la peau ou des muqueuses ; les secondes sont dues tout à la fois aux nerfs de la peau et aux nerfs des muscles. Un exemple des premières est la sensation de bien-être que l'enfant éprouve quand il est à l'aise dans ses vêtements ; un exemple de la seconde est le malaise que lui infligent les vêtements d'étoffe grossière ou comprimants.

Les plaisirs du tact élémentaire et en quelque sorte organique sont moins vifs, mais souvent plus intenses, et en tous cas plus fréquents que ceux même du goût. Dès les premiers jours de la vie, ils agissent sur notre sensibilité comme causes immédiates et plus ou moins prolongées de bien-être. Il n'est pas toujours facile de distinguer chez le jeune enfant les sensations agréables du toucher, parce qu'elles ont tout le corps pour organe. Avant l'âge d'un mois, le contact d'une peau douce ou d'une étoffe moelleuse, la libération de ses langes, ne déterminent sur son visage aucune marque précise de plaisir. Un peu plus tard, la joie vive qu'il montre ne provient-elle pas des sensations et des sentiments dont l'idée est associée à certains états corporels et à certaines caresses ? C'est donc plutôt l'absence de malaise, que le bien-être même, que nous devons procurer à l'enfant par le moyen du toucher.

Les signes de sensations désagréables dues au contact et en même temps aux sensations musculaires de pression sont très manifestes chez le nouveau-né. Ses cris, bientôt ses larmes, sa mimique réflexe, indiquent combien il souffre des positions incommodes, de la rudesse et de la pression des vêtements, de tous les contacts qui seraient un peu gênants pour l'adulte. Les physiologiste sont étudié chez le jeune enfant l'excitabilité variable des diverses régions cutanées. Cette sensibilité dépend du nombre des terminaisons nerveuses qui aboutissent à telle ou telle partie superficielle du corps. L'excitabilité réflexe de la langue, des lèvres, de la muqueuse nasale, de la conjonctive, de la cornée et des paupières, du nez, de la paume de la main, surtout de la plante du pied et du visage, est très considérable. La peau de l'avant-bras et de la jambe est moins sensible au contact ; celle des épaules, de la poitrine, de l'abdomen, du dos, de la cuisse est encore plus obtuse. En général, les parties exposées à l'air, sauf le visage, et les plus habituées au frottement des étoffes, sont moins excitables que les parties internes. Cette sensibilité s'émousse par l'habitude, pour arriver peu à peu au degré où elle existe chez l'adulte. Dès la deuxième année, la fréquence des mêmes excitations et la faculté accrue de l'inhibition des réflexes l'ont quelque peu diminuée. Cette sensibilité a pourtant ses délicats et ses obtus.

Les fortes sensations de contact deviennent des sensations de douleur. La déchirure des tissus produit des sensations particulières, dont les plus faibles sont très sensibles à l'enfant. La moindre piqûre provoque chez lui des mouvements violents de répulsion et de douleur. Ce ne sont plus là de pures sensations du toucher.

Le contact des liquides, surtout des liquides froids, est aussi très désagréable à l'enfant. Souvent même, après les premiers mois, loin de donner des signes de joie à propos du bain tiède, il ne s'y voit mettre qu'avec le plus grand déplaisir. Il faut peut-être l'attribuer à la légère suffocation que l'immersion produit et au froid que ressentent les parties non immergées.

L'éducation affective du tact est affaire de préservation et d'endurcissement. Eviter le plus possible à l'enfant les sensations pénibles du contact et de la pression, c'est augmenter d'autant son bien-être. On commence enfin à comprendre, cent ans après Rousseau, que si le maillot est un mal nécessaire, il ne doit pas être une torture. Mais combien il reste encore à dire sur la manière dont on comprend chez nous l'hygiène de la peau ! Sous prétexte d'épargner au nourrisson quelques frissons et quelques cris, beaucoup de parents négligent volontiers jusqu'aux soins de propreté, qui, avec les promenades au grand air, contribuent à l'endurcissement relatif des organes, et aguerrissent, sans l'émousser, la sensibilité cutanée. Et voyez l'inconséquence : on ne craint pas de soumettre tout le long du jour le cher enfantelet au supplice de caresses importunes pour ses délicats organes, dangereuses pour sa santé, et peut-être encore plus pour sa moralité.

L'endurcissement physique est d'ailleurs affaire d'éducation morale aussi bien que d'hygiène. L'indifférence relative aux impressions pénibles ne dépend pas seulement de l' « espessissure de la peau », mais aussi du courage, c'est-à-dire de l'éducation morale. « Tout ainsi que l'ennemy se rend plus âpre à notre suite, ainsi s'enorgueillit la douleur à nous voir trembler sous elle. Elle se rendra de bien meilleure composition à qui lui fera teste (1). » Il faut, avant l'échappée du berceau, mais toujours avec mesure, accoutumer l'enfant à « lui faire teste ». Le sentiment de cette mesure a manqué à plus d'un moraliste, même doublé d'un hygiéniste.

Locke, bien qu'il ait contribué plus que personne à faire passer dans les usages de la vie anglaise les habitudes propres à développer la force physique et morale, s'est trompé lorsqu'il a dit : « Les gens de qualité doivent traiter leurs enfants comme les bons paysans traitent les leurs. » La plupart des citadins trouveraient la mort dans de semblables pratiques. Les parents ne leur ont pas donné, en général, la constitution robuste des enfants de la campagne, et, de plus, l'air pur leur manque. Si on devait se nourrir et se vêtir, et se traiter de toute façon à la ville comme à la campagne, l'anémie, qui sévit chez nous avec tant de rigueur, ferait encore plus de victimes.

Il ne faut pas s'exagérer les influences de l'hygiène au point de croire qu'on peut faire d'un tempérament tout ce qu'on veut. Mais on doit toujours espérer beaucoup des habitudes imposées ou suggérées dès l'enfance. Pas d'enfant, si chétif et si impressionnable que l'ait fait l'hérédité, dont l'éducation, sans prétendre le refaire, ne puisse forti-

---

(1) Montaigne, *Essais*, livre I, chap. XII.

fier les organes et les aguerrir contre le malaise ou la douleur. Sur ce point, comme sur d'autres, on peut espérer beaucoup des habitudes sagement progressives, ainsi que de l'émulation, de l'esprit imitateur, de la féconde gaieté des enfants.

Un jour, dans la campagne, un enfant âgé de deux ans et demi voulut m'aider à poursuivre un papillon, que je ne chassais que pour l'exciter à se piquer les jambes dans les orties. Le papillon ne fut pas saisi ; mais, outre les piqûres des orties, l'enfant avait attrapé quelques morsures de ronces. Je fis semblant de n'en rien voir, et je me mis à exprimer des regrets sur ma chasse inutile. « Maudit papillon, va ! maudit papillon ! » m'écriai-je, affec tant de regarder du côté où il avait disparu. J'entendis mon jeune compagnon répéter : « Maudit papillon ! », et je ne tardai pas à le voir passer sa main sur ses jambes nues. « Et dire que je me suis déchiré aux ronces pour rien ! repris-je aussitôt ! oui, pour rien ! Mais ça passera bientôt. Par bonheur, mon pantalon n'est pas abîmé. » Je me retournai alors vers l'enfant : rouge d'émotion ou de surprise, il fixait sur mes yeux deux grands yeux ronds. « Tu dis que ça passera bientôt, me dit-il, alors nous rirons bien tout à l'heure. » N'était-ce pas là une leçon bien donnée, bien reçue ?

Quand l'enfant est tout jeune, une caresse et un baiser suffisent quelquefois à calmer une douleur légère : la sympathie calme et souriante est le meilleur remède. Plus tard, on peut compter sûrement sur l'émulation, sur la vivacité et l'insouciance naturelle à cet âge, pour enrayer les pernicieux effets d'une sensibilité exagérée. Mais il est une impressionnabilité légitime, avec laquelle il serait aussi imprudent de ruser que de raisonner. On paie toujours trop cher une expérience qui coûte des larmes, quand on la pouvait payer d'autre monnaie. Je suis même d'avis que, sans pousser trop loin la gâterie, puisque les chutes, les contusions et les égratignures sont le lot nécessaire de l'enfant, le bourrelet et les autres précautions utiles dont on entoure sa faiblesse et son inexpérience ne sont pas un préjugé malsain. J'ai vu quelques enfants tomber du haut d'une chaise, rouler le long d'un escalier, ou même glisser des bras de leurs nourrices, qu'on relevait ensanglantés, ahuris, haletants, presque inanimés; aussi, quand un enfant joue près de moi, le moindre bruit d'un corps qui tombe, le moindre heurt d'un objet contre le plancher, me font frissonner. Oui, beaucoup de douceur, beaucoup de précautions, beaucoup de philosophie, voilà tout ce qu'il faut avoir, sans compter beaucoup d'autre chose, quand on doit apprendre la souffrance à ces petits êtres.

CHAPITRE VI

Le sens musculaire.

Mouvements dont l'éducation n'a pas à s'occuper. — Elle doit seulement encourager les tendances motrices de l'enfant. — L'accroissment de ses forces, dont il a conscience, et qu'il exerce, procure un grand plaisir à l'enfant. — Il n'y a qu'à laisser faire en surveillant, à prévenir les dangers et les excès. — Fatigue des organes des sens. — Elle se traduit par le sommeil. — Mais la brièveté des états de veille, chez le tout jeune enfant, peut avoir d'autres causes physiologiques. — Autant que possible, ne pas interrompre le sommeil des enfants. — L'enfant apprécie de bonne heure les personnes à la manière dont elles le touchent et le pressent. — Il est déjà très sensible aux coups. — L'enfant éprouve le besoin de se serrer contre les objets. — Il feint la fatigue, par paresse.

Le sens musculaire, sorte de toucher interne, est répandu par tout le corps. Nous n'avons guère à nous occuper ici que de ses relations avec les organes se rattachant à la locomotion et à la préhension. Les sensations musculaires, ainsi localisées, se réduisent en sensations de contraction et de détente musculaire.

On rapporte ordinairement au sens musculaire les plaisirs résultant de l'adduction et de l'abduction modérées des jambes et des bras, de leur extension et de leur flexion. Il s'y ajoute les sensations ou perceptions, agréables elles-mêmes, quand elles ne sont pas trop intenses, de pression, de poids, de résistance, de traction, d'impulsion. Ces sensations dont s'accompagnent les mouvements correspondent à un certain état normal des muscles, des articulations et de la peau.

L'acte de saisir les objets à sa portée, déjà fréquent du cinquième au sixième mois, et qui procure tant de satisfaction à l'enfant, est à la fois tactile et musculaire. Celui de presser le sein réunit les sensations agréables du goût, du tact et du sens musculaire.

L'éducation morale, non plus que l'hygiène, n'a à s'occuper des mouvements sans but apparent qui convertissent la force nerveuse de l'enfant en excitations motrices. Pour ce qui est des actes à tendance spéciale, il convient de les surveiller pour les favoriser plus que pour les réprimer. A deux mois environ, on peut de plus en plus écarter tout ce qui pourrait gêner la liberté des membres.

On peut laisser l'enfant, pendant le jour, remuer à son aise dans son berceau.

Il faut même aussi encourager ses tendances locomotrices, en attendant que surgisse la faculté de locomotion. « Le balancement sur les bras lui procure du contentement qu'il manifeste sur sa physionomie. Bientôt le sourire répond à ce petit plaisir. Il agite ses petits bras hors du berceau, quand on fait signe qu'on veut le prendre. Il n'est pas de mère qui ne mette en essai les forces de son enfant en le soutenant sur les pieds et le faisant avancer peu à peu de ses genoux à son visage. Cet exercice si minime en apparence plaît aux bébés. Ils sourient à ce jeu qui fortifie leurs petites jambes. Il faut, pour ainsi dire, encourager le petit enfant à prendre de l'exercice lui-même, et pour cela, on n'a qu'à l'étendre souvent sur un tapis ou sur une couverture recouvrant un matelas peu épais ou sur un très large coussin. Là, à l'abri des coups et des chutes, sous la surveillance de la nourrice ou de la maman qui chante et qui sourit à la petite créature, on la voit étendre ses membres, gigoter en poussant de petits cris de joie, se rouler et s'amuser avec bonheur (1). »

Aux sensations plus distinctes, au développement des muscles, correspondent dans les centres moteurs des adaptations de plus en plus spécialisées. L'enfant de deux à trois mois, qui distingue les objets hors de lui, et commence à avoir une idée des distances, ne pouvant étendre la main vers les objets pour les saisir, ce qu'il fait déjà volontairement quand ils sont rapprochés, fléchit et penche son corps vers eux. Il a une idée plus nette des distances relativement aux diverses parties de son corps, il est plus fort et plus adroit : il porte plus souvent les mains vers son visage, et ne s'égratigne plus que par intervalle ; ses mains l'occupent davantage, il les regarde frétiller avec une curiosité de plus en plus satisfaite ; on voit ses efforts pour tendre les bras. Au quatrième mois, il commence à ébaucher des mouvements des jambes et du thorax, pour se tenir sur ses pieds, quand on le soutient. En un mot, il a conscience de son activité, elle lui plaît, et ce plaisir même l'excite à agir.

Nous n'avons pas à parler ici du développement de la personnalité enfantine et de son activité d'imagination, qui se manifestent dans les jeux et dans les efforts de l'enfant pour créer des modifications nouvelles autour de lui. Pour le moment il nous suffit de dire que la plupart des progrès de cette jeune activité s'opèrent sans nous ou en dépit de nous. Il n'y a le plus souvent qu'à laisser faire la nature, en surveillant les écarts, en prévenant les dangers et modérant les excès.

---

(1) Dr Laurent, *Des soins à donner aux bébés*, p. 102.

Au début, l'acte de crier et celui de téter provoquent chez l'enfant une activité musculaire assez vive. L'action des organes des sens est de plus en plus une cause de fatigue. Cette fatigue se traduit par le sommeil, qui occupe la plus grande partie des deux premières années. Mais la brièveté des états de veille, pendant cette période, n'a pas une explication suffisante dans la suractivité des fonctions organiques et des sens aiguisés par l'attention. Le physiologiste Preyer lui suppose une autre cause.

« L'enfant possède peu de sang et le processus respiratoire est peu énergique : aussi y a-t-il relativement peu d'oxygène, et celui-ci est utilisé pour la croissance. D'une part, peu de travail produit et peu de chaleur développée ; d'autre part, une petite quantité seulement d'oxygène est disponible pour le maintien du métabolisme des cellules ganglionnaires, pendant l'état de veille. Il faut tenir compte de la nature de l'alimentation de l'enfant, qui, normalement, à l'époque où nous parlons, consiste exclusivement en lait. Or le lait et le petit lait ont une influence fatigante, même chez l'adulte, quand ils sont pris en grande quantité. Ils contiennent du suc de lait qui dans l'estomac donne de l'acide lactique. Celui-ci dans l'intestin se combine avec les alcalins, et il en résulte que, chez l'enfant, il doit se trouver, par suite de son mode d'alimentation, une quantité plus grande de lactates dans le sang que chez l'adulte. Ceux-ci sont oxydés ; ils prennent une grande partie de l'oxygène nécessaire au cerveau pour l'état de veille, et c'est peut-être pour cette raison que l'enfant dort régulièrement après chaque tétée copieuse. Le lait lui-même peut recevoir des produits de fatigue du sang maternel, etc. (1). »

(1) *L'Ame de l'enfant*, p. 133.

Conclusion pratique : à ces causes ordinaires de fatigue, les parents doivent se garder d'ajouter l'agitation, les caresses qui surexcitent, aux dépens de son repos et de sa santé, le faible cerveau du jeune enfant. Ils doivent aussi faire en sorte d'adoucir et de supprimer pour lui les effets de différentes causes qui troublent son sommeil, la faim, l'humidité, les souillures, en un mot, toutes les excitations cutanées. Une règle à suivre, avec les enfants de tout âge, c'est, à l'exception des nécessités les plus urgentes, de ne pas interrompre leur sommeil.

Nous avons déjà traité la question des châtiments corporels, que toute bonne pédagogie réprouve. Nous nous contenterons ici de dire aux parents et aux éducateurs que l'enfant de trois mois distingue déjà les personnes à la manière dont elles le touchent, le palpent, le caressent, le tiennent et le portent. A six mois, il apprécie aussi déjà les petites corrections qu'on lui donne, les personnes par rapport à ces corrections, et les objets instruments de ces corrections. Il est des enfants que la vue d'un médecin qui les a soignés met hors d'eux-mêmes. S'il en est de peu sensibles, et l'on dirait même d'insensibles aux coups, le plus grand nombre est à leur égard d'une légitime et comme religieuse impressionnabilité. Quiconque pourrait douter des puissants effets de l'imagination tactilo-musculaire, n'a qu'à lire les confidences rétrospectives d'un fils qui n'a jamais pardonné à son père et à sa mère les « rossées » dont ils attristèrent son enfance (1).

J'ajoute qu'on aperçoit souvent aussi chez le petit enfant, entre quinze mois et quatre ans, une sorte de surexcitation pseudo-sexuelle des nerfs tactiles et musculaires : ils ont

_____

(1) J. Vallès, l'Enfant, passim.

besoin de se serrer contre les objets, les animaux et les personnes. « Crispons-nous », disait un enfant de deux ans à une personne amie, en l'étreignant fortement. Est-ce jeu, surabondance de vie, impulsion inconsciente de l'affectivité ? M. Arréat admet cette dernière hypothèse, et il cite d'autres faits à l'appui (1). Ne laissons pas contracter de telles habitudes à l'enfant.

Le petit enfant, lui aussi, est capable d'une certaine paresse, qu'il ne faut pas encourager. Le jeu lui déplaira quelquefois, soit avec tels jouets, soit avec tels compagnons : c'est à nous de voir si c'est par caprice, et s'il n'y a pas moyen de l'amener à y prendre goût, ce qui n'est jamais difficile, quand il est bien portant et dispos. Déjà vers l'âge de deux ans, il est souvent enclin à se faire servir ou à se faire aider. Au moment de partir pour la promenade, un enfant de deux ans et demi dit à son frère aîné : « Va me chercher mon chapeau, je te prie. » Sa mère lui dit : « Va le chercher toi-même. — Où est-il ? dit l'enfant, sachant bien où il se trouvait. — Tu le sais bien », ajoute la mère. L'instinct de paresse ne se rend pas encore. « L'escalier est trop grand, je ne peux pas monter. » Une autre fois, ne voulant pas obéir à son père, il imaginait je ne sais qu'elle espièglerie ayant pour but de faire oublier l'ordre qu'on lui avait donné : « Obéis vite ! Tu crois cela bien amusant ? » L'hésitation de l'enfant se traduisit par cette question, tendant à retarder l'acte d'obéissance : « Pourquoi ce n'est pas amusant ? » Un peu de bons sens et d'expérience nous apprennent vite à déjouer ces petits calculs de la paresse enfantine.

(1) *La Morale dans le drame*, chap. 1, et *Revue phil.* déc., 1886, *Sexualité et altruisme.*

CHAPITRE VII

Le sens de la température.

Influences générales d'une température modérée et d'une température excessive. — Sensations thermiques dont l'éducation affective et morale a à s'occuper. — Elles produisent une réaction qu'il faut aider. — L'endurcissement au froid a des limites et peut avoir ses dangers. — L'émoussement de la sensibilité au froid n'est pas toujours aussi utile qu'agréable. — Inconvénients de moyens trop artificiels de lutter contre les rigueurs de la température : la vie entre quatre murs. — Le bain d'eau et le bain d'air. — Exemple de la facilité avec laquelle l'enfant s'habitue aux ablutions et aux soins de propreté. — Le bain d'air au petit lever de chaque jour, à la promenade.

Une température modérée est favorable au développement harmonieux de toutes les forces. L'effet d'une chaleur moyenne a pour effet une excitation générale du système nerveux, une sensibilité plus exquise, une imagination plus vive, des mouvements plus rapides et plus joyeux. Le froid sec et modéré a une influence heureusement tonique et excitante : il active la respiration et la circulation, avive l'appétit, accroît en la calmant l'action du système nerveux, prédispose le cerveau au travail de l'attention. Toutes ces conditions réunies conspirent au bien-être et à la gaieté du jeune enfant.

Au contraire, la chaleur et le froid excessifs ont des effets généralement déprimants. D'un côté, affaiblissement de l'action nerveuse et musculaire, digestion peu énergique, nutrition lente, tendance à la fatigue et à la somnolence ; de l'autre, arrêt de la circulation du sang dans les parties périphériques du corps, le nez, les oreilles, les pieds, les mains ; respiration fréquente et paresseuse, sensations peu vives, sentiments amortis, puissance intellectuelle du cerveau affaiblie (1).

Il y a une classe de sensations de température dont l'éducation affective ou morale n'a pas à s'occuper.

Nous avons la faculté de demander aux corps, par le secours du tact, des perceptions de température. Nous prenons ainsi sur les liquides et les solides des informations précieuses pour notre alimentation, notre bien-être ou notre sécurité. Nous attribuons aux corps, en faisant leurs propriétés essentielles ou accidentelles, les divers degrés de chaud ou de froid traduisant les sensations dont ces corps nous sont l'occasion. Cette sensibilité thermique, acquise et volontaire, s'associe toujours à d'autres impressions tactiles et musculaires. Elle s'exerce à un moment donné seulement, et sur une aire limitée de la peau. Elle a un rôle éminemment informatif, et se rattache à l'éducation intellectuelle des sens.

Mais il y a une autre espèce de sensations thermiques intéressant l'éducation affective et morale. Nous voulons parler de ces états de conscience qui nous affectent, lorsque nous disons avoir *chaud* ou *froid*. Cette sensibilité thermique est passive et subjective ; nous l'éprouvons malgré nous, et elle nous semble toute nôtre. Nous la rapportons à nous-mêmes, à des zones déterminées de notre corps, et la plupart du temps à notre corps tout entier. Elle tient moins de la nature des sensations spéciales que de celles des sen-

(1) A. Berra, *la Santé et l'École*, pp. 12-15.

sations organiques générales. La réaction particulière que
nous lui opposons est très faiblement consciente. Elle a
pour agent principal l'air atmosphérique, et d'une manière
secondaire les modifications thermiques internes dues à la
digestion, au travail musculaire, au travail nerveux, à la
circulation. Son rôle se montre essentiellement dans la vie
végétative (1). Les sensations de ce genre produisent
d'elles-mêmes une réaction qu'il faut aider.

Enregistrées presque toujours à notre insu dans les centres nerveux, elles modifient notre faculté thermogénique,
l'adaptant au milieu et à la dépense du moment, et gouver-
nant par suite la nourriture des tissus. Elles maintiennent
presque constante dans notre corps la température requise
pour l'exercice régulier de toutes les fonctions biolo-
giques (2). Notre moyen de protection contre les rigueurs
des climats glacés ou les ardeurs des climats torrides
consiste donc moins à nous isoler de l'atmosphère qu'à en
favoriser et à en accroître l'action, en multipliant les
points de contact et en rendant ainsi plus active et plus
délicate la faculté de réagir au chaud et au froid (3).
Moins de vêtements que d'amusements, voilà la règle à suivre quant aux sensations de ce dernier genre, les plus insupportables et les plus nuisibles à l'être vivant quand elles sont
excessives. Quant aux sensations excessives de chaud, il
faut rendre l'enfant apte à les subir avec fermeté, quand
on ne peut pas les lui adoucir par des soins hygiéniques.

L'endurcissement physique a des limites et peut avoir ses
dangers, que Rousseau, Locke et Spencer ont trop négligés.
Il est bien certain, d'une part, que l'énergie morale ne

(1 et 2) E. Tanzi, *Sur les sensations du chaud et du froid, Riv. di
filos. scient.*, avril 1886, pp. 223-227.

(3) E. Tanzi, *loc. cit.*

saurait guère exister sans la vigueur physique, qu'un enfant frileux est un valétudinaire d'esprit, un despote qui commande à son entourage parce qu'il est esclave d'impressions tyranniques, enfin un malheureux toujours à réchauffer parce qu'il ne sait pas se réchauffer lui-même. Mais il faut se bien persuader aussi que l'endurcissement au froid, comme toute espèce d'endurcissement physique, est affaire de temps plutôt que de régime, et qu'il faut compter sur l'œuvre continue des générations plus que sur l'action immédiate d'une éducation individuelle, pour développer cette précieuse force de résistance chez des êtres qui en sont héréditairement privés. Certainement le fameux Scythe de Plutarque était né « tout visage » ; il ne l'était pas devenu. Certains enfants naissent frileux : c'est à une méthode d'endurcissement mitigé d'atténuer cette disposition originelle ; mais je pense, avec M. Fonssagrives, « qu'en tout état de cause, l'endurcissement au froid n'est possible que pour les enfants qui, par le développement de leur appareil respiratoire, et par l'exercice, peuvent réagir utilement ; en d'autres termes, que pendant les deux premières années de la vie, le système de Locke est inopportun et périlleux. Tout ce que l'on peut faire, c'est de préluder à ces pratiques en faisant vivre, autant que possible, ces enfants en plein air, et en les habituant dès les premières années à être peu couverts (1) ». Pour les enfants qui ne sont pas frileux, c'est à nous à ne pas les rendre tels, et à ne pas mériter d'être comptés parmi ces parents maladroits et imprudents dont Plutarque a dit : « Je connais des pères qui, pour trop aimer leurs enfants, en sont réellement les ennemis (2). »

(1) S.-B. Fonssagrives, *l'Éducation physique des garçons*, p. 51.
(2) *Œuvres morales*, t. I, p. 42.

L'émoussement de la sensibilité au froid n'est d'ailleurs pas toujours aussi utile qu'agréable. Cette sensibilité, comme celle de l'odorat, peut remplir les conditions d'un mal nécessaire. L'homme primitif, le sauvage actuel, souvent notre robuste paysan, nous montrent tout à la fois les avantages et les inconvénients de cette grossière « espessissure de la peau ». Armés, soit contre le froid, soit contre le chaud, ils en rient, ils n'en connaissent pas les utiles avertissements. La maladie ou une mort inattendue sont souvent le prix de cette douce et dangereuse obtusité.

La nature paraît tenir à cette sensibilité précieuse. Elle est une conquête de la civilisation, et peut-être une nécessité pour les habitants de nos climats. Les points de la peau sensibles au froid sont beaucoup plus nombreux que ceux sensibles au chaud ; ils le sont à peu près deux fois plus. Nous sommes donc mieux munis contre le froid que contre le chaud. Autrement dit, les individus doués d'une rapide perception pour le froid ou de beaucoup de points frigorifiques sont dans de meilleures conditions de vie que s'ils étaient dépourvus de cette qualité. Leurs ancêtres leur ont transmis un caractère auquel ils ont dû de survivre plus facilement (1). Mieux vaut apprendre aux enfants l'hygiène et le courage, que de chercher à leur faire perdre une sensibilité si utile quand elle reste en deçà de la délicatesse et du raffinement.

Mais il faut connaître les inconvénients de la vie entre quatre murs et des moyens trop artificiels de lutter contre les rigueurs de la température. « Le danger de la prépon-

(1) Tanzi, *Riv. di fil. scient.*, juin 1886, d'après la *Revue scientifique* de mai 1886.

dérance du développement intellectuel aux dépens de la santé menace surtout les enfants d'une ville comme Saint-Pétersbourg. Par suite des conditions climatologiques et de la latitude géographique, l'hiver de Pétersbourg dure trop longtemps, et la plupart de nos enfants passent en chambre de sept à neuf mois par année, et souvent sans interruption. Cette vie de réclusion, l'étroitesse de logements, un horizon borné, l'absence d'air pur, tout cela dispose peu l'enfant au mouvement et l'oblige à s'adonner aux jeux dans lesquels prédomine l'élément intellectuel, aux jeux sédentaires plus qu'à ceux qui exigent du mouvement. On voit très souvent ces enfants de la capitale boréale en vêtements propres et non chiffonnés, garder la même place, occupés à jouer aux poupées ou aux autres jeux enfantins qui ne demandent pas de mouvements énergiques. Par leur costume et leur tenue, ils ressemblent bien plus aux petits élégants des salons qu'aux enfants en général. Or, un enfant qui se porte bien et qui vit de la vie naturelle aux enfants, doit avoir plutôt l'air d'un petit ouvrier que d'un gentleman irréprochablement élégant. Nous sommes malheureusement loin de cet idéal. Il manque à nos enfants la stimulation du mouvement, si importante et si nécessaire, un air pur, et surtout l'aspect de la nature, comme facteur propre à exciter et à développer les mouvements instinctifs.

« Un été court, et en hiver une réclusion prolongée, pour ainsi dire, cellulaire dans de petites chambres, placent les enfants dans des conditions extrêmement défavorables, quant au développement physique, et sont une des causes de cette prépondérance du développement intellectuel, si fréquente à Pétersbourg, de la faiblesse et de la dégénérescence des enfants. Ce développement anormal peut avoir

des suites bien funestes, en ruinant de très bonne heure
les forces de l'enfant et, par suite, en réagissant sur son
caractère (1). »

L'eau et l'air doivent jouer un rôle considérable dans
l'hygiène enfantine. Le bain doit être de tous les jours, le
débarbouillage presque de toutes les heures, surtout quand
l'enfant commence à user et à abuser de ses quatre
membres.

Mais il s'agit de lui rendre cette nécessité d'abord tolé-
rable, et puis désirable. L'aversion de l'eau, même attiédie,
est commune à presque tous les enfants du premier âge ;
ils ne partagent pas, sous ce rapport, le goût général
des adultes, et de certains animaux qui entrent avec plaisir
dans les eaux chaudes, s'y baignent en grand nombre et
avec délices (2). Mais ce n'est pas une raison pour épargner à l'enfant la courte et salutaire épreuve de l'éponge et
de la baignoire. Il ne faut pas faire attention aux cris, aux
trépignements, aux larmes du petit hydrophobe, et l'hydro-
théraphie doit fonctionner pour lui sans répit, en toute
saison, sauf interdiction du médecin. Ce sont là des circonstances où l'autorité ne doit jamais transiger avec le caprice.
Les enfants dont on lave le visage et la tête, et que l'on
immerge dans le bain chaque jour, s'y accoutument presque
tous aisément, et un grand nombre avec un plaisir réel.

Pendant la première période, il suffit de rester près de
la baignoire, tapotant sur l'eau avec eux, et jouant avec
leurs jouets, jusqu'à ce qu'ils s'oublient à s'y trouver bien,
et tout est dit. S'ils s'impatientent et s'irritent, il faut

(1) D⁽ʳ⁾ Sikorski, le Développement psychique de l'enfant, Revue philosophique, mai 1885, p. 518.
(2) V. Houzeau, les Facultés des animaux comparées à celle des
hommes, III, ıı, p. 259.

les laisser faire, sachant bien qu'ils ne tarderont pas à se
calmer, quand on les aura essuyés. Lorsque l'enfant grandi
commence à devenir raisonnable, l'imitation et l'amour-
propre le décideront souvent au lavage spontané et à l'immersion facile.

Par instinct, presque tous les enfants sont sales, et ils
ne s'en désolent pas, quoiqu'ils aiment la toilette. Ils
pataugent volontiers dans l'eau, ils y plongent les mains,
se mouillent les vêtements sans y prendre garde. Mais si
vous les faites approcher pour leur laver le visage, et même
les mains, ils imiteront souvent l'exemple de Joseph. —
« C'est joli, ces mains-là ! lui dit sa mère ». — « Oh !
maman, répond-il, mes mains ne sont pas sales! » Ou bien
ils essaieront de tourner en plaisanterie le désagrément
que leur causent ces ablutions même légères. « Tu
m'as lavé l'auriculaire (mon neveu Fernand âgé de trois
ans). Il n'était pas sale. Maman, raconte à la visite l'histoire
de l'auriculaire. » A cet âge-là, l'amour-propre, le sentiment de bienveillance, la docilité développée, contribueront
à faciliter l'habitude dont je parle, mais il ne faudra pas tolérer des infractions directes ou indirectes, sérieuses ou plaisantes, à cette règle qui intéresse à tous les points de vue
l'éducation morale. On sait les étroits rapports de la propreté
avec la décence et la politesse.

Comme exemple de la facilité avec laquelle certains enfants s'habituent au lavage spontané, je signalerai une
petite fille qui, à l'âge de deux ans, avait appris à se
servir de la serviette et de l'éponge, pour faire comme
papa et maman. Lorsqu'elle eut cinq ans, son frère, âgé
d'environ deux ans, prit goût au même exercice en la
voyant louée de cela par les parents. Un ami de la famille
étant venu passer quelques jours à la maison, le petit

garçon, toujours aussitôt levé qu'éveillé, entra gravement dans la chambre de son hôte, alla chercher une éponge placée à côté du lavabo, et la présentant au monsieur, qui prenait cela pour un amusement, lui dit : « Quand tu seras levé, il faudra te laver tout seul; moi je me lave tout seul depuis beaucoup de temps, et Gabrielle aussi ; nous sommes des enfants très bien. Tu te laveras, n'est-ce pas ? Maman sera très contente.

Comme toutes les habitudes similaires se tiennent, qu'on me permette d'ajouter quelques mots sur la propreté du vêtement. Elle n'est guère aussi dans les attributions du petit enfant : il est vrai qu'elle n'est pas généralement facile aux adultes. Ce n'est pas une raison pour ne pas réprimander l'enfant dès l'âge d'un an, quand il s'est trop sali les habits ou les mains. J'en ai vu un âgé de deux ans qui était fort bien dressé sous ce rapport. Il refusait de sortir pour la promenade, quand on voulait l'y mener en habits de tous les jours. A l'exemple de son père, un professeur d'histoire naturelle, il n'entrait pas dans le jardin sans herboriser et chasser à sa façon : cela consistait pour lui à déraciner des fleurs et des arbustes, pour les replanter; à soulever des pierres et des tessons, pour dénicher des cloportes, des vers, des limaces, le tout saisi à belles mains, avec un sans façon tout-à-fait naturaliste. Il fallait voir ses collections d'êtres disparates, étonnés de se trouver pêle-mêle dans une boîte de carton, d'où leur unique souci était de s'évader, tandis que celui de l'enfant était de les y réintégrer bon gré mal gré! Il fallait voir surtout les mains et les bras du jeune botano-zoologiste, leur couleur naturelle disparaissait sous un enduit multicolore, dont la terre et la glu des limaces formaient la base! L'appelait-on de la maison pour quelque chose de sérieux

(car il ne se dérangeait pas pour rien de sa grave besogne,
et il demandait auparavant ce qu'on lui voulait), il ne manquait jamais de dire à la personne qui venait le chercher :
« Maintenant il faut me laver les mains et me les essuyer ! »
S'il voyait ses jambes couvertes de terre, il disait d'un air
sérieux : « Maman n'aime pas me voir les genoux sales, il
faut me les laver, me les essuyer. » Cette qualité apprise,
à un âge si tendre, me paraissait encore plus admirable que
l'innocence originelle.

Ainsi que le bain d'eau, le bain d'air est de rigueur pour
les enfants de tout âge. Ce bain, que Franklin appelait
tonique, et qui a de tout temps existé pour les petits
enfants du peuple, consiste à subir matin et soir l'action
salutaire de l'air sur la peau nue. « Vous savez, écrivait-il
que depuis longtemps les bains froids sont employés ici
comme un tonique. Mais le saisissement que produit en
général l'eau froide m'a toujours paru trop violent, et j'ai
trouvé plus analogue à ma constitution et plus agréable de
me baigner dans un autre élément, c'est-à-dire dans l'air
froid. Je me lève donc de très bon matin, et je reste alors
sans m'habiller une heure ou une demi-heure, suivant la
saison, m'occupant à lire ou à écrire. Cet usage n'est nullement pénible ; il est, au contraire, très agréable ; et si avant
de m'habiller, je me remets dans mon lit, comme cela m'arrive quelquefois, c'est un supplément du repos de la nuit, et
je jouis d'une heure ou deux d'un sommeil délectable. Je ne
crois pas que cela puisse avoir aucun dangereux effet ; ma
santé, du moins, n'en est pas altérée, et j'imagine, au contraire, que c'est ce qui m'aide à la conserver. C'est pourquoi j'appellerai désormais ce bain *un bain tonique* (1). »

_____

(1) *Essais de morale et d'économie politique*, B. Franklin, p. 131.

Je ne sais pas si cette habitude de laisser les petits enfants qui ne marchent pas encore à peine défendus contre l'air du matin par leur chemise, est d'une excellente hygiène, surtout en hiver : un savant très compétent dans cette matière l'affirme. « Ils pourront, dit-il, s'enrhumer deux ou trois fois, mais ils auront acquis, sans la payer trop cher, une immunité durable contre les rhumes (1). »

La pratique en est, du moins, fort agréable au petit enfant qui marche. C'est double plaisir, pour lui et pour ses parents, que ces courses *en tout nu*, comme disait l'un de ces petits preneurs de bains d'air, à petits pas précipités, avec des cris d'oiseau, d'une chambre à l'autre, du berceau de l'enfant au lit de la mère, et au lit du père ! Les petits villageois sont à cet égard privilégiés, surtout pendant la belle saison : après avoir trottiné dans les chambres de la maison rustique, ils s'égrènent, libres et insouciants, dans la basse-cour, dans le verger, dans les sentiers voisins, pêle-mêle avec les animaux de la ferme, les poursuivant, poursuivis par eux, piaillant, riant, se culbutant, se relevant, jouissant enfin de la fête de la vie en vrais enfants de la nature. Est-il besoin de connaître son bonheur pour être heureux ?

Une variété du bain d'air, avec les réductions voulues, c'est aussi la promenade. Il la faut au nourrisson, tous les jours, quand le temps le permet. A l'âge de cinq mois, la sortie au grand air était pour le fils de Tiedemann un plaisir nécessaire. « La bonne, toutes les fois que le temps le permettait, le promenait dans la rue, ce qui lui causait une joie extraordinaire, et, malgré le froid, éveillait un vif désir pour ce changement. L'enfant avait bientôt remarqué que, quand la bonne prenait son manteau, c'était un signal

(1) Fonssagrives, *l'Éducation physique des garçons*, p. 59.

de sortie ; aussi se réjouissait-il, même au milieu des
pleurs, chaque fois qu'elle faisait cette opération (1). » La
promenade, ce n'est pas seulement l'air pur qui dilate les
poumons, active la circulation du sang, et rétablit l'équilibre des humeurs ; c'est aussi déjà au huitième mois, le
spectacle infiniment varié des couleurs, des formes et du
mouvement ; c'est la vue de visages nouveaux, de personnes
et d'animaux de connaissance, de chiens et d'enfants
joueurs, des arbres, des pelouses, des allées ; c'est la voix
des êtres humains, leur rire, le cri des animaux, le chant
des oiseaux, la musique des instruments : c'est l'instruction
reçue et le plaisir ressenti presque simultanément par tous
les sens. Montesquieu disait qu'il n'y avait pas de chagrin
dont une demi-heure de lecture ne le débarrassât : il faut
qu'un enfant soit bien malade, pour n'être pas aux trois
quarts refait par une ou deux heures de sortie.

Aussi, comme je souscris de tout cœur, *a priori*, oubliant
pour le moment les pauvres applications qu'on a pu en faire,
à cette séduisante invention de Frœbel, l'école des Kinder-
garten, même à l'usage des garçonnets et des fillettes de
deux ans ! Je n'en parle ici qu'à ce point de vue, en lui-
même si important, des récréations au grand air et en
pleine nature.

Les *colonies scolaires* marquent aussi un progrès dans ce
sens. Les résultats déjà obtenus font espérer que cette insti-
tution ne déviera pas de son but premier, qu'en redonnant
la santé, la joie, la force, peut-être la moralité, à de pauvres enfants, elle ne développera pas chez des improductifs
et des dégénérés une sensibilité raffinée et des désirs en disproportion avec leur pouvoir de les satisfaire. Mais à côté

(1) V. ma brochure sur Th. Tiedemann.

de l'assistance sociale, qui s'adresse à un petit nombre, il y a la prévoyance sociale, qui s'adresse à tous. Je crois devoir plaider énergiquement la cause des bien portants. N'oublions pas ceux-là dont la société attend le meilleur travail et la protection la plus certaine. Pour eux aussi, de l'air, du soleil, des fleurs, des arbres, la souriante et réparatrice nature, dans la mesure du possible ! Le dernier mot du progrès n'est pas sans doute le chétif expédient des *colonies scolaires* pour les plus infirmes, et des *bourses de voyage* pour les plus méritants (1).

---

(1) En tout cas, voici un nouvel effort de l'initiative privée. Mᵐᵉ A. Charbonné, née Boutteville, a projeté de fonder un *internat primaire à la campagne* pour de pauvres petits parisiens des deux sexes. Pris à l'âge de quatre ans, ils en sortiront pourvus d'une bonne instruction, d'une éducation morale conforme aux prescriptions de la science, et d'un métier en rapport avec leurs aptitudes. La fondatrice de cette *école champêtre*, qui abandonne la pleine jouissance de sa jolie propriété de Villemoisson-sur-Orge, fait appel à la bonne volonté des savants et des philanthropes qui auront à cœur de souscrire à cette belle œuvre.

TROISIÈME PARTIE

CULTURE DES TENDANCES ÉMOTIONNELLES ET AFFECTIVES

CHAPITRE PREMIER

Les sentiments égoïstes ou personnels.
La colère.

Premiers signes de colère. — C'est une force naturelle que l'éducation doit conserver en la disciplinant. — Les fureurs de l'enfant sont quelquefois bien légitimes : à nous d'en démêler les causes. — Elles peuvent dénoter un caractère vif et sensible. — Il est bon que l'enfant éprouve quelquefois une vertueuse indignation contre les autres et contre lui-même. — L'éducateur doit donner l'exemple de la douceur et de la patience, tout en usant avec modération du précieux ressort de la colère. — Du rôle qne la colère peut jouer dans l'éducation. — Ne dissimulons pas toujours notre colère devant l'enfant, mais tempérons-en l'expression. — La meilleure douceur est la douceur apprise, non imposée. — Ne pas permettre à l'enfant de jeter par colère les objets, de maltraiter les animaux. — Colère de caprice : emploi des dérivatifs, concessions politiques. — Contraindre avec calme. — S'adresser à la petite raison de l'enfant pour l'aider à réprimer ses mauvais mouvements.

De vrais signes de colère se montrent chez l'enfant à peine âgé de deux mois, quand certaines sensations de

saveur, de contact ou de pression, lui sont fortement désagréables ; à l'âge de trois mois, quand il croit qu'on veut
lui prendre ses jouets ou qu'on fait mine de lui disputer le
sein ; à l'âge d'un an, pour un grand nombre de causes qui
excitent son dépit, sa jalousie, sa crainte, sa frayeur, son
ressentiment, son humeur de vengeance. Cette irascibilité
impulsive est un legs de l'humanité barbare, un instinct encore très développé chez les sauvages, et plus
encore chez les animaux.

Il faut voir dans la colère un instrument de préservation
et de défense. C'est une force naturelle que l'évolution sys-
tématique, ou l'éducation, doit conserver en la disciplinant (1).

L'éducation est une casuistique supérieure, toute fondée
sur la prévoyance, le tact, la patience, la bonté. Elle doit
savoir rechercher les mobiles pour y conformer le traitement ou la correction. Elle doit démêler ce que signifient
les cris, les mouvements répulsifs, les larmes, les trépignements du petit être, qui ne sait pas autrement nous dire ce
qu'il souffre. Il est des colères qui appellent du secours,
d'autres qui accusent notre négligence ou notre imprudence. Nous pouvons sourire, tout en le rassurant, quand
il s'indigne de n'être pas compris dans ses essais de langage
humain. Mais il nous faut baisser la tête, et nous promettre
de faire mieux à l'avenir, quand nous le voyons pleurer
pour avoir brusquement interrompu une habitude que nous
aurions peut-être pu empêcher de naître ou de se fortifier.
Sans nul respect pour ses délicatesses physiques ou morales, nous voulons le forcer à avaler une potion amère, à
embrasser, tout au moins à saluer une personne antipa-

(1) V. *Les trois premières années de l'enfant*, 3ᵉ édition, p. 77.

thique ou inconnue, ce qui est tout un. En avions-nous vraiment le droit, ou l'avons-nous exercé de façon à ce qu'il y voulût consentir ? Enfin, nous exigeons, d'une voix et d'un geste impitoyables, qu'il refoule ses sanglots, réprime ses cris et ses pleurs : le ferions-nous si vite, à sa place ?

Quelques-unes des fureurs de l'enfant, on le voit, ne sont que les légitimes protestations d'une personnalité arrêtée dans son expansion, les signes d'un injuste froissement d'amour-propre, d'un violent désir de justice, la rébellion d'un sens moral mal compris par le nôtre. Autant de colères à ménager, à désarmer avec prudence.

L'irascibilité est tellement dans la nature de l'homme, que Platon en avait fait un des trois attributs de l'âme, principe de toute virilité. Son disciple Aristote, sans confondre le courage avec la colère, a pourtant pensé que le courage le plus naturel est celui que donne la colère, pourvu qu'il soit précédé « d'un choix, d'une préférence, qui apprécie les motifs qui le déterminent (1) ». Le doux Fénelon lui-même a écrit : « Les naturels vifs et sensibles sont capables de terribles égarements : les passions et les présomptions les entraînent ; mais ils ont de grandes ressources, et reviennent souvent de loin. » A mon avis, un enfant de dix mois, qui ne pleure pas et qui ne crie pas au moins quatre ou cinq fois par jour, qui ne s'amuse pas et ne s'irrite pas, comme le sauvage et le jeune animal, pour une bagatelle, manque de sensibilité, d'intelligence, et manquera sans doute de caractère : je dirais de lui ce que Mme Pape-Carpantier disait de l'enfant sage, qui ne

(1) *La Morale*, liv. III, chap. VIII.

remue pas en classe et qui ne joue pas dans le préau :
« Enterrez-le, il est mort ! »

Il est parfois utile d'exposer le jeune enfant à une apparence de danger qui l'excite à se préserver par ses propres
ressources. Je m'étais approché, avec un enfant de trois
ans, d'un étang où nageait un gros cygne : le bel oiseau
se hâta d'aborder à terre, et nous présenta aussitôt son long
bec emmanché d'un long cou, pour nous demander du pain
ou du gâteau. Charles, effrayé par cette subite apparition,
se blottit derrière moi : je jetai un morceau de pain du
côté de l'eau, et le cygne s'éloigna promptement pour l'aller
prendre ; aussitôt Charles se précipita à la suite de l'animal, et, furieux d'avoir eu peur, lui cria : « Allez-vous-en,
canard, allez, allez ! » Je m'éloignai bientôt, pour laisser
Charles tout à son héroïsme. Un enfant de cet âge doit
se tirer d'embarras tout seul, quand la difficulté où il
se trouve est affaire entre lui et ses égaux : pourvu
qu'il n'en patisse pas, il est bon qu'il soit quelquefois
victime de l'injustice et de la violence, et il faut se
réjouir si sa vertueuse indignation lui suggère la défense
de son bon droit. Quand le tort est de son côté, il ne
faudra pas négliger de le lui faire sentir, soit sur le
moment, soit plutôt après l'accident ou le désagrément
arrivé par sa faute.

L'exemple doit venir d'en haut, pour toutes les parties
de l'éducation morale. C'est dire que les parents doivent
s'efforcer d'être en présence de leurs enfants d'une patience
et d'une douceur inaltérables. Il doit circuler autour du
berceau une atmosphère de douce sérénité, condition
première du calme intérieur. Cependant le ressort de la
colère ne doit pas être supprimé, il doit être seulement ré-
gularisé, dans l'éducateur aussi bien que dans l'enfant. La

colère n'est-elle pas une force puissante, une qualité esti-
mable, quand elle s'applique à de justes motifs, et qu'elle
se modère en éclatant ? Le don de se posséder dans la
discussion, de contenir son indignation, qui donne à certains hommes une si grande supériorité sur les autres dans
les assemblées politiques, cette raison véhémente qui a
rendu si redoutables et si superbes les Démosthène, les
Mirabeau, les Gambetta, c'est là une faculté non moins
nécessaire à l'éducateur qu'à l'homme d'État.

Bain a écrit une excellente page sur le rôle important
que la colère peut jouer dans l'éducation, « pourvu que l'on
en soit toujours maître. L'indignation contre le mal
s'exprime quelquefois par une attitude qui peut produire
d'excellents effets. Il faut pour cela que l'on soit complètement maître de soi-même, et que l'on ne soit pas plus
irrité que l'occasion ne le comporte. Il ne suffirait pas au
genre humain que le fauteuil du juge fût occupé par une
machine à calculer, donnant une condamnation à cinq
livres d'amende ou à un mois de prison toutes les fois que
l'on mettrait certains faits dans l'appareil récepteur. Une
expression de colère contenue est une force ; quand elle
est à la fois régulière et modérée, elle devient l'image
redoutée de la justice, et suffit souvent par sa seule vue
à réprimer toute insubordination (1). »

Cette faculté de se contenir est d'autant plus précieuse
qu'elle est plus difficile à acquérir, surtout quand on a le
tempérament sanguin et la fibre nerveuse excitable ; mais
la pensée du bien que produisent sur nos enfants ces victoires remportées sur nous-mêmes, la certitude que notre
propre impatience les rendra inévitablement impatients,

(1) *La Science de l'éducation*, p.57.

la nécessité de s'astreindre soi-même pour avoir le droit indiscutable de les astreindre à leur tour, doivent contrebalancer en nous l'impétuosité de ces sentiments, dont l'exagération, comme l'a dit Sénèque, confine avec la folie. Il n'est donc pas utile de dissimuler notre colère devant l'enfant, mais il convient d'en tempérer l'expression. Le dépit, le mépris, le déplaisir violent, l'indignation, sont des vertus de nature et de civilisation, et l'enfant qui verra que ses éducateurs ne se fâchent que lorsqu'il se conduit bien mal, et se bornent à des reproches sévères ou à des remontrances tristes dans les autres cas, s'habituera peu à peu par imitation à ne se mettre en colère que lorsque la chose en vaudra la peine. La colère, comme la bienveillance, est essentiellement contagieuse ; si la nôtre reste habituellement aux degrés inférieurs qu'elle comporte, l'irascibilité de l'enfant se modèlera sur la nôtre.

La meilleure douceur est la douceur apprise, non imposée. Mais il y a un ensemble de moyens indirects d'amener la sensibilité à se réprimer et à se refouler elle-même, qui offrent des inconvénients aussi graves que ceux de la contrainte. Cultiver dans l'enfant la disposition à oublier le mal qu'on lui fait, et à songer surtout au plaisir qu'il fait aux autres, c'est alimenter la bienveillance au détriment de la méchanceté ; c'est là un moyen non moins louable que celui qui consiste à rappeler à l'amour-propre, au respect de lui-même, l'enfant que le blâme ou la remontrance ne réussiraient pas à guérir de son irritabilité naturelle. Fénelon est allé trop loin dans l'apaisement du caractère violent et hautain, mais sensible et généreux, de son élève, et, comme l'a dit M. Compayré, son éducation faillit échouer pour avoir trop bien réussi. L'abus de l'artifice et du piétisme fit de ce jeune homme né terrible, selon le mot de Saint-Simon, un prince docile et timoré, d'une dévotion outrée, plus propre à prier au fond de son cabinet qu'à se battre en prince à côté de Vendôme (1).

Les enfants, dès l'âge d'un an, par maladresse, par curiosité, par besoin excessif d'activité, jettent ou font tomber les objets qui sont près d'eux. Vers l'âge de quinze mois, ils sont portés à jeter brusquement, et pas toujours avec colère, même sur les personnes aimées, les objets dont ils sont fatigués. Ce n'est pas un jeu à tolérer, car il devient un facile moyen d'exprimer la colère. Il faut surtout réprimer ces mouvements quand ils sont faits de la sorte. Encore est-il bon de ne pas chercher les raisons de ces interdictions dans la prétendue confusion que ferait l'enfant entre l'animé et l'inanimé. « Une mère ou une bonne qui veut calmer un enfant qui s'est fait mal en heurtant quelque objet inanimé, n'affectent-elles pas de prendre parti pour l'enfant contre cet objet ? Méchante chaise, disent-elles, qui fait mal à bébé! bats-la. » On enseigne ainsi à l'enfant à détériorer les objets, et aussi à maltraiter les animaux.

Un bon moyen d'amener peu à peu l'enfant à respecter les objets, et indirectement à réprimer la colère dont l'explosion pourrait les endommager, ce n'est pas tant de le réprimander avec force que de lui montrer un mécontentement très sérieux quand il a gâté ou sali quelque chose. On peut lui dire : « ¡Tu es un maladroit : je suis peiné de te voir ainsi abîmer les choses dont nous nous servons. » Un enfant ainsi élevé, à l'âge de trois ans,

(1) *Histoire critique des doctrines de l'éducation en France depuis le seizième siècle*, t. I, p. 326.

brisait ou malmenait très rarement des objets. Quand il eut
quatre ans, il répétait à son jeune frère les leçons dont il
avait profité. « Tu es maladroit, lui disait-il souvent. » Il
laissait percer une pointe de vanité naïve, en voyant son
frère tout honteux d'avoir abîmé quelque chose : « Mais
je ne devais pas être aussi maladroit que cela, lorsque
j'étais petit? » Il dit un jour à sa mère, qui avait laissé
tomber une assiette : « Maman, est-ce que tu deviens
maladroite ? »

La colère d'altercation ou de combattivité, souvent très
grave dans ses effets immédiats, l'est beaucoup moins dans
ses conséquences pour l'avenir que la colère de résistance
et de caprice. Disons encore quelques mots sur cette dernière, dont nous avons parlé au chapitre de la volonté.

Nous ne sommes pas toujours bons juges des caprices du
jeune enfant : ce sont quelquefois de vraies exigences de
son tempérament ou de sa logique. Même à l'époque où il
exprime déjà assez bien ce qu'il éprouve, nous ne sommes
pas toujours bien aptes à discerner jusqu'à quel point ses
fantaisies sont légitimes. Il faut quelquefois les prévenir,
pour ne pas être obligé de les contrarier mal à propos. Les
dérivatifs de l'attention produiront dans mainte occasion
l'effet voulu, si l'enfant ne s'aperçoit pas qu'on l'amuse
pour se débarrasser de ses criailleries. Dans le doute, il
est bon de céder, sauf à prendre sa revanche en temps
opportun, car, selon le mot profond de Mme Guizot, « en
éducation rien ne se fait en une fois ; l'occasion perdue
se retrouve, et l'erreur d'aujourd'hui sera réparée demain,
sans qu'il y ait un grand mal de fait ni un grand bien de
manqué (1) ». L'essentiel est de ne pas contrarier inutile-

(1) *Lettres sur l'éducation*, t. I, p. 21.

ment les enfants, et cela dans une juste mesure, sans se faire les esclaves de leurs exigences. Un régime de bien-être et de douceur calme la violence du sang et l'irritabi-lité naturelle ou accidentelle de l'enfant.

Autant je plaindrais un enfant gâté qui aurait été accou-tumé à crier pour tout et pour rien, autant je plaindrais un enfant de six mois, d'un an ou de deux ans, qu'un mot, un geste, un regard font taire incontinent. La contrainte que la peur produit ne dure pas souvent plus que la présence de l'éducateur qui l'impose; elle ne pénètre pas dans le cœur de l'enfant pour y engendrer une disposition morale. Débarrassé de la vue de son épouvantail, l'enfant ne manque pas d'occasions pour prendre sa revanche avec d'autres personnes. Si on ne veut pas lui céder, il faut lui refuser ses vaines fantaisies, sans phrases, quand il est en colère.

J'ai déjà dit en quelle mesure on peut aider la raison d'un enfant âgé de quatre ou cinq ans à réprimer volon-tairement ses mauvaises passions. Quand ses idées sont revenues au calme, on peut lui dire qu'il est bien vilain quand il est en colère, lui remettre sous les yeux les grimaces qu'il a faites; on lui fera aussi remarquer com-bien est vilain un autre enfant qu'il verra furieux. Même à l'âge de quinze mois à deux ans, j'ai vu de telles leçons laisser quelque trace chez ces petits êtres pleins d'amour-propre.

CHAPITRE II

La peur.

Caractère héréditaire de ce sentiment, au moins comme impulsion générale. — Le courage et la peur se transmettent avec le sang et se développent par l'éducation et l'exemple. — Locke nous conseille d'habituer nos enfants à ne pas craindre le danger vrai et surtout le danger non imminent. — Il faut familiariser prudemment l'enfant avec le danger. — Comment Rousseau conseille de s'y prendre pour corriger la crainte des ténèbres. — L'éducation fait beaucoup pour produire ou affaiblir cette sorte de crainte. — Il ne faut pas plaisanter l'enfant sur la frayeur. — De l'effroi que cause la vue des personnes mortes. — Il faut présenter la mort à l'enfant comme un sommeil tranquille et éternel. — On peut sans danger lui montrer des personnes mortes, avec quelques réflexions appropriées à la circonstance. Exemple.

Aucun sentiment ne s'oppose plus que la peur au bien-être physique et moral de l'enfant, et, par conséquent, à son développement intellectuel. La peur est un instinct inné qui, par le trouble général de l'organisme, la rapidité de la circulation et de la respiration, réagit même inconsciemment contre un mal présent ou prochain. Elle correspond à un afflux considérable du sang vers les centres nerveux, qu'elle éveille et prépare aussitôt pour la lutte, pour l'attaque ou la défense. Elle est héréditaire dans ses manifestations générales; elle apparaît généralement, même pendant le sommeil, pour réagir contre tout danger imminent. Plusieurs physiologistes et psychologues la considèrent même comme héréditaire dans ses espèces variées,

comme la peur des impressions brusques, intenses, inso-
lites, la peur de certains animaux, la peur des ténèbres, de
la solitude, la peur elle-même de la mort. Quoi qu'il en soit
de ces affirmations, que j'ai eu plus d'une fois l'occasion de
discuter, il est certain que les frayeurs spéciales, comme
celles des chiens, des ours, des éléphants, des serpents,
ont besoin, pour se reproduire chez l'héritier des vieilles
générations, de la fréquente répétition des causes qui les
ont autrefois produites. Si ces objets ne se présentent pas
dans le premier âge, la prédisposition héréditaire sera
enrayée ou ajournée par le fait même. Plus tard, elles trouveraient, en général, dans l'être développé, formé, aguerri,
plus d'obstacles pour produire leur effet.

D'une manière générale, le courage et la peur sont innés.
La mère paraît éminemment propre, sans doute en vertu des
effets durables de l'incubation physique et morale, à trans-
mettre l'instinct du courage ou de la peur. Mais c'est surtout par l'incubation artificielle de l'enfant, c'est-à-dire, par
l'éducation et l'exemple, que les mères peureuses ou coura-
geuses font, comme on l'a dit, des enfants qui leur ressemblent. La peur est une susceptibilité maladive, qui atteint les
enfants nés de parents peu sains de corps et d'esprit, mais
à divers degrés tous les enfants en raison de leur faiblesse. Dans les premiers temps surtout, la curation de
cette maladie nerveuse dépend presque entièrement du
régime et de l'hygiène. Ce qui le prouve, c'est que les
hommes les plus maîtres d'eux-mêmes deviennent quelquefois sensibles et timorés comme des enfants, lorsqu'ils sont
affaiblis par la maladie. De plus, n'oublions pas que si la
peur naît de la faiblesse, elle l'engendre à son tour. « C'est
là, dit Mosso, un cercle fatal dans les fonctions de l'organisme... L'excitation du système nerveux prédispose l'indi-

vidu à la peur, qui réagit à son tour sur l'excitabilité et l'augmente indéfiniment (1). »

Locke et Rousseau ont écrit des pages très belles et très sensées sur la nécessité d'habituer progressivement le jeune enfant à ne pas trop craindre le danger vrai, et surtout à craindre le moins possible le danger éloigné. Locke nous a même donné un conseil précieux concernant le tout petit enfant. « Il est aisé d'éloigner toute sorte d'objets effrayants de la vue des enfants qui sont encore à la mamelle : car jusqu'à ce qu'ils puissent parler et comprendre ce qu'on leur dit, il serait inutile de leur proposer des raisons pour leur faire voir qu'il n'y a rien à craindre de la part de ces objets effrayants que nous voudrions leur rendre familiers en les approchant tous les jours plus près d'eux par des degrés insensibles. Mais avec tout cela, s'il arrive qu'un enfant qui est encore à la mamelle ait été choqué de la vue de certaines choses qu'on ne peut pas dérober commodément à sa connaissance, et qu'il donne des signes de crainte toutes les fois qu'elles paraissent devant ses yeux, il faut dans ce cas-là employer toutes sortes de moyens pour diminuer sa frayeur, ou en détournant ses pensées ailleurs, ou en joignant à ces objets des images plaisantes et agréables à voir, jusqu'à ce qu'ils lui soient devenus si familiers qu'ils ne lui fassent plus aucune peine (2). »

Lorsque l'enfant a de deux à trois ans, on remarque en lui certaines appréhensions à propos de couleurs ou de formes d'objets qu'il ne connaît pas, ou dont il ne connaît que de très loin les analogues. Je crois qu'il faut voir, je l'ai dit plus haut, une sorte de transformation imaginative des expériences per-

(1) A. Mosso, *la Peur*, ouvr. traduit en français par M. F. Hément, et publié chez Alcan, 1886.
(2) Section xiv, p. 261.

sonnelles dans ces vagues appréhensions d'un mal que ces objets inconnus peuvent lui faire. Quelle que soit l'origine de ces antipathies et de ces frayeurs inexpliquées, ce qui doit nous importer le plus ici, c'est leur aptitude à disparaître à la suite d'expériences répétées qui rendent familiers aux enfants des objets d'abord pour eux terribles. Locke et Rousseau ont donné sur la guérison de cette sorte de crainte des conseils à peu près semblables, dont quelques-uns sont susceptibles d'être suivis dans l'éducation du petit enfant.

« Votre enfant, dit Loke, frémit et prend la fuite à la vue d'une grenouille : faites prendre une grenouille à une autre personne, et lui ordonnez de la mettre à bonne distance de votre enfant. Accoutumez-le premièrement à jeter les yeux dessus, et quand il peut la regarder sans peine, à la souffrir plus près de lui, et à la voir sauter sans émotion ; après cela, faites-la lui toucher légèrement pendant qu'un autre la tient ferme entre ses mains, continuant ainsi par degrés à lui rendre cet animal familier jusqu'à ce qu'il puisse le manier avec autant d'assurance qu'il manie un papillon ou un oiseau. C'est ainsi qu'il faut tâcher de discipliner ce jeune soldat... (1)» Rousseau développe avec plus de détails ce précepte : « Je veux qu'on l'habitue à voir des objets nouveaux, des animaux laids, dégoûtants, bizarres, mais peu à peu, de loin, jusqu'à ce qu'il y soit accoutumé, et qu'à force de les voir manier à d'autres, il les manie enfin lui-même. Si, durant son enfance, il a vu sans effroi des crapauds, des serpents, des écrevisses, il verra sans horreur, étant grand, quelque animal que ce soit. Il n'y a plus d'objets affreux pour qui en voit tous les jours. » De même

(1) *Loc. cit.*, p. 261.

l'enfant s'habitue à ne plus s'effrayer des masques, et à en rire, quand d'autres personnes se les appliquent devant lui sur le visage. Il est aussi accoutumé aux coups de fusil, aux boîtes, aux canons, aux détonations les plus terribles, si l'on commence par brûler une amorce dans un pistolet pour passer à de plus fortes charges. Il s'habitue vite aussi aux personnes vêtues de noir qui lui parlent avec douceur, aux visages inconnus, aux voix criardes ou caverneuses qui l'avaient tout d'abord effrayé.

Ces procédés, d'une application facile, ménagent les transitions, ce qui est tout en matière d'éducation. Mais il faut se garder ici de passer le but, et, par exemple, ne pas familiariser le jeune enfant avec le danger fictif au point de le livrer sans défense au danger réel. La bravoure de l'enfant n'est souvent que simple ignorance ou défaut d'imagination. Nous devons savoir et prévoir pour lui. Qu'on montre toutes ces horreurs zoologiques au petit enfant, mais qu'on les touche devant lui avec les précautions les plus manifestes. Il doit savoir qu'un crapaud est sale, un serpent venimeux, une écrevisse piquante, et comment on s'y prend pour les manier ou s'en approcher. On peut lui expliquer, quand il a deux ans, toutes ces choses, mais le sourire sur les lèvres, et sans jamais affecter une crainte bien sérieuse. Il faut discipliner, mais non supprimer, cet utile instinct de la crainte. Dès l'âge de trois ans, et même auparavant, un enfant bien élevé peut comprendre, ayant vu ses éducateurs à l'œuvre, qu'on peut être ferme sans témérité, et prudent sans faiblesse.

Nos lecteurs liront dans l'*Émile* les pages les plus intéressantes qui aient été écrites sur les moyens de corriger la crainte des ténèbres. Darwin la croit héréditaire, et Rousseau, qui la croit naturelle à tous les hommes, et à certains animaux, en donne, d'après Buffon, une explication scientifique. Cet effroi si commun ne doit pas être attribué seulement aux contes des nourrices ; ces fantômes de l'obscurité ne sont pas toujours dans notre imagination, mais aussi en quelque sorte dans nos yeux. Naturellement portés à juger des objets d'après la grandeur de l'image qu'ils forment dans nos yeux, nous peuplons le demi-jour de la nuit de figures gigantesques ou affreuses, en vertu de cette illusion qui dans certains cas nous fera prendre une mouche très rapprochée de nos yeux pour un oiseau qui en serait à une très grande distance. Les objets ainsi transformés effraient, comme tout ce qui est inconnu ou mal vu. « Il est très probable aussi que l'absence d'impressions visuelles tend à renforcer d'autres sensations, surtout celles d'audition et de toucher, comme il est facile de l'éprouver en observant ses propres sensations dans de pareilles conditions (1). » Ajoutez à cette cause naturelle d'erreur l'influence des contes fantastiques, et l'imagination travaillera de la plus déplorable façon. Les impressions pénibles, les mauvais traitements, une sensibilité maladive, prédisposent à cette frayeur. Ce genre de faiblesse, si funeste au petit enfant, a donc des causes immédiates, plus faciles à prévenir que des causes lointaines, comme l'hérédité, ne le seraient à éliminer.

La peur dont nous parlons est surtout due à l'éducation. Si les sauvages, d'après les récits de certains voyageurs, ont quelquefois peur dans les ténèbres, c'est que leur imagination superstitieuse les remplit d'esprits invisibles. L'animal n'a point peur, dans les ténèbres, des ténèbres elles-mêmes. J'ai connu des enfants, qui, par un effet évident de

(1) Sikorski, *l'Évolution psychique de l'enfant*, *Rev. phil.* mars 1885, 3ᵉ article.

l'éducation, ne montraient pas cette faiblesse. Mon neveu
Charles n'a jamais été peureux dans l'obscurité, pas plus
que son frère Fernand. Cependant Fernand pleure quand
on le laisse seul dans l'obscurité, et Charles demande souvent à la bonne de l'éclairer dans l'escalier. Est-ce la peur ?
Nullement. Fernand pleure parce qu'il se croit abandonné,
qu'il ne voit plus sa mère, comme il pleure encore le jour
lorsqu'elle monte sans l'attendre, et comme il reste à crier
dans l'escalier quand elle est partie. Charles faisait ainsi
jadis. Ce dernier se fait éclairer, parce qu'il y voit ainsi
pour poser les pieds, et qu'il sait mieux se diriger. Fernand
pleure quelquefois dans son lit quand on vient de l'y poser,
et qu'on le laisse seul : Charles aujourd'hui ne pleure plus
dans ce cas, et s'endort aussitôt, sans se préoccuper du
noir. L'un et l'autre quittent seuls la salle à manger pour
traverser le corridor ou se rendre à la cuisine (A l'époque
où ces lignes ont été écrites, l'aîné avait sept ans, le second
près de cinq ans).

A l'égard de cette frayeur dans l'obscurité, et en ce
qu'elle peut avoir d'héréditaire, de plus ou moins répandu
dans notre espèce, je ne vois pas qu'il y ait guère à ajouter
aux excellents préceptes de Rousseau. Il conseille beaucoup
de jeux de nuit, et surtout des jeux pleins de gaîté, en
sorte que l'enfant s'accoutume à être dans les ténèbres, à
se servir de ses doigts et de ses pieds en touchant des
objets qu'il ne voit pas. Mais ce n'est pas « par des surprises » qu'on doit « accoutumer les enfants à ne s'effrayer
de rien la nuit. Cette méthode est très mauvaise ; elle produit un effet tout contraire à celui qu'on cherche, et ne
sert qu'à les rendre toujours plus craintifs. Ni la raison ni
l'habitude ne peuvent rassurer sur l'idée d'un danger présent dont on ne peut connaître le degré ni l'espèce, ni sur

la crainte des surprises qu'on a souvent éprouvées (1). »

Dans aucun cas, il ne faut jouer avec la frayeur présente d'un enfant. Je crois même que, la frayeur passée, la raillerie n'aurait pas autant de prise sur son amour-propre, pour le corriger de cette maladie, que l'habitude des exercices propres à lui donner du sang-froid.

« L'hiver nous est propice pour cela ; profitons-en ; ménageons-lui ses plaisirs pour les heures du soir. Apprenons-lui à se rendre compte par lui-même des objets que l'obscurité fait prendre pour autres que ce qu'ils sont réellement. Abordons chaque passant, et prolongeons à dessein notre conversation, tout en laissant notre enfant absolument libre de rester auprès de nous ou de s'en éloigner, mais sans rien perdre de ses impressions. Faisons qu'il s'habitue naturellement aux mille petits bruits que l'on entend particulièrement la nuit, et qu'il sache, de manière à s'en rire et à ne pas l'oublier, que tout n'est mystère que pour les ignorants ; que les revenants ne sont rien autre chose que l'œuvre de la peur qui trouble l'imagination, ou de mauvais farceurs qui, plus d'une fois, ont payé fort cher leur fantaisie (2). »

Quant à l'enfant au berceau, qui est presque entièrement à la merci des influences héréditaires, on devrait l'habituer à dormir avec et sans lumière, à entendre parler, à s'entendre cajoler et gronder, tantôt de près, tantôt de loin, à écouter dans l'obscurité toutes sortes de bruits, à voir la lumière et des objets tout à coup apparaître et disparaître. Ce sont là de très bonnes précautions à prendre avant l'époque où les premières expériences des choses, et le danger presque inévitable des contes absurdes, com-

---

(1) L'Emile, p. 131.
(2) L'Éducation populaire, Alexis Robert, p. 62.

menceront à développer l'instinct inné de la frayeur.

Jusqu'à l'âge de quatre ou cinq ans, l'enfant n'a qu'une idée bien vague de la mort : il ne peut donc en avoir la peur ou plutôt l'horreur. Il ressemblerait par là à la plupart des animaux supérieurs, car il n'est pas prouvé, comme l'a dit M. Caro, que ceux-ci en aient une conception pareille à celle de l'homme adulte. « Tout au plus ont-ils un vague instinct d'un péril suprême, qui dépasse tous les périls connus (1). » L'argument tiré des chiens qui gémissent et se laissent périr de faim sur la tombe de leur maître n'est pas absolument décisif : la tristesse d'être privé d'un maître affectionné peut produire cette prostration des forces physiques et morales qui aboutit à l'impuissance de vivre. Le suicide des enfants prouverait beaucoup plus, et l'on sait qu'il n'est pas rare chez les enfants très malheureux, très susceptibles, et d'une sensibilité maladive. Cette manie, d'ailleurs, n'affecte presque jamais des enfants âgés de moins de six ans. C'est sans doute à une époque postérieure que se rapporte le fait suivant. « Je connais le cas d'un enfant traité à tel point par la peur de la mort qu'il n'en dormait pas la nuit ; ce n'était point là un effet des peintures effrayantes qu'on avait faites de la mort à son imagination, mais le résultat de ses propres réflexions sur ce sujet (2). » Il devait y avoir quelque chose d'anormal dans cette jeune tête et dans les conditions extérieures de son développement moral. Toujours est-il que l'enfant a quelque idée de la mort.

Comme il est impossible qu'il n'entende pas parler de cet effroi suprême des adultes, il faut le familiariser avec

(1) *Revue Bleue* du 23 octobre 1886, 2ᵉ article sur *la Peur*, de Mosso, p. 521.

(2) James Sully, *Mind.* avril 1887.

cet objet, et ne le lui présenter que sous la forme d'un repos éternel ou d'un sommeil tranquille.

On peut, par exemple, lui montrer des animaux morts, comme on fit à la petite fille de Taine. « Avant-hier, une pie tuée par le jardinier a été pendue par la patte au bout d'une perche en guise d'épouvantail ; on lui a dit que la pie était morte, elle a voulu la voir. — Qu'est-ce qu'elle fait, la pie ? — Elle ne fait rien, elle ne remue plus, elle est morte. — Ah ! — Pour la première fois l'idée d'immobilité finale vient d'entrer dans sa tête. » Peu d'enfants, il est vrai, ressemblent à cette fillette qu'une réponse satisfait, et qui n'a qu'un ah ! à répondre. Cet ah ! cette interjection placée en manière de clôture du récit n'est pas d'un enfant, ou la petite fille dont parle Taine avait une imagination bien calme. C'est d'ailleurs ainsi qu'on doit parler de la mort à un petit enfant.

Quand l'enfant se porte bien, il n'y a aucun inconvénient, selon moi, à lui montrer des personnes mortes ou des ossements humains. La pâleur et la rigidité cadavériques, et à plus forte raison les débris osseux, n'ont en eux-mêmes rien d'effrayant. Un petit enfant âgé de trois ans parlait de la mort comme d'un état dans lequel on ne souffre plus de l'estomac et de la tête ; il parlait le soir de parents morts comme de toute autre chose. C'est que son père, savant affranchi de préjugés, lui avait plusieurs fois montré, soit des animaux morts, soit des personnes mortes, en lui disant : « Quand on est mort, vois, on ne bouge plus, on ne parle plus, on n'entend et l'on ne voit rien ; on est comme un arbre, une pierre, une chaise, une table ; on ne remue ni bras ni jambe, on ne sent ni bien ni mal, on n'a plus besoin de manger ni de boire. » Ces images et ces explications avaient donné à l'enfant une

idée de la mort assez juste, et très rassurante. Il demanda
un jour pourquoi on enfermait les morts dans une grande
boîte et on les emportait bien loin ; le père ne lui répondit
rien, sinon qu'on les emportait au cimetière, et qu'il irait
avec lui visiter le cimetière. Il l'y mena en effet, le lendemain ; il s'approcha d'une fosse nouvellement creusée, et lui
dit : — « Vois ce trou, c'est là qu'on met la boîte et le mort
pour toujours ; on les recouvre de terre, parce que les
morts pourrissent comme les fruits ou la viande gâtée, et
que cela sentirait très mauvais. » Il lui fit remarquer ensuite
quelques ossements déterrés par la pelle du fossoyeur ; il
toucha sans rien dire un tibia, une vertèbre, un crâne ;
l'enfant se hâta de l'imiter.

Les questions suivirent de près les questions. Le père y
répondait simplement. « Quand on est mort, et pourri, on
devient des morceaux d'os.—Est-ce que je serai comme ça,
moi aussi, quand je serai mort ? — Oui, et moi aussi, et ta
mère aussi. Mais, mon enfant, nous ne serons pas morts
demain, ni après-demain, ni de bien longtemps. — Est-
ce que tu pleureras beaucoup quand je serai mort ? —
Oh ! tu ne mourras pas avant moi, je l'espère. On ne
sait jamais quand on doit mourir.—Et pourquoi pleure-
rais-tu, dis ? — Parce que je t'aime, et que je voudrais
être toujours avec toi. Du reste, quand on est mort,
on n'est pas malheureux, au contraire, on ne souffre plus.
On est des os dans la terre. Allons-nous-en maintenant. »
L'enfant saisit la main de son père, et la quitta bientôt,
pour suivre, en riant, un papillon qui venait de s'envoler
des hautes herbes. L'insecte prit plus loin ses ébats, et
l'enfant revint bientôt dire à son père, : « Nous reviendrons une autre fois, n'est-ce pas, dis, papa ? » Si cet
enfant avait entendu quelque sotte nourrice parler sérieu-

sement de fantômes et de loups-garous, la scène que je viens de raconter l'aurait-elle laissé aussi tranquille? C'est ainsi qu'on peut, sans user d'équivoques ou de sentimentalité fausse, montrer à l'enfant la vérité qu'il peut comprendre. « Un remède direct pour une crainte particulière, a dit la judicieuse Mme Necker de Saussure, c'est de substituer la présence de l'objet redouté à l'idée que l'enfant s'en formait. On ne se figure pas ce qu'on voit, et la réalité, même désagréable et rebutante, produit un effet calmant sur les sens. Ce moyen, s'il peut se pratiquer, est très efficace, mais c'est avec ménagement qu'on doit s'en servir (1). »

(1) *L'Éducation progressive*, t. I, p. 193.

CHAPITRE III

L'amour et le respect de la propriété.

L'instinct ou l'amour de la propriété chez l'enfant. — Explication psychologique de la tendance propriétaire : la possession se confond avec l'appropriation. — L'idée du tien et du mien est très confuse chez le jeune enfant. — Opposer les tendances bienveillantes à l'acquisivité excessive. — L'exciter à avoir soin de certains objets. — Comment il faut combattre la tendance au larcin. — Habituer l'enfant à respecter les objets à lui. — Le désordre et la discipline des conséquences naturelles. — Habituer l'enfant à respecter la propriété d'autrui. — L'amener à traiter les animaux comme des personnes, mais non pas les choses comme des animaux. — L'enfant ne confond pas réellement l'inanimé avec l'animé. — Comment il faut lui apprendre à respecter les plantes.

Le besoin de jouir, quelle que soit la nature, et quels que soient les instruments de la jouissance, engendre le désir de la possession, d'où dérive plus tard celui de la propriété. Ces désirs commencent à se montrer chez l'enfant tout jeune, et même avant qu'il puisse faire usage de sa voix pour demander les objets de sa convoitise, de ses mains pour les appréhender, et de ses jambes pour aller jusqu'à eux. « L'amour de soi et le désir de posséder se confondent dans les premières sensations, avant de se confondre dans les premières pensées de l'homme (1). »

A l'âge de trois mois, l'enfant prend le sein ou le demande par gestes et regards, comme chose à lui. Un peu

(1) De Laténa, *Étude de l'homme.*

plus tard, quelquefois même à cet âge, il entre en accès de jalousie si on a l'air de le donner à un autre enfant. Il l'admire, le caresse, s'impose à lui avec l'innocent instinct de l'égoïsme propriétaire. A onze mois, il l'exige avec plus d'empire, il va le chercher en rampant, déboutonne le corsage de sa mère, s'y colle et s'y retourne comme un petit chat sur le ventre de la chatte ; il le palpe avec amour, le bat en plaisantant, quelquefois non pour rire ; il en use et abuse avec son droit imprescriptible de possesseur attitré ; enfin il pleure, gronde, crie, hurle, si on ne lui donne pas son *titi* ou *tété* ; et si on y laisse placer son frère, par manière de jeu, c'est la guerre déclarée.

L'enfant demande aussi pendant les premiers mois, mais pas avec la même exigence, soit les objets qu'il voit aux mains des autres, soit les quelques jouets auxquels il est habitué. Ce besoin de posséder se développe en raison des jouissances que les objets procurent habituellement. Dès le sixième mois, l'enfant de Tiedemann paraissait tenir davantage à ses jouets, depuis qu'il savait leur demander beaucoup plus de distractions, et il ne se laissait plus enlever sans pleurer les objets qu'on lui avait donnés.

A dix mois, à un an, à quinze mois, les enfants, surtout certains enfants plus prenants que donnants, montrent une certaine ardeur dans leur tendance possessive. Ils font main basse sur les jouets, sur les meubles ou les vêtements qui servent spécialement à d'autres, tout en défendant qu'on agisse de même à leur égard.

« L'enfant ne voulait pas, dit Tiedemann, que sa sœur pût s'asseoir sur son siège ou mît un de ses vêtements ; il appelait cela ses *affaires*... Quelque idée vague de propriété s'était donc développée en lui. Mais, quoique l'enfant ne se laissât rien prendre de ses affaires, il prenait volon-

tiers celles de sa sœur... » Ainsi cette idée de propriété se
confondait avec celle de continuation d'une jouissance habituelle, et la tendance à l'appropriation, qui est corrélative
à ce désir, était purement égoïste ; l'enfant ne voyait pas
« que ce qu'il demandait par rapport à ses affaires, sa
sœur pouvait le demander aussi par rapport aux siennes...»

Le désir de posséder se trouve donc primitivement com-
pliqué de la tendance à l'appropriation. L'idée du tien et
du mien est très confuse dans l'esprit de l'enfant. Son
besoin de posséder est lui-même limité à un très petit
nombre d'objets familiers, et nullement accompagné d'une
idée de prévoyance proprement dite. La possession actuelle
est tout pour lui : le lendemain n'existe pas. Aussi gaspille-
t-il à l'envi toutes ses richesses les plus précieuses, les instruments de ses plaisirs les plus vifs, les plus habituels ; il
jette, casse, salit, gâte, oublie, laisse traîner de tous côtés,
les objets qui viennent de lui procurer du plaisir, et qui ont
cessé tout à coup de lui plaire. On peut cependant observer,
quelquefois avant l'âge de trois ans, un sentiment rudimentaire de la prévoyance que suppose le sentiment dis-
tinct de la propriété. Certains enfants tiennent de l'hérédité
plutôt que de l'exemple et de la réflexion la mémoire objective et la tendance conservatrice ou acquisitive. Ils perdent
rarement ce qui leur appartient ou ce dont ils usent, ils se
rappellent où ils l'ont placé, le laissent difficilement
toucher par d'autres enfants, le montrent avec une sorte
d'orgueil de maîtres.

Il faut donner à l'enfant, aussitôt que possible, une
notion distincte et juste de la propriété individuelle. Paraît-
il né avec des dispositions à l'acquisivité ? Ce n'est pas un
mal : l'amour de la propriété est un des fondements de tout
ordre humain, et la condition de toutes les vertus sociales.

Il suffira ici de contrebalancer les effets d'une acquisivité excessive par la culture des sentiments bienveillants, et ne pas s'en préoccuper autrement dans le premier âge. Mais si l'enfant est trop porté à donner, s'il ne garde rien de ce qu'il a, il faut s'efforcer de combattre en lui cette libéralité, qui tournerait au gaspillage et à la prodigalité. Il faut le réprimander pour avoir donné ou laissé prendre un de ses jouets, ou un objet quelconque lui appartenant ou appartenant à d'autres. Il faut lui demander d'un air sévère ce qu'il a fait de l'objet disparu.

Un peu après l'âge dont on s'occupe ici, et même quelquefois avant cet âge, il sera bon d'intéresser l'enfant à certains objets dont on l'excitera à avoir soin. Par exemple, un petit coin du jardin pourra lui être attribué en propriété personnelle, comme cela se passe dans les jardins de Frœbel. En voyant ses frères, ses parents ou ses domestiques, jardiner avec entrain, il prendra goût à la chose, et il ne tardera pas à vouloir imiter les travaux des grandes personnes. On commencera par faire avec lui les trois quarts de la besogne, sinon davantage, mais en lui laissant croire qu'il est le principal ouvrier de *son* jardin ; de la sorte, *ses* fleurs, *ses* arbustes, *ses* choux et *ses* carottes, l'attacheront à cette parcelle de terre où il aura mis une bonne part de sa personnalité. Développons, en le réglant, le sentiment de la propriété.

Libéral ou avare, l'enfant, comme l'animal, est prompt à s'approprier tout ce qu'il voit sans possesseur. Il faut combattre en lui, en toute occasion, l'instinct du vol. Un enfant de deux ans, quoique la distinction du tien et du mien soit à peine ébauchée dans son esprit, connaît un certain nombre d'objets servant à d'autres qu'à lui-même, et auxquels on lui a défendu de toucher. L'empêcher de s'em-

parer de ces objets est un premier point souvent difficile à
obtenir. En évitant de voler, le jeune enfant ne croira pas
faire autre chose qu'obéir. C'est pourquoi l'on ne doit pas
éloigner de sa portée les objets auxquels il ne doit pas
toucher ; l'habitude d'observer notre défense à leur égard
le fera bientôt passer avec indifférence à côté d'eux. Mais
il faut être constant dans ses interdictions, ferme et mesuré
dans ses réprimandes, si l'on veut rendre l'obéissance facile,
et supprimer tout à la fois les délits et les punitions. Même
pour les larcins, que l'occasion, l'attrait, et la tentation
du *l'on ne me voit pas* rendent si fréquents dans le premier âge, une sévérité excessive serait tout à fait hors de
propos. Ce n'est guère à cet âge qu'il peut résister aux tentations solitaires. Il faudra donc se borner à lui faire
comprendre que les larcins faits sans témoin n'échappent
pas à notre surveillance, et lui bien faire sentir le regret
que nous avons de le voir tomber dans ces fautes hon-
teuses (1).

Il est quelquefois possible d'habituer les enfants à respecter les objets qui sont en leur possession, en leur faisant
sentir par leur propre expérience les inconvénients de la
conduite opposée. C'est là une application de cette discipline des conséquences, de cette éducation de l'enfant par
les résultats de ses actes, qu'Herbert Spencer a développée
après Rousseau, mais qui demande dans la pratique un
tact et une modération infinie.

« Dans toutes les familles où il y a de jeunes enfants (2),
il arrive tous les jours que ceux-ci font ce que les mères
et les servantes appellent « du désordre ». Un enfant a
semé des jouets sur le plancher ; une poignée de fleurs

(1) V. ce qui a été dit plus haut sur la correction de ce défaut, p. 75.
(2) *De l'Education*, ch. III, et p. 73 de ce livre.

rapportées d'une promenade matinale a été dispersée sur
les chaises ; une petite fille, en faisant des robes pour sa
poupée, a rempli la chambre de rognures d'étoffe ; presque
toujours, la peine de réparer ce désordre incombe à qui
elle ne devrait pas incomber. S'il a lieu dans la chambre
des enfants, la bonne, après avoir grogné contre « les
ennuyeuses petites créatures », entreprend la tâche elle-
même ; s'il a lieu dans l'appartement, cette tâche est dévo-
lue, soit aux aînés, soit aux domestiques, et tout ce qu'il
arrive au transgresseur, c'est d'être grondé. Toutefois,
dans un cas aussi simple que celui-là, les parents sont
quelquefois assez sages pour suivre, avec plus ou moins
de persistance, l'ordre naturel des choses, en commandant
à l'enfant de ramasser lui-même les jouets, les fleurs ou
les rognures. La peine de mettre les choses en ordre est la
conséquence vraie de la faute qu'on a commise de les
mettre en désordre. Tout marchand dans sa boutique,
toute femme dans sa maison, en fait journellement l'expérience. Et, si l'éducation est une préparation à la vie, tout
enfant doit, dès le commencement, l'expérimenter journellement aussi.

« Si l'enfant résiste (ce qui pourra arriver là où le système de discipline morale préalablement suivi n'a pas été
bon), il faut lui laisser éprouver la réaction ultérieure de
cette désobéissance. Comme il a refusé de ramasser et de
mettre en ordre les objets qu'il avait dispersés, on lui
refusera, dans les occasions subséquentes, les moyens de
donner encore cette peine à une autre personne. Quand il
viendra demander sa boîte de jouets, la réponse de la mère
sera celle-ci : « La dernière fois qu'on vous a donné vos
jouets, vous les avez laissés sur le plancher ; et Jeanne a
eu la peine de les ramasser. Jeanne a trop à faire pour

ramasser tous les jours les objets que vous laissez à terre, et je ne puis le faire moi-même. Puisque vous ne voulez pas ramasser vos jouets quand vous avez fini de jouer, je ne puis pas vous les donner. » C'est là évidemment une conséquence naturelle, ni accrue, ni diminuée, et l'enfant doit le reconnaître. Le châtiment arrive au moment où il est le plus vivement senti. Le désir naissant est frustré, à l'instant même où sa réalisation était attendue, et la forte impression ainsi produite ne peut guère manquer d'avoir de l'effet sur la conduite future de l'enfant : effet qui, constamment reproduit, fera tout ce qu'il est possible de faire pour le corriger de son défaut. Ajoutez à cela que, par cette méthode, il apprendra de bonne heure ce qu'on ne saurait apprendre trop tôt, à savoir que, dans ce monde, le plaisir est le prix du travail. »

Il faut aussi habituer l'enfant à ne pas détériorer la propriété d'autrui, leçon qui lui profitera pour sa conduite à l'égard de ses propres objets. Un enfant, par caprice, et non par colère, casse un carreau, salit un mur, raie un meuble, déchire un livre, coupe un objet avec un couteau, commet un dégât plus ou moins grave : s'il n'est âgé que de deux ans, une réprimande courte et sèche doit l'avertir de ne plus commettre cette faute. Mais s'il est un peu plus âgé, et quelquefois avant l'âge de trois ans, cette rigueur de ton peut être remplacée, soit par une petite punition, soit par des reproches s'adressant à la sensibilité morale de l'enfant : on peut lui faire observer avec modération que ce qu'il abîme n'est pas à lui, mais à nous, qu'en le détériorant, il nous a fait tort, que cet objet ne pourra plus rendre service à personne. Mais, soit que nous employions la stricte sévérité, soit que nous la tempérions par la douceur, n'oublions pas qu'il vaut mieux pardonner vingt fois que de laisser passer inaperçues des fautes de ce genre.

Les animaux sont pour l'enfant, comme ils l'étaient pour les anciens, des choses, et trop souvent il les traite comme tels. Il faut l'habituer, selon moi, à respecter les animaux comme des personnes, mais non pas les choses comme des animaux.

Cette dernière pratique serait fondée, d'après certains, sur une confusion primitive que l'enfant et le sauvage feraient entre l'animé et l'inanimé. Cette confusion existe encore moins chez le jeune civilisé que chez le sauvage actuel. C'est un point que M. Spencer me paraît avoir mis hors de doute dans la page suivante :

« La conduite habituelle de l'enfant à l'égard des objets qui l'entourent ne donne pas lieu de croire qu'il commet une telle confusion. A moins qu'un objet inanimé ne ressemble à un objet animé au point d'en imposer pour une créature vivante sans mouvement, mais qui va se mouvoir, l'enfant ne s'en montre pas effrayé. Il est vrai qu'il a peur quand il voit une chose inanimée se mouvoir, sans apercevoir la force intérieure qui la met en mouvement. En quoi qu'un objet diffère des choses vivantes, pourvu qu'il manifeste la spontanéité caractéristique des êtres vivants, il éveille l'idée de vie et veut provoquer un cri. Sans cela, l'enfant n'attribue pas plus le cri à l'objet que ne le font un petit chien ou un petit chat. Dira-t-on que, porté comme il l'est à tout dramatiser, un enfant plus âgé dote d'une personnalité chacun de ses joujoux, qu'il en parle et qu'il les choie comme s'ils étaient des êtres vivants ? Nous répondrons qu'il ne s'agit pas ici d'une croyance, mais d'une fiction délibérée. L'enfant peut bien prétendre que ces choses sont vivantes, mais il ne le croit pas réellement. Si la poupée venait à mordre, il ne serait pas moins stu-

péfait qu'un adulte. Dans les jeux, ces actions agréables
de facultés innoccupées, beaucoup d'animaux intelligents
dramatisent de même ; faute des objets vivants qu'il leur
faudrait, ils acceptent pour les représenter des objets non
vivants, surtout si ces objets sont faits à simuler la vie.
Seulement le chien qui court après un bâton ne le croit pas
vivant. S'il le met en pièces après l'avoir attrapé, il
ne fait que jouer la comédie de la chasse : s'il croyait le
bâton vivant, il le mordrait avec autant d'ardeur avant
qu'on l'ait jeté qu'il le fait après (1). »

Un des moyens les moins propres à déshabituer l'enfant
de son penchant à détériorer les choses, c'est de les lui
faire traiter en êtres conscients. On ne dit pas devant eux à
un fruit, à un aliment : « Oh ! que tu es bon, que tu es
aimable ! » On ne dit pas au raisiné : « Que tu es donc
gentil, mon cher raisiné, d'être si bon ! » Pourquoi donc
dire à la pierre qui a fait tomber l'enfant : « Que tu es
méchante ! » et à la table contre laquelle il s'est cogné :
« Vilaine table, qui as fait mal à bébé ? » C'est assez de
plaindre l'enfant dans la mesure que comporte la circonstance ; faire davantage, c'est être plus puéril que l'enfant
lui-même.

Ce que j'ai dit concernant les objets, quels qu'ils
soient, s'applique à la manière dont le petit enfant doit
en user avec les plantes. Un enfant, de quinze mois à
deux ans, est ordinairement un ravageur aussi ruineux
qu'une poule dans un jardin. S'il se trouve avec vous dans
une allée, vous donnant une main, l'autre main arrache

---

(1) Herbert Spencer. *Principes de sociologie*, pp. 188 et 189.
M. F. Pollock a exprimé la même opinion dans son intéressant
article publié dans *Mind* (n° de juillet 1878), qui a pour objet
les progrès du langage d'un enfant. Même chez l'enfant, cette confusion n'est jamais que passagère.

au passage des poignées de fleurs ou de feuilles ; il se promène au pas de course, se faufile, saute, piétine dans les plates-bandes les plus ravissantes ; il trouve les fleurs bien belles, mais il les cueille à brassées pour en respirer le parfum à plein nez. C'est bien pis, quand on laisse à sa disposition quelque bâton ou quelque jouet, cheval, chariot, poupée, qui, dans ses deux mains actives, fait bientôt l'office d'une faux, ou plutôt d'une massue. Lentement, bien lentement, il est amené à respecter les plantes. Il l'apprend de la même manière qu'il a appris à respecter les objets utiles. Mais l'éducation peut appeler d'autres moyens à son aide.

« Quand des corps bruts, dit M. Marion, nous nous élevons aux êtres vivants, nous sentons qu'il y a entre eux et nous un lien plus intime. Comme nous, la plante vit ; si elle ne sent pas, ou si du moins sa sensibilité est assez confuse pour que nous n'ayons pas à craindre sérieusement de la faire souffrir, elle a néanmoins sa destinée qui n'est pas sans analogie avec la nôtre. Elle naît, grandit et meurt comme nous ; elle a sa grâce et sa beauté. Les vieux arbres n'ont-ils pas quelque chose de vénérable et qui est de nature à nous inspirer une sorte de respect ? Les fleurs ont une grâce délicate à laquelle il n'est pas permis d'être insensible. « Une femme qui n'aime pas les fleurs est un monstre », dit un écrivain de notre temps. Un homme qui les mutile sans nécessité est à coup sûr un brutal et un sot. Tout ce qui vit est voué à la destruction, mais toute destruction est triste. Comment ne serait-il pas coupable et absurde à un être mortel de multiplier à plaisir la mort autour de lui ?(1) » On peut, par l'exemple, par de petits raisonnements, par des lectures appropriées, faire comprendre ou pressentir tout cela au jeune enfant.

(1) *Leçons de morale*, p. 207.

CHAPITRE IV

La jalousie.

La jalousie est un sentiment très précoce chez beaucoup d'enfants. — Divers moyens de la combattre chez le tout jeune enfant. — Précautions à prendre pour ne pas l'exciter nous-mêmes. — De la jalousie des aînés aux jeunes, des jeunes aux aînés, et des moyens propres à la guérir. — Tout ce que l'on fait gagner à la bienveillance est retranché à la jalousie. — La jalousie vient souvent du sentiment de notre infériorité ; du danger qu'il y a à tendre à l'excès le ressort de l'émulation. — La jalousie peut aider au développement moral. Exemple : surveillant surveillé. — Moyens de prudence et de raison à employer à l'égard d'un enfant décidément jaloux. — Quelquefois une plaisanterie de bon aloi montre à l'enfant le ridicule de son état, et il se calme par réflexion.

On peut dire avec raison de la jalousie chez les enfants ce que Montaigne disait de la *menterie* : « Elle croît quant et quant eux. » Elle dépend en général du tempérament, elle est souvent l'indice d'une sensibilité très vive ; mais elle se montre énergique chez des enfants d'un caractère calme et facile d'ailleurs. Elle se confond aisément avec l'envie, la convoitise, le désir de posséder, le besoin de se faire remarquer. Elle ouvre la voie à la haine, au mensonge, à la dissimulation ; chez certaines natures faibles et apathiques, elle peut prendre la forme du découragement.

Pendant les premiers mois, l'enfant né avec des dispositions à la jalousie (car il est des enfants peu jaloux), doit être traité avec beaucoup de ménagement. On ne parvient souvent à l'apaiser qu'en éloignant la personne dont il est jaloux. Mais prendre pour règle cet expédient passager, ce serait aller contre le but. Il est bon de rapprocher peu à peu des autres l'enfant jaloux, de l'habituer à leur présence ; elle lui devient bientôt agréable, car les anciens ont très bien nommé l'affection une habitude nécessaire, *consuetudo, necessitudo.* Quand la personne et les jeux de l'intrus sont tolérés, puis agréés, le rapprochement devient de plus en plus intime. On guérit, ou du moins on atténue la jalousie, par les mêmes procédés que la timidité et la sauvagerie. Il y a d'ailleurs une étroite relation entre elles. L'enfant timide et contraint met toute son activité dans ses yeux, il ne perd rien de ce qui se passe devant lui ; les moindres signes de préférence, les moindres marques d'intérêt, sont exagérés par sa susceptibilité ombrageuse.

Trop souvent la jalousie est notre œuvre : à force d'accorder ou de refuser, nous rendons un enfant désireux de tout ce qu'il voit. Nous ne savons pas résister avec une douce fermeté à ses vains caprices. Nous lui promettons des friandises, des objets de valeur, des voyages, des fêtes, comme prix de son travail ou de sa sagesse. Nous prodiguons devant lui les éloges aux beaux costumes, aux beaux jouets, aux mets exquis : nous nous montrons envieux comme des enfants gâtés. Nous ne savons pas réprimer en sa présence les élans de notre sensibilité ; nous embrassons et caressons les autres enfants avec une expression d'amitié d'autant plus vive qu'elle est moins sincère. Nous ne savons pas nous garder de certaines préférences dont les marques sensibles n'échappent jamais à l'œil de l'enfant. Oubliant qu'il a la passion égoïste de l'égalité, nous ne prenons pas soin de la lui montrer toujours dans les châtiments et les caresses. Nous paraissons, égoïstes nous-mêmes, mesurer notre tendresse à celle qu'on nous témoigne. Rien de plus propre à développer, et à faire naître la jalousie.

Mme Guizot a indiqué, avec sa précision et sa délicatesse habituelles, la jalousie qui peut naître des aînés aux jeunes, et des jeunes aux aînés, et les moyens propres à la combattre. Nous ne saurions mieux faire que de citer tout au long ces sages réflexions.

« Un premier enfant, jusque-là l'objet de toutes les prédilections, entièrement maître au logis où l'on ne songeait encore qu'à l'amuser, et à s'amuser de lui, se voit tout à coup un rival préféré, du moins quant aux soins et à la préférence extérieure. C'est le nouveau-né qu'on tient sur les genoux et dans les bras, où le frère qui l'a précédé de deux ans avait coutume de trouver sa place. Souvent négligé, tandis que l'activité de sa mère sera entièrement consacrée à celui qui ne peut s'en passer, il la verra lui parler, il la verra lui sourire comme naguère on ne parlait ou ne souriait qu'à lui. En même temps des défenses et des réprimandes jusqu'alors inconnues l'obligeront à sacrifier quelque chose de sa liberté à celui qui a déjà usurpé son bien. On le grondera de faire du bruit si le petit frère dort. On ne lui permettra pas de reprendre ses joujoux des mains qui commencent à vouloir les saisir. S'il touche l'enfant, on lui dira qu'il le fait crier; si celui-ci le bat, on ne souffrira pas qu'il le lui rende. Il n'avait encore vécu que pour lui-même, et les premières impressions que lui apporte la société d'un autre sont des impressions de privation et de chagrin; alors il s'irrite ou s'attriste, devient incommode ou maussade, et se croit rebuté ou délaissé sans comprendre qu'il l'ait mérité. » L'énergie de la faculté d'affection est un des plus sûrs préservatifs de ce genre de jalousie.

« Les enfants sont disposés à accueillir avec joie un événement, quel qu'il puisse être : l'arrivée d'un petit frère en est un très grand, que l'aîné verra certainement avec satisfaction si l'on songe à en faire pour lui une occupation, si la présence de ce nouveau-venu ajoute du mouvement à sa vie au lieu de lui en ôter. On lui parlera sans cesse du petit frère; s'il crie, on le plaindra avec lui; s'il dort, on l'appellera pour le voir, et il viendra doucement, pour ne pas le réveiller. Cette petite créature intéressera sa curiosité, car on lui dira qu'il a été de même; sa pitié, car en la regardant il se croira fort. Il verra en elle un objet de soins auxquels il s'imaginera pouvoir prendre part, du moins ne lui arrivera-t-il pas de supposer que les soins donnés à ce petit enfant soient pris sur lui, puissent être considérés comme un vol qu'on lui fait. Il aimera le sourire de son petit frère, qui aura fait naître la joie sur tous les visages; il s'affligera de ses souffrances en voyant la tristesse régner dans la famille. Il se plaira à l'amuser, craindra qu'il ne se fasse mal, et portant ainsi hors de lui-même sa pleine activité, perdra dans les plaisirs de l'affection le sentiment des besoins d'où naîtrait la jalousie.

« Mais la jalousie peut naître ensuite en sens inverse et demander des précautions moins simples; car l'aîné se trouvant naturellement le plus fort, le plus avancé en tout, et même quelquefois, sans qu'on y prenne garde, en possession de quelques privilèges acquis à sa qualité de premier occupant, si la jalousie se manifeste chez le plus jeune, elle ne pourra être combattue par ces sentiments généreux qui n'appartiennent qu'à la force. Votre tâche est, dans ce cas comme dans l'autre, d'opposer l'affection à la jalousie, de former entre les deux frères un lien qui ne permette plus que leurs intérêts se séparent. Multipliez les

devoirs de l'aîné envers son frère, no craignez pas d'exciter la générosité de celui qui se sent le plus heureux
puisqu'il ne lui manque rien. Que, s'il aperçoit le sentiment
jaloux dont il est l'objet, ce soit avec respect de celui qui
souffre, avec désir de lui épargner des peines dont lui-
même est à l'abri. D'accord avec l'aîné, vous vous permet-
trez pour le plus jeune quelques légères préférences, que
paiera du reste aux yeux du premier l'honneur de votre
confiance, et dont l'autre pourra jouir sans danger quand
il les tiendra tout à la fois de votre tendresse et de l'amitié
de son frère (1). »

Ainsi, tout ce que l'on fait gagner à la bienveillance est
retranché à la jalousie. C'est là un des effets de cette loi de
compensation, qui a tant d'applications dans l'ordre moral,
et qui ne doit jamais être perdue de vue par l'éducateur.
« Afin de dépenser d'un côté, disait Geoffroy Saint-Hilaire,
la nature est forcée d'économiser de l'autre. » Refuser à
la jalousie et à l'envie les occasions de s'exercer, chercher
à alimenter les sentiments opposés, tel est un moyen
éprouvé de combattre, dès le premier âge, ces deux mons-
tres odieux.

La jalousie est souvent la forme que prend le sentiment
de notre propre infériorité. L'émulation est un ressort bien
délicat entre les mains de l'éducateur : il y a grand danger
à le faire jouer trop souvent ou à le tendre avec excès. Il
ne faudrait jamais beaucoup louer les mérites d'un enfant
devant ses frères ou ses sœurs ; et, quand on a à le faire, il
faut savoir trouver quelque chose à louer dans les
autres. Qui n'a pas les qualités de ses défauts, qui n'est
pas excellent en quelque chose ? Il faut, d'ailleurs, que

_____

(1) *Lettres sur l'éducation*, t. II, pp. 72-85, passim.

les supériorités morales priment toujours celle du corps ou de l'intelligence. Un enfant assuré que l'égalité de tendresse d'une mère pour ses enfants est inaltérable, et que si elle peut avoir quelquefois une expression particulièrement vive, c'est à l'égard de l'effort fait pour combattre une mauvaise inclination, un enfant ainsi élevé pourra envier les succès de ses frères sans en ressentir aucun amer déplaisir. Si celui dont les progrès sont plus rapides ou plus brillants, dont la force et la beauté physique sont plus vantées, s'attache à favoriser les progrès de son frère plus mal doué, et contribue autant qu'il est en lui à le faire apprécier des autres, quelle jalousie pourrait-il y avoir du protégé au protecteur ? quel encouragement donné à l'un pourrait attrister le cœur de l'autre ?

La jalousie aide au développement moral, lorsqu'elle se rattache aux objets par l'intérêt qu'on porte à une personne aimée. « La vie de l'enfant est surtout dans ses yeux ; les objets qu'il voit constamment en regardant la personne qu'il aime font partie d'elle-même dans son souvenir ; les habits, les petits meubles dont elle se sert, ont pour lui beaucoup d'importance ; il se la représente accompagnée de ses attributs, comme nous voyons les dieux de la fable ; et quand il observe qu'elle seule fait usage de ces objets, il se persuade qu'ils lui appartiennent. Il peut même en devenir jaloux pour cette personne, les garder comme un chien fidèle, et empêcher les autres d'en approcher. J'ai vu une petite fille de dix-huit mois qui pleurait si quelqu'un touchait le panier de sa bonne à la promenade. Un jour que cette même enfant vit une femme inconnue emporter de la maison une robe de sa mère, elle poussa des cris affreux, scène qui se répéta le lendemain. Depuis lors elle a conservé de l'inquiétude à la vue des étrangers, et lorsque ceux-ci partent les mains vides, elle les reconduit avec une politesse affectée qui cache mal son soulagement (1). »

L'instinct de propriété personnelle jouait, il est vrai, dans le cas que je viens de rapporter, un rôle au moins aussi grand que la jalousie pour la propriété d'une personne aimée. Une simple association d'images habitue l'enfant à étendre sa personnalité, et comme sa prise de possession idéale, sur tout ce qui l'entoure, lui et les siens. S'il est jaloux des objets leur appartenant, c'est assurément en ami plus ou moins intéressé, et, pour ainsi dire, en copropriétaire.

La mère de Charles, âgé de trois ans, m'avait confié un instant son enfant au retour de la promenade, pendant qu'elle montait avec mes sœurs pour faire sa toilette de dîner. Elle me recommanda de ne le laisser toucher à rien. Les plats contenant le menu du dîner étaient devant le feu, couverts d'assiettes. Je pris une chaise, et m'assis devant le foyer : mon neveu vint s'asseoir sur mes genoux, d'un air très grave, et regardant, tantôt les plats, tantôt mes yeux, avec un petit air inquisiteur. Il me parla du potage au vermicelle, du poisson, du rôti, de la crème. Après un silence de deux ou trois minutes, pensant qu'il s'ennuyait, et pour piquer sa curiosité, j'eus l'idée de découvrir le poisson ; je me penchai, et j'étendis la main du côté du feu. Tout à coup, comme si une mouche l'avait piqué, mon neveu descendit de mes genoux, me regarda d'un air irrité, et me dit : « Ne touche pas à cela : c'est pour le dîner. » Il ne manqua pas ensuite de dire que j'avais voulu manger le poisson. Bien certainement, c'était l'instinct de

---

(1) *L'éducat. progr.*, liv. III, chap. I.

l'intérêt personnel qui lui avait inspiré cette énergique défense de la propriété commune. Dans tous les cas, cette sorte de jalousie, soit personnelle, soit familiale, est un senti- ment de bon aloi, et qu'on doit être heureux de constater chez un enfant de cet âge.

Avec un enfant né jaloux, l'éducation n'aura jamais trop de précautions à prendre, trop de moyens à essayer. Quand il aura quelque irrésistible envie, quelque jalousie violente, on pourra, dès l'âge de six ou sept ans, s'adresser à sa nais- sante raison. On le prendra à part, on lui parlera avec tendresse, on l'engagera à ouvrir son cœur; on lui rendra confiance pour confiance. On lui dira de songer qu'on n'a pas les moyens de lui procurer ce qu'il désire, qu'il en sera vite las; s'il a été jaloux de quelque enfant de la famille, on pourra lui faire remarquer combien la jalousie est un vilain défaut, car elle l'a presque porté à haïr son frère et sa sœur, qu'il aime tant. S'il a menti par jalousie, on lui fait voir que le dommage causé à un autre est bien supérieur au plaisir qu'il a cru se procurer à lui-même.

Comme la jalousie est un sentiment composé, un mélange d'amour et de haine, la lutte entre ces deux états opposés de l'esprit produit une sorte de neutralisation des émotions, avec des moments d'incertitude et de répit qui permettent à la réflexion et à la raison de s'introduire dans la place.

Chez l'enfant de sept ou huit ans, une plaisanterie de bon aloi, un regard ironique viennent souvent à bout d'un accès de jalousie. Il s'aperçoit vite qu'il a eu tort de se prendre au sérieux, puisqu'il paraît ridicule, et il se calme de lui-même sans rien dire. Qu'on me permette de rappeler un exemple de ce fait, que j'ai cité ailleurs. Deux fillettes de cinq à six ans sont venues déjeuner chez leur grand'mère. On a donné à l'aînée un verre rose, un bleu à la cadette. Le bleu est un peu plus grand ; l'aînée l'aurait préféré. Elle veut le prendre à sa sœur, qui le saisit des deux mains, et résiste. On donne tort à l'aînée ; elle se lève furieuse, et dit : « Je vais chez nous, papa arrangera l'affaire. » On rit de la voir si drôlement en colère. Alors, comme elle est bonne enfant, sa colère passa presque aussitôt. Mais, honteuse de se voir apaisée, et d'avoir même souri après sa défaite, elle ajouta : « Je voudrais m'en aller, et je voudrais rester : je ne sais pas ce que je veux. » Elle se rassit et resta (1).

(1) V. *L'enfant de trois à sept ans,* p. 292.

CHAPITRE V

La curiosité.

La curiosité tendance plutôt sensuelle qu'intellectuelle au début. — N'excitons pas trop la curiosité ; satisfaisons-la, si nous l'avons ex-citée. — Plus tard, enseignons à voir sans toucher. — Employer quelquefois avec prudence la méthode des dérivatifs. — Favoriser sans excès la curiosité comme mobile poussant à l'instruction, à l'affection et à l'action. — Sage emploi de la méthode Frœbel. — L'enfant se nourrit aisément de futilités et de niaiseries : ne pas l'y encourager. — Comment il faut répondre aux questions des en-fants. — Il y a des questions délicates pour lesquelles il faut avoir des réponses toutes prêtes. — Questions de mauvais aloi.

La curiosité est une tendance intellectuelle, tout égoïste et sensuelle au début, mais instinctivement et graduelle-ment relevée par une sorte de désintéressement scientifique. La curiosité de l'enfant, a dit Fénelon, est un penchant de la nature qui va comme au-devant de l'instruction. Disons plutôt au-devant du plaisir. A trois mois, il saisit et agite les objets à sa portée ; il en fait autant pour ses mains, pour ses pieds, pour les doigts des autres : il les étudie au point de vue du plaisir immédiat, il s'en étonne, il s'en amuse. Bientôt c'est une envie continuelle, mais très volage, des objets à portée de ses mains et de ses yeux. A l'âge d'un an, la sphère de son activité s'étant considérablement élargie, sa petite voix, cent fois dans une heure, exprime un désir ou pose une question. Et cela,

non pas tant par besoin de savoir ce que sont les choses, et
ce qu'elles deviennent, que par appétit de sensations fraîches
et nouvelles. Déjà, à cette époque, et pour longtemps, sa
tendance aux indiscrétions de toute sorte, par la parole ou
par les actes, est des plus accusées. Cette faim du savoir,
des renseignements à sensations, est une force intellectuelle
et affective, aussi dominante que l'appétit de nutrition, et
qui doit, comme ce dernier, être rigoureusement surveillée
et réglée. Nous ne l'envisagerons qu'au point de vue des
sentiments qui contribuent au bonheur et à la moralité.

La curiosité de l'enfant, qui a besoin de savoir et de
jouir, est si impérieuse, qu'on le verrait souvent triste ou
malade, si on croyait ne devoir la satisfaire qu'au profit de
son instruction. A l'époque où sa volonté, mal conditionnée
dans ses motifs, ne sait pas encore refouler ses désirs, c'est
à nous de ne pas trop en exciter chez lui. Un enfant de
cinq ou six mois aperçoit une boîte de compas dans les
mains de son frère : pourquoi l'attrister en la lui refusant ?
Il ne fallait pas l'ouvrir devant lui. Si vous la lui laissez un
instant, permettez qu'il essaie de la toucher, de la retour-
ner, et de la porter à la bouche, qu'il en admire la couleur,
le poli et le bruit : c'est tout ce que la curiosité, vite
satisfaite à cet âge, peut demander à un tel objet de sensations intéressantes. Mais ne l'ouvrez pas devant lui : ne la lui
abandonnez pas ouverte. Eloignez des yeux et des oreilles du
jeune enfant ce que vous ne pouvez lui confier sans inconvénient, ni lui refuser sans contrarier vivement ses désirs.

A une époque ultérieure, et même avant l'âge d'un an, la
nécessité s'impose de lui montrer plus d'objets, et d'en
accorder moins à ses désirs. Il doit apprendre à voir sans
toucher, à se passer de ce qu'on lui refuse. L'objet une fois
refusé, on peut l'écarter ostensiblement ou en éloigner

l'enfant, pour que ce dernier ne soit pas ressaisi par la
tentation. Il n'est pas bon dé lui refuser les objets par.
cela seul qu'ils lui font envie ; si sa curiosité est prudemment satisfaite à propos d'objets qu'il pourrait manier à
son dam, nos refus s'imposeront d'autres fois avec plus
d'autorité. Je voudrais autant de modération dans l'usage
qu'on lui laisse faire de ses jouets. On pourrait ne lui en
donner jamais plusieurs à la fois, un ou deux seulement,
les lui faire quelquefois obtenir au prix d'un effort d'attention. Pour qu'il les *étudie* et les *goûte* mieux, comp-
tons sur la curiosité excitée par le désir contrarié.

Lorsque l'enfant, déjà plus solide sur ses jambes et plus
adroit de ses mains, est le petit maître et le touche-à-tout
de la maison, sa curiosité n'a que trop rarement besoin
d'auxiliaires pour se satisfaire, et au prix de quelles maladresses, de quelles indiscrétions, et parfois de quelles
indélicatesses ! Ici l'autorité des éducateurs intervient pour
punir les fautes qu'il leur a été impossible de prévenir,
et qui doivent être imputées à désobéissance. Mais souvent
l'exemple, le caprice, quelque tentation irrésistible excitent dans l'enfant une curiosité mauvaise. C'est aux
parents à juger des cas où il convient de tourner la difficulté, en employant la méthode des dérivatifs. Ce procédé,
qui consiste à reporter l'attention d'un objet à un autre, est
des plus commodes et des plus utiles, pour peu qu'on y
mette de la mesure et de l'à-propos. Il est mille circonstances
dans la vie de l'enfant, où, soit pour son bien, soit pour
celui des autres, on peut le distraire d'une préoccupation,
d'un désir, d'un chagrin, et même d'une douleur qui
l'absorbaient.

·Exemple. Marie, âgée de deux ans et sept mois,
pleure, ce qui lui arrive souvent à la fin du souper. Elle est

d'ailleurs quelque peu indisposée, et son père, qui n'y
prend pas garde, crie assez fort, comme il en a la malheu-
reuse habitude. Or, Marie n'aime pas que son père la
regarde avec des yeux de colère. Encouragé par la mère,
j'improvise le récit d'une visite faite pendant la journée au
Jardin des Plantes. Ce nom de *Jardin des Plantes*, comme
celui de *Jardin d'acclimatation*, ou le nom de quelqu'un
des animaux qu'elle a vus dans ces lieux aimés, sont les
dérivatifs infaillibles de tous les chagrins de la petite fille.
Je me mets à parler des animaux connus, de l'hémione, de
l'hippopotame, du myopotame, et enfin du phascolome,
auquel Marie s'intéresse beaucoup depuis quelque temps.
En moins de trois minutes, les pleurs sont taris, essuyés,
et le sourire des yeux, le rire des lèvres, la gaîté folâtre
ont reparu. J'ajoute, au sujet du cher phascolome, quelques
détails pleins de nouveauté : des rats, en grand nombre,
des petits, des grands, de toute couleur, des noirs, des
gris, des roux, des pelés, venaient tranquillement prendre
des morceaux de pain et de choux dans l'écuelle de bois
où l'on sert son déjeuner au phascolome; et il les laissait
faire, tout occupé de manger sans voir, point jaloux, et
peut-être heureux d'entendre trottiner autour de lui ces
voleurs audacieux, qu'il considérait comme d'aimables visi-
teurs, lui qui reste seul dans son trou toute la journée !
Et une petite armée de moineaux descendaient aussi des
arbres voisins, en poussant des cris étourdissants, et
venaient dérober au placide animal des morceaux de pain
presque aussi gros qu'eux. C'était bien amusant à voir !
L'enfant était toute à mon récit, et le père aussi, qui ne
faisait plus de grands yeux, parce qu'on ne faisait plus
attention à lui ; on profita de cette heureuse quiétude, voisine d'un sommeil enchanteur, pour emporter Marie dans

son lit. Pendant que sa mère la couchait, nous entendions, de la chambre voisine, se succéder des questions et des observations dans le genre de celles-ci : « Il paraît que les rats·viennent manger la soupe à le phascolome, n'est-ce pas maman, dis ? Et le phascolome n'est pas méchant ; le phascolome ne se fâche pas ; il ne les mord pas. Nous irons voir bientôt le phascolome, maman, n'est-ce pas, dis, maman ? » Marie ne tarda pas à s'endormir, rêvant sans doute avec bonheur de son phascolome, quand elle eut cessé d'en parler.

La curiosité est un mobile puissant pour mener à l'instruction, et non moins puissant pour mener à l'affection, et par conséquent à l'action. Il est toujours permis de la diriger vers des applications qui joignent à l'avantage d'être inoffensives celui de satisfaire le besoin d'agir, si puissant chez l'enfant, et même d'agir conformément à ses tendances utilitaires ou esthétiques. La méthode Frœbel, dans la pratique, incline trop souvent à enrégimenter, plutôt qu'à harmoniser les facultés de l'enfant. Elle abuse peut-être du procédé interrogatif, et, en tout cas, n'est acceptable que dans son principe, et doit se diversifier à l'infini pour répondre aux nécessités de l'éducation individuelle. Mais cette méthode, qui est si fortement imprégnée du naturalisme de Rousseau, exerce tout à la fois les sens et l'imagination de l'enfant, d'abord dans son berceau même, à l'aide de la balle suspendue que sa mère lui fait suivre des yeux et poursuivre des mains, et bientôt à l'aide des cubes et des baguettes, plus tard aussi des pelles et du sabl», instruments et matériaux de combinaisons charmantes et admirablement variées. C'est là un excellent emploi de la curiosité enfantine, et il peut trouver assurément sa place dans une première éducation, pourvu que

tout y paraisse subordonné à la fantaisie et à la libre initiative de l'enfant.

Cette ingénieuse méthode fournit les moyens de donner
une utile et morale satisfaction aux tendances anecdo-
tiques, si fortes chez les enfants, et aussi chez les
grandes personnes. Elle présente, en images qu'un enfant
de trois ans peut comprendre, avec des commentaires que
le tact de l'inspiration maternelle peut approprier même à
un âge un peu plus tendre, la propre histoire de l'enfant,
dans ce qu'elle a de plus général, mais aussi de plus sail-
lant : « ses premières relations avec sa mère, les soins
qu'elle leur prodigue, les premiers jeux qu'elle lui enseigne ;
puis, ses relations avec les autres membres de la famille ;
quelques scènes de la vie des animaux, de jardinage,
d'agriculture ; les scènes ordinaires de la vie morale de
l'enfant, ses relations les plus connues avec l'ensemble des
êtres et des choses qui l'entourent. » L'enfant, même âgé
de deux ans, peut ainsi quelquefois sortir du concret, selon
la faible mesure de son expérience, et étendre, grâce à son
imagination, le cercle de sa curiosité sympathique. Mais
plus souvent encore, à mon avis, devra-t-on le laisser
confiné dans les étroites limites de son expérience quoti-
dienne, et le charmer, l'intéresser, l'attendrir, le moraliser,
avec le récit fait par lui ou devant lui de ses propres actions
et de ses propres aventures.

Il y a cependant un double écueil à éviter dans la pratique ici recommandée : c'est de paraître accorder trop
d'importance à tout ce que l'enfant aura fait ou dit (mieux
vaut en prêter à ce qu'il aura vu ou entendu) ; c'est aussi
de l'habituer à porter son attention sur des petites choses
qui ne valent pas la peine qu'on s'y arrête. Trop facilement l'enfant se repaît de futilités et de niaiseries, et trop

souvent il porte dans l'âge mûr le poids de cette habitude contractée dès le commencement de la vie. Combien de personnes de tout âge et de toute condition ont pour aliment et pour récréation habituels de l'esprit les petits faits, les petits événements, les anecdotes banales, les commérages, les fables, les romans insipides, les bavardages de table, les propos de coulisse, les reportages de gazette ! Leur frivolité n'est pas toujours uniquement le fait d'une infériorité intellectuelle qui les rend incapables de choisir les faits importants et de les assimiler sous forme de matériaux généralisés ; ou du moins cette infériorité, qui se trouve aussi chez les sauvages, ne me paraît pas seulement le fait de la complexion native ; elle me paraît plus spécialement le résultat d'une éducation viciée dès le principe. Les récits généraux et les récits personnels, dont j'ai parlé plus haut, judicieusement conduits, écarteront ce danger.

Un bien embarrassant problème pour un éducateur est le suivant : comment faut-il répondre aux questions des enfants en général, et des petits enfants surtout ? Certains sont d'avis qu'on ne doit pas trop s'en tourmenter, n'avoir pas à cet égard de système tout fait, compter sur les ins pirations du bon sens pour répondre ou ne répondre pas, suivant les temps, les circonstances et les caractères. Il est cependant possible, et, par conséquent, utile de fixer certains principes généraux, qui facilitent l'œuvre du bon sens, et qui, vous conduisant jusqu'à un certain point de la route, vous indiquent en bien des rencontres la direction à suivre, quand vous êtes abandonnés à votre sagacité et à votre bon vouloir tous seuls. Aussi, depuis Rousseau, le nombre est grand des écrivains d'éducation qui ont donné d'excellents avis sur cette matière ; on citerait particulièrement vingt femmes pour une qui se sont à bon droit préoccupées de chercher des règles pour diriger la curiosité des jeunes filles, dont la futilité est le principal aliment, et qui se traduit souvent par des questions indiscrètes ou scabreuses. De ce riche recueil de conseils et de préceptes, la pédagogie première peut s'en approprier une petite part.

Je commence par dire qu'on pose trop de questions aux enfants, et qu'on répond trop à toutes celles qu'ils posent eux-mêmes. Il vaudrait mieux qu'ils interrogeassent moins et observassent davantage. Il est des choses qu'il faut les amener à apercevoir d'eux-mêmes, tels que les phénomènes apparents des trois règnes, les faits les plus saillants de la vie humaine, les conséquences les plus immédiates des actes communs : les intéresser au connu, en en parlant avec eux, c'est un grand point pour les exciter à chercher d'eux-mêmes l'inconnu prochain. Mais il ne faut pas attacher toujours une extrême importance aux questions qu'ils font sur la raison des choses. Comme l'a dit Mme de Miremont à propos des questions où la décence peut se trouver compromise, « la question d'un enfant ne renferme pas toujours tout le sens qu'elle présente; ne vous pressez pas d'étendre ses idées ». Un enfant de trois ans n'est pas en état de comprendre, ni de désirer connaître le pourquoi d'un fait important : ce qui excite sa curiosité, ce sont les conditions tout extérieures des changements qu'il voit se produire, celles qu'ils peut saisir par ses sens, celles qui se rapportent à sa personne, à ses émotions, à ses besoins, à ses affections, à ceux qu'il aime, à ce qu'il connaît bien.

Il y a des questions embarrassantes, auxquelles on doit toujours être préparé. Ne pas y répondre, c'est exposer l'enfant à questionner d'autres personnes qui n'auront pas la même réserve que vous dans leurs rapports avec lui ; le tromper, c'est commettre un crime de lèse-innocence ; toujours répondre, c'est l'habituer à l'importunité. Faut-il donc, quand on se voit obligé de refuser des explications qu'il ne saurait concevoir, se retrancher derrière son ignorance ou la vôtre, et lui dire : « Tu ne peux pas comprendre cela pour le moment », ou bien : « Je ne sais pas ? » Mme Campan recommande l'un de ces moyens, et l'autre est conseillé par Mlle Sauveau. Je crois, en effet, qu'un enfant est si bien convaincu de son infériorité vis-à-vis de ses parents, qu'il pourra s'entendre faire quelquefois la première de ces réponses, sans que sa curiosité légitime perde ses droits, et sans que son amour-propre en soit blessé. Il est, d'autre part, si confiant dans la supériorité intellectuelle de ses éducateurs, qu'il ne doutera pas qu'ils ne soient sincères en avouant leur impuissance à comprendre certaines choses ; et il est bon qu'il sache de bonne heure qu'il y a des mystères dans la nature, et qu'il n'y a pas de réponses à toute question.

Il y a deux sortes de curiosité qu'il faut éviter de nourrir chez les enfants de tout âge, et qui d'ailleurs ne se développent jamais que par notre faute chez les petits enfants : la première, c'est le mystère de la naissance, et la seconde, c'est la croyance au merveilleux, qui en fait l'objet. Et d'abord, je déclare que ce qui occupe le moins un enfant de deux, de trois et même de quatre ans, c'est de savoir comment il est venu au monde. On sait comment Rousseau veut qu'on réponde à cette embarrassante question. Mme Campan a imaginé une réponse analogue. « On ne peut pas, dit-elle, satisfaire longtemps leur curiosité en leur disant qu'on trouve les garçons sous un chou du potager, et les filles sous un rosier. A six ans une petite

fille très spirituelle répondit à sa mère : Mon *Ave Maria*
m'a appris où sont placés les enfants avant de naître. (Personne ne lui avait-il fait un commentaire officieux de cette
oraison?) J'ai toujours répondu avec succès à cette question, en disant que l'accouchement était une opération chirurgicale très douloureuse, et que presque toutes les mères
risquent de perdre la vie en la donnant à leurs enfants :
ce mot « chirurgicale » les effraie et calme leur imagination. Ils savent très bien qu'on ne leur explique pas la
manière dont on coupe un bras ou une jambe, chose dont ils
entendent souvent parler; ils n'en demandent pas davantage,
et l'idée que leur naissance a mis les jours de leur mère
en danger les attendrit et la leur rend encore plus chère. »

Ces genres de questions ne sont pas à redouter, je le
répète, de la part des petits enfants. Si d'ailleurs elles se
reproduisaient souvent, ou tournaient à l'indiscrétion la
plus sérieuse, comme celle-ci : « Pourquoi les mères ont-
elles leurs enfants dans le ventre? Pourquoi papa n'y en
a-t-il jamais? » etc., etc., il est bon de faire entendre à
l'enfant qu'il en sait assez là-dessus, et qu'on ne veut pas
qu'il demande toujours cela. On peut même imiter la
réponse d'une mère à son enfant : « Mais, tais-toi donc,
tu me demandes toujours de vilaines choses. » Ce mot de
vilain fait réfléchir l'enfant, et cela suffit pour le moment.

Des curiosités malsaines, les plus dangereuses sont celles
qui proviennent d'actes dont les enfants sont les témoins ou
les victimes. Rien de plus alarmant pour une mère que la
lecture d'un récit fait par Mme Roland, avec une plume assez
légère, mais d'un cœur très pur. Elle repoussa d'abord
par ses cris et sa terreur la tentative lubrique d'un jeune
ouvrier de son père; mais le misérable, usant d'adresse et
d'hypocrisie, et s'adressant tour à tour à la pitié et à la

curiosité de l'enfant, sut y intéresser son imagination
naïve.

« J'eus beaucoup de peine à débarbouiller dans ma tête
ce que cette scène y avait laissé ; chaque fois que je voulais
y songer, je ne sais quel trouble importun me rendait la
méditation fatigante. Au bout du compte, quel mal
m'avait-il fait ? Aucun. Irais-je parler de cela ? Le seul
embarras de savoir comment m'y prendre m'en aurait gardée. Devais-je lui en vouloir ? Cela paraissait douteux. La
curiosité venait s'en mêler, et ses petites inquiétudes dis-
sipaient ma mauvaise humeur... Il parlait de m'instruire,
j'aurais désiré de l'entendre sans que ce fût à moi qu'il
le dît, et le monde commençait à me paraître bien étrange...
Insensiblement ma peur se dissipa tout à fait ; le jeune
homme ne manquait pas de saisir l'occasion de m'en dire
quelques mots comme d'un enfantillage risible, dont il
parvint à me faire rire moi-même, et il n'en résulta qu'un
peu de familiarité, comme celle qui s'établit toujours entre
deux personnes qui se sont dit, de quelque manière que
ce soit, ce dont ils n'ont parlé à nulle autre (1). » Une dernière tentative échoua par sa brutalité même, et l'enfant,
profondément affectée, en fit heureusement le récit à sa
mère. A la ville ou à la campagne, parents, méfiez-vous, et
faite bonne garde autour de vos enfants.

Enfin, comme Bain l'a fort bien observé, « très souvent
la curiosité des enfants, ainsi que celle de bien d'autres
personnes encore, est de mauvais aloi. Ce peut être simplement un mouvement d'égoïsme, un désir de déranger, de
se faire écouter et servir. On fait des questions, non pour
s'instruire, mais pour se donner une émotion (2). » Les

_____

(1) *Mémoires (particuliers)* de Mᵐᵉ Rolland, partie I.
(2) *La Science de l'éducation*, p. 67.

petits enfants auxquels on tolère cette ridicule et gênante habitude deviennent de vraies serinettes à questions : ils interrogent sans trêve ni raison, sur les choses les plus futiles, sur les choses les plus connues! Un avertissement sévère doit réprimer en eux cette tendance. « Pourquoi me demandes-tu ce que tu sais être des sottises? » — Pourquoi me demandes-tu ce que tu sais aussi bien que moi? » Il est vrai que la formation des bonnes habitudes chez l'enfant ne s'obtient pas sans beaucoup de temps ni d'efforts soutenus. Que de fois, quand vous l'avez pris par le bras, il se dégage avec l'autre ! Une grand'mère répétait, à dix minutes d'intervalle, une question faite à un enfant de trois ans et demi : celui-ci, occupé au fond du jardin avec des matériaux de construction, se redresse, et réplique : « Pourquoi me demandes-tu encore cela? Tu sais bien que je te l'ai déjà dit, près de la fontaine? » Ce manque d'égards envers sa grand'mère indiquait sans doute qu'il se souvenait de la leçon faite à lui-même, mais indiquait aussi qu'il avait besoin qu'on la lui fît encore.

QUATRIÈME PARTIE

CULTURE DES SENTIMENTS ALTRUISTES OU SOCIAUX

CHAPITRE PREMIER

La sympathie humaine.

L'affection, l'amitié, choses tout égoïstes chez le jeune enfant. — Certains enfants sont portés à des affections exclusives. — Il faut se comporter avec l'enfant comme si son affection était désintéressée, car il a besoin d'aimer et d'être aimé. — Ne pas violenter les antipathies de l'enfant, mais les atténuer insensiblement dans certains cas ; surveiller ses sympathies irréfléchies. — Ne pas oublier que l'affection vit non seulement de caresses, mais de témoignages matériels.—Ne pas lui demander la sympathie et la pitié morale dont l'enfant possède pourtant le germe, à cultiver de bonne heure. — Le rôle prépondérant, mais pas exclusif, appartient à la mère, dans l'éducation du petit enfant. — La mère doit réprimer l'excès et prévenir les écarts de la tendresse. — L'entourage de l'enfant est à trier sur le volet. — Du choix d'une bonne d'enfant. — Par l'affection, on peut tout sur l'enfant, en bien comme en mal.

L'affection filiale, l'amitié, l'amour même, sont trois grandes manifestations de la sympathie sociale, qu'on découvre et qu'on doit s'efforcer de régler dans le petit enfant.

L'affection que le nourrisson témoigne à sa mère ou à sa nourrice paraît, au début, comme l'amour maternel, l'effet d'une simple impulsion organique. C'est un développement plus ou moins conscient de l'égoïsme instinctif. Elle est, chez lui, une application particulière de cette tendance qui le porte à aimer, à vouloir, à chercher près de lui la cause d'un plaisir quelconque; ainsi, à deux mois, on peut constater chez lui une certaine habitude affective du biberon. Ce petit grondement joyeux qu'il fait entendre, vers six semaines environ, quand il vient de se gorger de lait, ou qu'on lui prodigue des marques d'affection, exprime l'attachement très vif que le jeune muet éprouvait depuis longtemps pour la mamelle et pour les caresses de sa nourrice plutôt que pour sa personne elle-même. Bientôt, entre deux ou trois mois, son gazouillement plus prononcé et les mouvements de ses petits bras sembleront indiquer un commencement d'affection pour la personne.

Mais il ne faut pas s'y tromper : même à dix mois, même à quinze mois, cette affection, si impérieuse qu'elle soit, est de l'égoïsme avant tout. Il s'attache moins à la nourrice qu'à la personne humaine. L'enfant, comme le jeune animal, a besoin qu'on s'occupe de lui, qu'on lui fasse plaisir, et il sourit à qui le traite avec bonté. Les mères intelligentes ne le savent que trop : j'en ai vu qui pleuraient de jalousie en voyant leurs enfants prodiguer leurs caresses, et quelquefois de prime abord, à des étrangers sympathiques. J'ai entendu même un père, devant lequel on parlait d'un enfant volé, dire à propos de son fils âgé de deux ans : « Il m'est bien dur de penser que notre enfant, qui nous aime tant, si par malheur on nous le ravissait, ne se désolerait que pendant quelques jours à peine, et que, sous l'influence d'habitudes nouvelles, il· nous aurait bientôt oubliés, et commencerait même à

aimer ses ravisseurs autant qu'il nous aime ! » C'est que,
dans tout égoïsme d'affection, l'instinct est social plutôt que
familial.

Certains enfants montrent une sorte d'affection exclusive,
qui paraît se concentrer dans une seule personne par préférence motivée, et comme avec une nuance de désintéressement. On sait combien il est souvent pénible à un enfant,
surtout quand son état maladif le dispose à une sensibilité
excessive, de s'accoutumer à une nouvelle nourrice. J'en
ai vu un, âgé de neuf mois, que l'on fut obligé de soumettre
à cette épreuve, parce que le lait de sa mère, atteinte d'anémie, lui était contraire. Il commença par repousser la
nourrice, et se détourner du sein qu'elle lui offrait. On dut
le prendre par la ruse, lui donner le sein dans une demi-
obscurité, quand il allait s'endormir, et encore l'expédient
ne réussissait-il qu'un moment. S'il devinait la présence de
sa mère, il se mettait alors à hurler, frappant de ses poings
crispés le sein de la nourrice, et cherchant à se rejeter
loin d'elle. Cependant cinq ou six jours suffirent pour l'habituer à sa nouvelle nourrice; il se décida à lui sourire, à
ronronner à ses chansons et à savourer en connaisseur son
précieux breuvage. Mais encore à ce moment, il ne fallait
pas qu'il vît sa mère, pour rester calme et heureux, ou
bien c'étaient des cris et des trépignements, des bras ten-
dus, des appels si malheureux, que la mère était obligée de
le bercer et de l'endormir sur son sein.

Cet égoïsme sympathique a tant de charme qu'il faut
s'efforcer, dans l'intérêt même de l'enfant, de le croire
plus pur qu'il n'est : il a besoin d'aimer et d'être aimé. Son
père étant parti en voyage, Fernand, alors âgé de onze
mois, s'était difficilement habitué à ne pas le voir. Quand
on passait, l'enfant sur les bras, devant la chambre du

père, il disait d'un air triste : « Papa ! Papa ! » Il ressentit encore l'absence de son frère aîné. Il le cherchait partout, même sous le lit. Quand son père fut de retour, il ne voulait pas le quitter, il voulait toujours être avec lui ou le suivre.

Les caresses enfantines sont si naïves et si franches ! Par une grande pluie d'orage, une jeune femme traverse à grands pas une rue encombrée de voitures et de passants, abritant de son mieux avec le pan relevé de sa robe une petite fille de six à sept mois. Celle-ci n'entend, ne voit rien de tout ce qui l'entoure, et de ce qui préoccupe tant les autres : son attention est concentrée dans une occupation charmante, dont elle rit et gazouille tout à la fois, c'est de promener ses menotes sur le visage de sa mère qui la porte renversée sur l'un de ses bras.

Y a-t-il lieu de régler cette tendance de l'enfant à aimer ses parents et ceux qui l'entourent ? Assurément, puisque toute tendance bien dirigée dès le début produit des effets plus utiles, soit au bonheur de l'enfant, soit à l'équilibre de ses facultés, soit au développement de sa moralité.

Un enfant de sept ou huit mois montre souvent aussi, à l'égard des personnes, de ces attachements et de ces répulsions à première vue, qui paraissent avoir une origine instinctive. Mais cet instinct, comme tous les autres, est sujet à se tromper : si l'enfant comprend, d'après leur physionomie, leurs gestes, leurs voix, l'affection des personnes qui le soignent, il se méprend sur le caractère et les intentions des personnes qui viennent à le choyer par hasard, et qui peuvent très bien ne point l'aimer et ne lui vouloir point de bien. De même la mauvaise impression du visage, du son de voix, des manières d'une personne qu'il voit pour la première fois, peut l'abuser étrangement, car les meilleurs amis, et les plus utiles, ne sont pas toujours ceux qui payent le plus de mine.

Il ne serait donc pas sage de prendre parti pour ces préjugés affectifs de l'enfant, de l'abandonner sans réserve à son aveugle confiance, ou de l'écarter, comme Lavater conseille aux grandes personnes de le faire elles-mêmes, des gens contre lesquels il éprouve une certaine répulsion.

« Après tout, dit Fénelon, il ne faut pas s'opiniâtrer à faire goûter aux enfants certaines personnes pieuses, dont l'extérieur est dégoûtant. » Sans doute, mais il s'agit simplement de personnes honnêtes, il est bon de les faire aimer, en dépit de leur extérieur, surtout si elles sont bonnes et affectueuses. Ici, l'œuvre sera des plus faciles, car l'enfant s'attache aussi vite à la bonté qu'à l'amabilité. Le plus difficile est de lui faire aimer des vertus maussades, qui seraient bien plus parfaites, si elles prenaient sur elles de se rendre plus aimables ; il est tout au moins possible d'en épargner la vue au petit enfant.

La sympathie de plaisir se développe, comme tous les autres sentiments, par l'exercice. Il y aura plus à faire à l'égard de certains caractères indolents ou peu ouverts qu'à l'égard de natures plus vives et plus tendres : dans celles-ci, l'organisation fait tout comme d'elle-même ; il suffit de trier les sympathies de l'enfant, d'en modérer les transports violents, ou d'en maintenir l'expression en deçà d'une fade sentimentalité. Les enfants moins bien doués réclament des soins plus sérieux : on doit les habituer à se plaire avec les personnes qui leur ont déplu, soit dès l'abord, soit après des relations réitérées ; il ne faut, il est vrai, ni beaucoup de temps, ni beaucoup d'efforts pour atteindre le but : tout ce qui est habituel finit par plaire. Ne voit-on pas tous les jours l'attachement le plus solide succéder, chez l'adulte, à la haine la plus vive? Il est, d'ailleurs, un moyen sûr de s'attirer l'affection, soit des animaux, soit de l'enfant, soit même des grandes personnes : c'est d'exprimer ses propres sentiments, non seulement par des caresses, mais pas des attentions plus matérielles. A tout âge, qui ne le sait? les petits cadeaux entretiennent l'amitié, et malheur à l'affection qui ne se traduit pas par des bienfaits !

L'enfant ne vend pas son affection, mais il l'échange contre des procédés flatteurs pour ses sens, son biberon donné, un bonbon accordé, un oiseau montré, un chiffon ou une image, une chansonnette, une drôlerie gaie, une cavalcade sur le genou, enfin toute manière de mêler l'agréable à l'utile. N'oublions jamais que la sympathie n'est que de l'égoïsme en dehors.

Il importe aussi de ne demander à l'enfant que le genre de sympathie qu'il peut accorder : celle de cet être superficiel ne va pas fort loin, elle ne va guère que jusqu'à la sympathie morale. Le plaisir ou la peine que les personnes ou les animaux éprouvent doit s'exprimer d'une manière très visible, très familière à l'enfant, pour qu'il en soit affecté. Il n'est pas bon qu'on cherche à lui faire comprendre et partager des émotions qui ne sont pas de son âge, par exemple, la joie d'une bonne nouvelle ou d'un succès en affaires, le chagrin d'un insuccès, la crainte de perdre ou la douleur d'avoir perdu un être cher.

La sympathie de peine, la compassion ou pitié, va-t-elle de bonne heure, comme Darwin paraît le croire, jusqu'à la pitié morale? Je ne le crois pas. Lorsque son fils Doddy pleure de le voir pleurer par feinte, se montre si affecté de le voir triste ou de se voir refuser par lui un baiser, l'enfant, à mon avis, n'est surtout frappé que de l'appareil de la souffrance. La vraie pitié n'en est pas moins là en germe ; la répétition d'actes pareils, mais plutôt sincères que simulés, ne manquera pas de développer dans une certaine mesure la sympathie morale. C'est dire qu'il faut encore ici éviter l'excès, ménager la sensibilité de l'enfant, et se conformer exactement à cette maxime pédagogique : exciter les facultés faibles, ménager les autres.

Quoi qu'on fasse, la sympathie est toujours bien faible chez l'enfant, et cela pour plusieurs raisons. D'abord sa vie toute en dehors, son besoin d'émotions fraîches, variées, excitantes, ne lui permettent guère de retenir son attention sur les autres. Son égoïsme inconscient et intense le ravit promptement aux émotions les ayant exclusivement pour objet. En outre, le peu d'expériences que sa mémoire a enregistrées de plaisirs et de peines analogues à ceux qu'éprouvent les adultes, le rend incapable de comprendre autre chose de nos émotions que leurs signes simples et tout extérieurs. Ainsi, un enfant à qui l'on demandait : « Qu'est-ce que cela veut dire être de bonne humeur ? » répondit : « Cela veut dire qu'on rit, qu'on parle, qu'on embrasse (1). »

Dans l'éducation de la première enfance, le rôle prépondérant appartient à la femme. Mais le rôle du père, même à côté du berceau, ne doit pas être un rôle d'effacement. La paternité et la maternité développent dans chacun des parents des qualités supérieures, qui se doivent mutuellement aider et contrôler. La raison ferme et modératrice de l'un est aussi nécessaire que la tendresse patiente et inspi-

(1) Cité par Bain, d'après Darwin, dans *les Émotions et la volonté*, p. 124.

ratrice de l'autre. Peu de mères, osons le dire, sauraient accomplir leur mission toutes seules. Admirables pour deviner les plus obscures impulsions du jeune être, et lui parler le langage qu'il aime, elles n'ont pas toujours la force de limiter, ni chez elles ni chez lui, la sphère propre du sentiment. Elles ne savent pas tempérer leurs caresses et leurs manifestations émotionnelles, ni les distribuer toujours à propos. Elles sont plus portées à amuser et à consoler l'enfant qu'à lui apprendre la patience et le courage. Elles ne songent qu'à la tranquillité du présent, et ne se préoccupent pas assez d'assurer celle de l'avenir, qui est toute dans la docilité actuelle et la moralité relative de l'enfant. C'est moins l'excès de familiarité qu'il faut craindre, surtout dans le premier âge, que la faiblesse et les inconséquences de la tendresse. L'enfant doit sentir auprès de lui une force qui le domine, et en même temps une douceur qui le protège: il doit être enveloppé, mais pas accablé de tendresse.

Tout en sauvegardant les droits de la famille et des amis, le père et la mère devraient, en bons égoïstes, se faire la plus large part dans l'amitié de leurs enfants. On a dit que l'éducation morale vient de la mère et l'éducation intellectuelle du père : c'est tout l'entourage de l'enfant qui collabore à ces deux éducations. Il doit être lui-même soigneusement trié et surveillé. Que le père et la mère sachent garder pour eux leur enfant, et ne le livrent à la société que bien armé contre ses violences ou ses pièges. Cette faible et impressionnable personne ne doit pas être chose banale, sacrifiée à l'imprudence ou aux suggestions du premier venu.

Locke a dit sur ce point délicat presque tout l'essentiel. Mais il y a encore des choses utiles à dire. Parlons seulement du choix toujours si difficile d'une bonne d'enfants. Il

la faudrait d'abord aussi attachée que vous-même à la
santé, au bien-être et à la moralité de son pupille. Il la faudrait jeune, car la jeunesse attire et retient la jeunesse.
Il la faudrait gaie ; un enjouement doux, mais facile, un
rire franc plutôt qu'emporté, une physionomie ouverte plutôt qu'un beau visage, sont les qualités premières du
métier. Il la faudrait d'une patience et d'une douceur,
j'allais dire d'une résignation maternelle, d'une sollicitude
infatigable, pouvant comprendre le cri de tous les besoins
et de toutes les souffrances, et deviner même les plus faibles
nuances d'un désir. A ces qualités souveraines, gaité, douceur, intuition, ajoutons deux vertus encore plus rares :
la propreté, qui est la moitié de l'existence d'un enfant, et
l'ordre, qui rend la tâche infiniment plus aisée, partant plus
agréable, et qui habitue l'enfant à voir tout avec intérêt.
Que de grâces d'état, rarement réunies en une auxiliaire
qui ne fait pas partie de la famille, et dont le zèle n'est pas
même toujours proportionné au salaire ! Le cher trésor
que l'on ne donnerait pas pour tout au monde, bien souvent on l'abandonne à qui l'on n'ose pas confier les clefs de
son armoire !

L'affection produit chez l'enfant, porté à tout imiter, au
point de vue des habitudes morales, des effets heureux ou
funestes, dont la portée est incalculable. Fénelon l'a si
excellemment dit qu'on ne doit pas essayer de le redire après
lui. « L'amitié le mènera presque à toutes les choses qu'on
voudra de lui : on a un lien assuré pour l'attirer au bien,
pourvu qu'on s'en sache servir : il ne reste plus à craindre
que l'excès ou le mauvais choix dans ses affections. » En
effet, l'obéissance et l'imitation tiennent moins à la faiblesse
qu'à la sociabilité de l'enfant : il imite, il obéit, par persuasion, plus facilement et plus parfaitement que par crainte.

Un enfant de deux ans et demi a toujours été mis au lit par sa mère, qui ne lui a refusé son baiser que dans des occasions graves. Souvent, quand il est couché, et que sa mère cherche quelque objet dans la chambre avant de s'en aller, il craint que sa mère n'oublie de l'embrasser. « Maman, lui dit-il, je t'en prie, je ne t'ai pas fait le baiser du soir ; je ne peux pas m'endormir. »

Rousseau a dit, avec un peu d'exagération dans la forme d'une pensée vraie, que la seule habitude qu'il fallût faire prendre aux enfants, c'est de n'avoir pas d'habitudes. L'habitude dont je parle est-elle de celles qu'aurait blâmées l'auteur d'*Emile*? Les faits lui donneraient aussi souvent tort que raison. Un enfant de trois ans s'étant endormi sur les genoux de sa tante, sa mère en profita pour aller dans une chambre voisine. L'enfant s'éveille, s'étonne de ne pas voir là sa mère, et, apprenant qu'elle se trouve dans cette chambre, va la chercher en se lamentant de ce qu'elle l'a laissé seul. Ne pouvant ouvrir la porte, il y frappe à coups de pied ; et, comme la mère n'arrivait pas, il se fâche, pleure, hurle presque. Sa mère arrive enfin, et lui dit : « Eh bien, tu me commandes maintenant ? — Vilaine. — C'est à moi que tu dis cela ? — Oui, oui... — Eh bien, tu es un mauvais petit garçon, je ne veux plus t'aimer. — Alors je n'aimerai plus Charlot (son frère aîné, pour lequel il est plein d'affection). — Je ne te donnerai pas mon baiser ce soir. — Oh! si, j'aimerai toujours Charlot..... je ne le dirai plus, que je n'aimerai pas Charlot. — Et tu ne crieras pas, quand je m'absenterai un moment? — Je te le promets. — Viens, alors, m'embrasser. » Assurément, Rousseau n'aurait pas critiqué cette habitude-là.

CHAPITRE II

De la sympathie envers les animaux.

Il ne faut pas essayer de faire comprendre à l'enfant des souffrances qu'il n'est pas capable d'imaginer chez des êtres bien différents de lui. — Mais il convient d'éveiller et d'entretenir, par l'exemple et par des réflexions appropriées à son intelligence, la sympathie bienveillante envers les animaux. — On peut s'adresser à la raison d'un enfant de cinq ans pour l'intéresser aux plaisirs et aux souffrances des animaux. — La cruauté innée peut être combattue par les réprimandes et au besoin par les punitions.

J'ai assisté, il y a quelques années, à un drame affreux, qui se passait dans un des compartiments de l'aquarium de l'Exposition. Un crabe y faisait la chasse aux huîtres et aux moules : de ses pinces recourbées, il sondait l'intérieur des coquilles entr'ouvertes, essayait de vaincre leur résistance, piquait, enfonçait, secouait, faisait des pesées ; puis, les pinces maintenues près des bords, il mordait de toutes ses forces la suture des écailles, qui se desserraient à chaque coup de mandibules ; enfin ses pinces entraient librement dans le mollusque, et en retiraient par lambeaux la chair aussitôt dévorée. Je frémissais d'horreur devant ce duel inégal, qui fait du fort un assassin, dans la grande lutte pour l'existence. La sympathie active a elle-même tant d'affinités avec la combattivité, que j'étais obligé de me contenir pour ne pas témoigner hautement mon indignation à maint spectateur qui regardait la chose en riant et plai-

santant. Trois enfants tenus par leurs bonnes, l'un de dix
mois, les deux autres d'environ deux ans, semblaient
regarder dans le réservoir, mais ce qui se passait
entre le crabe et ses victimes échappait à leur intelligence :
ce n'était qu'une boule grise agitant de longues pattes.
L'huître et le crabe leur auraient été bien connus, qu'ils
n'auraient pas été capables d'imaginer dans ces écailles
convulsivement agitées des souffrances analogues à leurs
souffrances. En revanche, ils s'intéressèrent grandement
aux petits poulets et aux petits canards qui trottinaient et
piaillaient dans les couveuses voisines. L'un d'eux s'écria :
« Tiens, comme ils mangent ! Et ils courent toujours ! Ils
se donnent des coups de bec aussi, comme les poules de
ma tante à Melun ! »

Puisque la fibre sympathique est une fibre égoïste, il ne
faut pas essayer de faire comprendre à l'enfant tout jeune
des maux dont son imagination ne peut pas lui retracer les
équivalents subjectifs. Surtout il faut se garder avec le plus
grand soin de lui donner des impressions fausses sur les
animaux qu'il ne connaît pas, qui peuvent lui paraître
étranges ou le rebuter par leur laideur. Sur ce point, l'éducation des mères est en général aussi défectueuse que celle
des nourrices. Elles n'oublient pas de faire admirer à
l'enfant les animaux jolis, elles abondent en formules de pitié
pour ces gracieuses bêtes ; elles n'ont, au contraire, que
des mots de dégoût et des gestes effrayés, quand il s'agit
des araignées, des crapauds, des lézards gris, etc. Sans
doute, l'enfant n'est pas d'âge encore à savoir que les
araignées ne sont pas plus sales que les papillons, et
qu'elles ne sont à craindre que pour les mouches, et que
les crapauds, aussi inoffensifs que les belles rainettes vertes,
sont de précieux auxiliaires pour l'agriculture. On peut,

sans marquer ni dégoût ni frayeur, tuer les araignées dont les toiles incommodent; mais il faut respecter celles des jardins, et les faire même regarder à l'enfant, tissant leurs filets, s'y suspendant et y courant à plaisir. Quant au crapaud, on peut sourire en montrant à l'enfant ses poses bizarres, sa démarche gauche et lourde, et même ajouter que, s'il n'est pas beau, du moins il n'est pas méchant.

Il convient d'éveiller et d'entretenir, par notre exemple et par quelques petites réflexions de circonstance, appropriées à l'intelligence des jeunes enfants, la sympathie bienveillante qui se rapporte aux animaux. « Caresser sous leurs yeux un chien ou un chat, dit Mme Necker de Saussure, c'est développer cette sympathie que les plus jeunes enfants éprouvent si aisément pour les animaux (1). » Le tout est de procéder avec mesure et sincérité, en évitant l'exagération des manières et l'exaltation des sentiments. Il n'y a d'ailleurs aucunement à s'inquiéter de l'excès que l'enfant pourrait apporter dans ses relations de camaraderie avec un animal doux et bien élevé : l'exagération du sentiment est peu à craindre ici, la manière dont l'animal répond à cette familiarité la restreignant presque toujours dans de justes limites, et le progrès de la raison éliminant peu à peu ce qu'il y eut d'abord de naïveté et de bizarrerie.

S'agit-il d'un enfant de cinq ou six ans, il n'est pas impossible d'ouvrir sa raison par les voies vives de la sensibilité. Sans doute, la pitié de cet âge ne peut guère s'exercer que sur des animaux tout à fait familiers. Mais il a des « sensibilités » qui le rendent tout à fait capable de s'intéresser aux mœurs des animaux, à la couvée des oiseaux, même à la germination et à la floraison des plantes. On peut sans

(1) *L'éducation progressive*, t. I, livre II, p. 101.

trop de peine discréditer parmi les enfants le sot plaisir de détruire des nids, en les intéressant à la nichée, en leur apprenant à veiller au contraire à sa conservation, à éloigner d'elle les dangers qui la menacent (1) ».

On peut même, dans le premier âge, amener les enfants « à comprendre la nature et à l'aimer. Pour cela, l'éducateur dispose de bien des moyens : l'étude bien conduite de l'histoire naturelle ; la lecture de poésies heureusement choisies, des promenades dans la campagne, des récits habiles et intéressants seront pour lui autant d'occasions de faire comprendre et sentir à l'enfant que nous ne sommes pas isolés dans la nature, que des liens étroits nous unissent à tous les êtres, que des analogies profondes nous unissent à tout ce qui vit (2) ».

La cruauté, la sympathie, sont deux tendances héréditaires, également influencées par l'éducation. Locke exagérait la bienveillance innée, et attribuait à l'éducation seule « le vice que les enfants ont à la cruauté? » Mais il a très bien compris quelle peut être la force de l'éducation pour contrebalancer la cruauté, même chez les enfants les plus mal doués. « Je ne puis, dit-il, m'empêcher de louer ici la prudence et la douceur d'une femme de ma connaissance. Elle avait accoutumé de satisfaire toutes les petites envies de ses filles, et de leur donner des chiens, des écureuils, des oiseaux et autres petites bêtes qui servent d'amusement aux petites filles. Mais lorsqu'elles avaient ces animaux en leur puissance, elle les obligeait à les bien entretenir, et à prendre garde que rien ne leur manquât, ou qu'ils ne fussent point maltraités ; et si elles négligeaient d'en prendre soin, cela leur était compté pour une grosse

(1 et 2) H. Marion, *Leçons de morale*, p. 209.

faute. Bien souvent on leur ôtait ces petites bêtes, ou du moins on les censurait pour leur négligence. Par ce moyen, ces jeunes filles apprenaient de bonne heure à être bienfaisantes. Et pour moi, je crois qu'on devrait accoutumer les hommes à avoir, dès le berceau, de la tendresse pour toutes les créatures douées de sentiment, et à ne gâter ou détruire quoi que ce soit (1). »

Ces réflexions sont pleines de sens pratique, en ce qui concerne les enfants déjà grandelets; mais le procédé n'est guère applicable au tout jeune enfant.

Si on ne doit pas lui confier de petites bêtes à soigner, on peut du moins faire mieux que de le gronder pour leur avoir fait quelque mal, et surtout que de le tenir éloigné d'elles pour l'empêcher de leur en faire. Il est bon de lui fournir quelquefois l'occasion d'être réprimandé très sévèrement pour ce genre de méchanceté. Il est bon aussi de l'exposer avec prudence aux leçons très profitables qui lui donneront certains animaux capables de riposter, en retour des souffrances qu'il leur aura infligées. « Lorsque nous trouvons à qui parler, dit Bain à ce sujet, nous apprenons bien vite à réprimer notre penchant à la colère et à la méchanceté (2). »

Gardons-nous surtout de suggérer à l'enfant, qui est si riche d'imagination pour trouver des jeux, l'idée de jouer cruellement avec des jouets en forme d'animaux; ne lui fournissons pas nous-mêmes des instruments de torture, des fouets pour les frapper, des formules pour les invectiver, des exemples leur apprenant à les malmener. Surtout montrons devant l'enfant de la sympathie pour tous les êtres sensibles, caressons sous ses yeux les ani-

(1) A. Bain, *la Science de l'éducation*, p. 55.
(2) *Quelques pensées sur l'éducation*, édit. Compayré, p. 186.

maux de la maison; caressons-le lui-même pour le bien
qu'il aura essayé de leur faire; donnons-leur à manger
pour l'exciter à le vouloir faire aussi, faisons-lui remarquer le plaisir qu'ils ont à satisfaire leur appétit, à s'entendre appeler par leurs noms, à jouer entre eux ou avec
les personnes; en un mot, amenons-le par la répétition des
actes, par les encouragements, par l'approbation, à se
transporter en imagination dans la situation de tout ce qui
a vie et sentiment, les animaux comme les personnes.

Nous ne devons pas nous contenter, par notre exemple et
nos leçons, d'exciter l'enfant à traiter l'animal comme une
sorte de personne faible, ayant besoin de protection,
et capable d'attachement et de reconnaissance. Il nous
faut aussi quelquefois frapper son imagination par des actes
d'autorité. La vive sympathie qu'il éprouve pour les animaux dont la douleur se marque par des signes très sensibles ne l'empêche pas de les torturer, pour peu qu'ils
soient faibles ou complaisants. Certains enfants sont inno-
cemment cruels, quand ils sentent le besoin de décharger
leur colère sur le premier être venu. Nos réprimandes, et au
besoin nos punitions, doivent contrarier une pareille tendance, qui se satisferait bientôt aux dépens des personnes.
Il faut que l'enfant se tienne bien pour averti qu'il ne doit pas
frapper, par représailles, un animal qui l'a mordu ou fait
tomber, qui lui a dérobé un aliment ou abîmé un jouet :
c'est à nous d'apprécier et de châtier les délits de l'animal;
l'enfant ne saurait être ni bon juge ni bon exécuteur en
cette matière.

CHAPITRE III

La bienveillance active ou bienfaisance.

La bienveillance, qui naît de la sympathie, engendre la bienfaisance, dont l'expression la plus importante pour l'enfant est celle des dons ou concessions et des services rendus. — Les enfants donnent plus volontiers à leurs mères, parce qu'ils ont l'habitude d'en recevoir davantage. — Nous devons modérer notre libéralité de tendresse, pour qu'ils ne la croient pas obligatoire à leur égard. — Le plaisir de recevoir une chose attendue amène à comprendre ce plaisir chez les autres. — Caractère donnants et pas donnants. — De la bienveillance qui a pour but le plaisir d'autrui, avec un petit effort pénible à faire : il faut donner à l'enfant l'occasion de vous rendre des services. — L'amour-propre et la sympathie doivent agir de concert. — On peut très mal donner des leçons de bienfaisance. — Exemple d'une leçon bien donnée.

La sympathie fait nôtres les souffrances et les peines de nos semblables et des animaux; à cette faculté sociale par excellence se rattache le besoin de faire plaisir ou d'éviter des peines aux autres, la bienveillance, qui devient bienfaisance, quand elle se traduit par des gestes, des paroles, des actions, soit témoignages d'affection, services rendus, dons ou concessions.

La bienveillance qui se traduit par des dons et des concessions est la plus importante. Le plaisir de donner, de rendre service, n'est pas un plaisir aussi simple que celui de recevoir et d'être aidé. Il provient tout à la fois de l'expression contagieuse de joie que le bienfaiteur lit sur le visage de son obligé, de la conscience qu'il est cause de cette joie, quelquefois de la vague idée que le service lui sera payé de retour. Quand le service a pour objet un être faible, il procure aussi cette douce jouissance qui se mêle à la pitié. Ce dernier sentiment peut se retrouver jusque dans la bienfaisance de l'enfant ; il croit rendre un grand service quand il donne quelque chose, et il croit que la privation de cette chose rendrait bien malheureux son obligé. Il juge les autres d'après lui.

La plupart des jeunes enfants donnent volontiers à leur mère, plus difficilement à leur père et à leurs frères; la friandise ou l'objet dont ils ne sont pas rassasiés. La mère est comme une partie d'eux-mêmes, qui reçoit d'une main, pour rendre de l'autre : lui donner, c'est prêter en quelque sorte à usure.

Si les enfants tout jeunes donnent plus volontiers aux personnes préférées, et en particulier à leurs mères, c'est surtout parce qu'elles ont elles-mêmes l'habitude de leur donner toujours avec empressement. Il sera bon de modérer, même envers un enfant de trois ans, cette libéralité de tendresse. Assez souvent, on pourra lui faire attendre ce qu'il désire, en ne se dérangeant pas de son travail, en lui disant d'attendre qu'on ait le temps de le satisfaire, en lui faisant remarquer qu'on pourrait ne pas donner, mais qu'il a été bien sage, qu'il a demandé comme il faut, et sans trop insister ; on peut même lui refuser, sans caprice apparent, une satisfaction très légitime, pour augmenter à ses yeux le prix du bienfait accordé. Ainsi, quand il a quelque désir ou quelque besoin à satisfaire chez une autre personne, sa propre expérience, son expérience égoïste pourra lui suggérer l'état moral de cette personne, avec le désir de lui faire ce qui serait pour lui-même un grand plaisir.

Un enfant de vingt-deux mois, maladif, gâté, volontaire,
se trouvait en wagon à côté de moi. Sa mère lui donna un
morceau de poulet ; la peau ne lui plaisant pas, il l'enlève,
et la donne à sa mère, en lui disant : « Tiens, mange la
peau ». Quelques instants après, il mangeait un grapillon
de raisin, et il présenta à sa mère quelques grains dont
il ne voulait pas. Ne voilà-t-il pas les indices d'une mauvaise éducation?

Voici un exemple un peu différent. Un petit enfant de
trois ans, à qui l'on a donné un pot de confiture, sachant
qu'on rince le pot avant de le rendre, court au ruisseau,
le lave à grande eau, l'essuie à tour de bras, et puis s'en va
trouver sa mère : « Je pense, lui dit-il, que ces demoiselles
seront contentes : elles m'en donneront d'autre, va. »
Voilà un acte convenable, utile, moral, évidemment inspiré
par l'intérêt, mais suggéré par l'habitude de voir faire des
actes qui doivent plaire aux personnes pour qui on les fait.

C'est surtout dans les concessions entre frères qu'appa-
raissent de bonne heure les différences du caractère indi-
viduel. Deux enfants ont été élevés autant que possible
sous la même direction, quoique avec des bonnes différentes.
L'aîné, affectueux, mais sans expansion, fait toujours un
effort sur lui-même pour penser aux autres, quand on lui a
donné une friandise ou un jouet : il lui arrive rarement d'y
penser tout de suite. L'autre, dès l'âge de quinze mois,
était reconnaissant de la moindre attention de son frère :
il voulait tout ce que l'autre voulait. — « Veux-tu faire
ceci ? — Oui, oui, je veux bien. » Il disait souvent à sa
mère : — « N'est-ce pas que Lolo est bon ? oh je l'aime ! »
Quand il a quelque chose de bon, il dit toujours : « Oh !
maman, c'est si bon ! Je voudrais que tu en goûtes. » Si on
lui donne quelque chose, il n'aime pas qu'on donne à lui

seul. « Et pour Lolo, maman (ou papa, ou grand'mère) ? »
Chez l'un, la bienfaisance est accomplie par réflexion, par
devoir, ou du moins par un effet de l'éducation morale et
de l'exemple ; chez l'autre, elle est instinctive, irréfléchie ;
elle aura besoin ici d'être réglée et contenue par l'éducation,
quand le moment sera venu, quand l'enfant aura le jugement
plus formé et sera capable de quelque prévoyance. Cette
faculté variable de bienfaisance est un don de nature, qui
peut se vicier, ou s'accroître, suivant l'usage qu'on en fait.

Les mêmes différences se retrouvent chez les animaux
domestiques. Les uns n'aiment pas que leurs camarades
mangent avec eux dans leurs plats, et d'autres le tolèrent
volontiers. Il y en a de gloutons qui viennent ravir aux
autres les mets qu'ils ont eux-mêmes refusés ; il y en a de
complaisants qui se laissent prendre les morceaux dans la
bouche. Les uns et les autres sont très facilement dressés
à la juste revendication de leurs droits, pour peu qu'on
veuille leur en donner l'habitude.

Il y a une autre espèce de bienfaisance, qui n'implique
pas le partage d'un plaisir personnel, mais qui a pour but
le plaisir d'autrui, avec un peu de peine pour soi-même.
C'est un véritable service à rendre, comme l'action d'aller
chercher ou porter un objet dans une chambre, d'aller
faire une commission à une personne éloignée, d'aider quelqu'un dans une besogne un peu difficile ou ennuyeuse. Ici
la complaisance se complique souvent de déférence ; c'est
un sacrifice qui prend du temps et exige quelques efforts.
Les enfants les plus donnants ont souvent de la peine à s'y
résoudre, à quitter les personnes ou les jeux qui les tiennent, pour faire une corvée ou une absence dont leur faible
jugement s'exagère, d'ailleurs, la difficulté. L'enfant peu
généreux de nature, mais qui a déjà l'habitude de l'obéis-

sance et le sentiment naissant du devoir, qui a aussi davantage l'expérience de ses forces et l'appréciation de leur
emploi, se montrera, dans ces sortes d'obligations, bien
moins récalcitrant que le libéral plus jeune et sans expérience : c'est ordinairement le cas des deux frères mention-
nés plus haut. A nous de ne réclamer à chacun que des
œuvres proportionnées à la bonne volonté dont il peut
disposer. Mais il faut faire naître assez souvent pour tous
les enfants les occasions de renoncer à une occupation
agréable pour se déranger utilement. L'acte accompli, il
faut les remercier, avec des marques de satisfaction d'autant
plus vives, qu'ils se seront exécutés avec plus d'empressement et de bonne grâce. La certitude de nous avoir fait
plaisir vaut cent éloges accordés à la force ou à l'adresse.

L'amour-propre et la sympathie doivent agir de concert
chez l'enfant. Il faut demander beaucoup plus, en fait
d'actions de complaisance, à ceux qui sont naturellement
portés à donner moins. La sympathie, comme tous les
autres sentiments, naît des actes qui l'accompagnent d'ordinaire. « Le plus sûr moyen de s'attacher à quelqu'un, c'est,
a dit M. Marion, de faire beaucoup pour lui (1). » Il faut
mettre souvent l'enfant indifférent ou égoïste dans le cas
d'éprouver ce bienfait de la sympathie en retour. Si les
actes que nous lui demandons sont faciles, d'abord conformes à ses habitudes et à ses goûts, et de plus en plus
compliqués d'effort et de sacrifice, l'orgueil d'avoir remporté une victoire sur soi-même lui rendra cet effort moins
pénible, et puis agréable. Ravi d'avoir voulu, d'avoir fait
une bonne action, d'en avoir le témoignage dans les yeux
de la personne obligée, il se sentira porté à l'aimer davan-

(1) *Leçons de psychologie*, p. 181.

tage, comme lui donnant l'occasion de faire des actions
louables.

La bienveillance pratique se développe mieux par l'habitude accompagnée de quelques raisonnements appropriés
à l'âge de l'enfant, que par les fortes excitations de la sensibilité. J'ai vu donner bien maladroitement une leçon de
charité par une mère à son fils âgé d'environ deux ans.
Ayant aperçu un vieux mendiant sous une porte cochère,
elle s'arrêta, mit un sou dans la main de l'enfant, et, le
tirant par le bras, lui dit : « Donne à ce pauvre homme. »
Le petit, qu'effrayaient le visage et l'accoutrement du misérable, recula d'abord avec une horrible grimace, se colla
contre les jupes de sa mère, et lui remit le sou dans la
main. Les choses se seraient-elles passées de la même
manière, si l'on avait dit à l'enfant de donner quelque chose
à une personne d'un extérieur agréable, d'un visage
aimable et souriant ? Je ne le suppose pas. C'était donc là
une mise en scène hors de propos, un moyen allant contre
le but, une impression qui ne devait laisser qu'un souvenir
pénible et sans efficacité morale. Une mère qui voudra donner l'exemple de la bienfaisance à un jeune enfant, devra
recourir à d'autres pratiques ; elle pourra, par exemple,
faire la charité devant l'enfant, non pas avec des sous, dont
l'enfant ne comprend pas le véritable usage, mais avec des
vêtements, des aliments, des remèdes, des objets de première nécessité, d'une utilité notoire, et surtout accompagner ses dons de bonnes paroles : l'enfant les comprendra,
il s'intéressera à ces actions, il perdra l'habitude de
s'effrayer à la vue des pauvres gens ; il les observera,
questionnera sur leur compte, et se façonnera peu à peu
à la vertu de bienfaisance.

Combien mieux avisée une autre mère qui, ayant plaint

un ramoneur devant sa fille âgée de deux ans et demi, parce qu'il était pauvre, s'entendit faire cette question : « Pourquoi tu as dit qu'il est pauvre, le petit ramoneur ? » Elle répondit : « Parce qu'il travaille tous les jours, qu'il prend beaucoup de peine, et qu'il n'a pas, comme toi et ton frère, une bonne mère pour lui donner de quoi manger, pour l'habiller, le promener, le caresser et s'amuser avec lui. » — « Alors, quand on est pauvre, on est bien malheureux ! Oh ! oui, bien malheureux ! Maman, je voudrais lui donner une tartine, et un joli pantalon, veux-tu, maman ? Il ne sera plus pauvre. » De semblables leçons, faites à propos et avec discrétion, doivent préparer à l'enfant un riche fonds de sympathie active.

Avant de pouvoir comprendre l'affection qu'il doit à son groupe social en échange des bienfaits qu'il en reçoit, l'enfant doit être préparé à ce sentiment supérieur par les affections, les exemples et les entretiens de la famille. Voulez-vous qu'il soit disposé à servir ses semblables en toute occasion ? Habituez-le à être tel avec ses frères. « L'amour fraternel, a dit M. Angiulli, est la première forme de l'amour du prochain, et c'est pourquoi la famille a été l'éducatrice de l'humanité. » Voulez-vous qu'il ait déjà le pressentiment et le préjugé du noble amour de la patrie ? Qu'il vous voie l'aimer, et vous l'entende dire avec sincérité, avec transport. « Comme institutrice, a dit Mme Tarissan-Pérez, je peux affirmer n'avoir trouvé de patriotisme que chez les enfants dont les familles étaient animées de l'amour de la patrie. A ce point de vue, suivant moi, c'est la famille qui est la meilleure école (1). »

(1) *Congrès de l'Ass. pour l'avanc. des sciences*, Grenoble, 1885.

CHAPITRE IV

La politesse.

Ce que peut être la politesse chez un enfant. Pour habituer l'enfant à
des actes de bienséance, il faut surtout compter sur l'exemple. —
L'enfant grandelet les imite mieux. — L'amour-propre, la timidité,
peuvent exagérer ou fausser la politesse. — La politesse doit être
dans les manières et dans les sentiments. — Il faudrait laisser à
chaque enfant sa simplicité naturelle et son air propre. — Il faut
une politesse aimable et de bonne humeur. — La bonne humeur
est le caractère de l'obligeance. — Il y un devoir de bonne humeur, devoir trop souvent négligé par les parents et par les maîtres. — La gaîté ne doit pas être doublée de malveillance ; point
de plaisanterie critique. — L'habitude de s'observer et de se dominer devant les autres, favorise l'esprit de justice ; il faut être
tout à la fois aimable et juste.

L'enfant, même âgé de dix ou douze ans, doit ignorer
les compliments directs qui s'adressent à l'amour-propre
des personnes. Quelques formules de déférence, quelques
prévenances aimables, les mêmes pour tout le monde, voilà
ce qu'il peut retenir de nos manières cérémonieuses. Il
serait absurde, en effet, de vouloir qu'il témoigne à chacun
un respect proportionné à son mérite ou à sa condition.
Mais, de très bonne heure, et déjà à trois ou quatre ans,
il est capable de ces attentions faciles dont l'exemple est le
seul maître. La manière de s'y exécuter en fait tout le prix.
A trois ans, l'enfant doit savoir qu'il ne faut point jeter de
toutes ses forces une porte, un tabouret, une chaise, mais
doucement les conduire ou les poser. S'il survient une per-

sonne étrangère, et qu'on l'appelle auprès d'elle, on ne lui
demandera pas encore de faire la révérence ; mais il pourra
la saluer du nom de « madame » ou de « monsieur », et
même lui demander comment elle va. A six ou sept ans,
ces attentions sont de rigueur, comme aussi la précaution
de ne dire à personne « oui » et « non » tout court, de
ne point passer devant quelqu'un sans dire pardon ou
faire une révérence (si c'est une personne étrangère), de
ne rien donner ou recevoir sans faire un geste de politesse.

Un enfant de cet âge doit aussi commencer à n'incom-
moder qui que ce soit par ses mouvements, savoir prendre
lui-même une petite chaise et s'asseoir à une distance convenable des personnes en visite, ne pas s'appuyer sur elles,
ni les pousser, et surtout ne pas les interrompre dans leur
conversation.

Pour habituer l'enfant à ces actes de bienséance qui
reviennent à tout moment, il faut compter beaucoup
plus sur les exemples que sur les conseils et les réprimandes. Les enfants se façonnent eux-mêmes d'après notre
tenue et notre air. Locke estime, avec raison, qu'on ne
doit pas tourmenter les enfants sur les marques extérieures
de respect et de bienveillance. Il ne veut pas qu'on les
gronde en public sur cet article délicat. Il ne peut souffrir
le ridicule des parents qui veulent imposer aux enfants des
manières de grandes personnes, et ne manquent pas de les
reprendre, devant les étrangers, des moindres infractions
aux bienséances d'usage, comme si ces infractions étaient
imputables à leur propre incurie ou à leur maladresse. Il
ne faut pas, dit-il, se mettre en peine de ces petites négligences, quand aucune marque d'orgueil ou de mauvais
naturel ne les accompagne. Le temps, mieux que les
maîtres, l'exemple mieux que les préceptes, corrigeront l'en-

fant de ces imperfections, si on n'a pas manqué d'entretenir en lui des habitudes de bonté et d'humanité (1).

Les actes conformes ou contraires à la politesse sont d'autant mieux imités que l'enfant est plus âgé, et que ces actes sont plus fréquemment répétés devant lui. Une petite fille commença à prendre seulement à l'âge de quinze mois, les froncements de sourcils de son père, ses attitudes violentes, son ton de voix criard, et bientôt quelques-unes de ses formules exprimant l'impatience ou la colère. A trois ans, elle disait à un visiteur, selon la manie paternelle : « Mais, tais-toi donc, tu ne me laisses jamais achever une phrase. » L'enfant a beau être naturellement vif et emporté, ces habitudes d'altercation et de contradiction, tout comme celles de mépris et de raillerie, ne se montrent guère chez lui, s'il n'en a pas été souvent témoin.

La politesse, toute sincère et aimable qu'elle puisse être au début, est facilement exagérée ou faussée par une fierté naturelle ou par une grande timidité. Le cas est peut-être plus fréquent chez les petites filles que chez les petits garçons, parce qu'on habitue davantage les premières à s'observer et à craindre l'opinion du monde.

J'ai connu des petites filles qui se donnaient de grands airs ou faisaient les agréables, pour être plus tôt servies par des marchands ou s'attirer leurs compliments, quand leurs mères les envoyaient faire des commissions. Cette politesse intéressée, et même un peu doublée d'artifice, n'offre point de danger chez les enfants bien élevés, si l'on n'a pas oublié de leur apprendre la politesse du cœur.

Mais qui peut se flatter de mener à la perfection la culture d'un caractère ? Les parents les mieux intentionnés

---

(1) *Quelques pensées sur l'éducation*, sections VI et XIII.

poussent les jeunes enfants, filles et garçons, à l'affectation
et à la ruse de coquetterie, en leur faisant une nécessité de
plaire, de charmer, pour obtenir des faveurs ou des
caresses. Ils auraient une grâce plus naïve et plus aimable,
si on ne leur en demandait pas autant.

Un juge de S... avait habitué ses enfants à être aimables
envers tout le monde, sans se préoccuper d'autre chose.
Les petits garçons saluaient gracieusement toutes les connaissances, se montraient pleins de respect pour les
maîtres, leur tendaient affectueusement la main à l'arrivée
et au départ, s'informaient avec intérêt de leur santé. Les
petites filles ne venaient jamais en classe sans porter un bouquet pour leur maîtresse ; elles étaient toujours disposées
à rendre ces petits services dont l'empressement et la gentillesse augmentent le prix, prêter une plume, ramasser
un objet tombé, donner un renseignement, etc. Passé
l'âge de neuf à dix ans, comme tout cela était sans fonds,
que la politesse était dans les manières et non dans les
sentiments, ces enfants avaient bien changé, et tout le
monde le remarquait. Ils n'étaient ni plus ni moins attentifs, zélés, bienveillants, que les autres.

L'idéal de l'éducation serait de laisser à chacun son air
propre en lui donnant nos actes à imiter. Locke a compris
la nécessité de respecter le naturel de chaque enfant, et il
ne peut souffrir cette méchante figure, que la contrainte et
l'affectation ne manquent jamais de produire. Il déplore
particulièrement ce défaut en ce qui concerne la civilité et
les bonnes manières ; mais son observation peut s'étendre
à tout le détail de l'éducation morale. « L'affectation, dit-il,
est une imitation grossière et forcée de ce qui doit être
naturel et aisé : imitation destituée du charme qui accompagne la vraie nature, à cause de l'opposition qu'elle met

toujours entre l'action extérieure et les mouvements inté-
rieurs de l'esprit.... » Fi de la politesse et des agréables
manières, si elles mettent en danger la franchise et la sincérité de l'enfant ! « Maman, dit un enfant de quatre ans,
est-ce que tu ne vas pas dire à Madame X*** de s'en aller ?
Il y a longtemps qu'elle est là. » J'aime mieux, même chez
un enfant âgé de quatre ans, cette innocente rusticité
qu'une politesse répétée et non pensée. Il est bon assurément de répéter aux enfants qu'ils ne doivent pas dire
des choses désagréables aux étrangers, non plus qu'aux
amis ; mais il vaut encore mieux ne pas les dresser à nos
airs de convention, comme on fabrique des poupées par-
lantes. C'est au bon sens des parents à les retenir en ceci,
comme en tant d'autres choses, dans la plus sage mesure.

La douceur et la gaieté sont, avant tout, des manifestations sociales de politesse. Elles font partie de nos devoirs
envers les autres, et, comme tous les devoirs, elles s'apprennent. Il est d'un bon esprit de s'accommoder aux
temps, aux lieux, aux personnes, et de faire à toutes visage
aimable. C'est là un don de naissance, mais aussi un fruit
de l'éducation. L'exemple doit en venir à l'enfant dans sa
famille. S'il vous voit d'humeur égale et accorte, non seulement avec les étrangers, mais entre vous, il se mettra
vite avec vous à l'unisson. L'habitude que vous lui
aurez donnée, par ailleurs, de maîtriser ses petites peines,
et de réprimer les signes de ses contrariétés inévitables,
ajoutera ses effets à l'influence de vos exemples. Quelques
sobres admonestations lui rappelleront, quand il sera
grandelet, que l'air du visage, le ton de la voix et les attitudes, peuvent plaire ou déplaire au moins autant que
les actions. On pourra le reprendre avec douceur, et
comme avec étonnement, s'il parle brusquement et rude-

ment à ses frères, à ses amis, à ses bonnes, s'il n'accompagne pas sa demande de service d'une petite formule amicale comme : « Voudrais-tu bien », « si tu voulais », « je te prie », et s'il ne répond pas à un service par un bon petit merci. Ces avertissements seront d'autant mieux compris qu'il vous verra vous-mêmes user toujours entre vous de la même courtoisie et de la même bonne grâce.

Insistons sur ce devoir de bonne humeur, qui tient de si près à l'obligeance et à la bonne volonté. On reconnaît, à première vue, un enfant élevé par une bonne aimable et polie d'un enfant élevé par une servante maussade et grossière : il y a, dans l'un comme dans l'autre, un air de physionomie habituel, qui trompe rarement. Le visage de l'enfant, comme ses attitudes, reflète les manières de ses éducateurs. On ne peut, d'ailleurs, être bien exigeant pendant les premiers mois : des trépignements de désir vite calmés, des pleurs rares, des cris de colère encore plus rares, un rire facile, un visage point rechigné, peu de rebuffades pour les étrangers, c'est à peu près tout ce qu'on peut demander en fait de bonnes manières à l'enfant de six ou dix mois.

A mesure que l'enfant avance en âge, son extérieur se façonne avec beaucoup plus de facilité d'après les impressions du milieu social. Il faut être bien sûr des personnes à qui l'on confie un enfant de quinze à vingt mois, qui tient de la sensitive et du caméléon par sa susceptibilité assimilatrice. Une mère, obligée de faire un voyage, avait confié à des parents sa bonne et son fils, âgé d'un peu plus de huit mois. Après une absence de quinze jours, elle fut grandement surprise du changement opéré dans les habitudes, et jusque dans la physionomie de l'enfant. Pendant les deux premiers jours, elle ne cessait de s'écrier : « Tiens, il ne

fait pas comme cela, il n'est pas comme cela chez nous ! »
Surveillons nous-mêmes notre propre humeur.

Très peu de personnes se doutent que la gaîté soit
affaire de réglementation morale. C'est pourtant « un devoir,
léger en apparence, très sérieux au fond », que le devoir de
bonne humeur dans la famille. Rien de plus rare que cette
vertu. « Je ne parle pas des personnes qui n'ont point reçu
une bonne éducation et qui, jugeant qu'on n'a pas à se
gêner dans la famille, y sont à l'envi bourrues, désagréables
et grossières. Il est des familles même distinguées, où
l'union est parfaite et l'esprit de solidarité remarquable, où
l'on est disposé à se soutenir mutuellement, à faire les uns
pour les autres de sérieux sacrifices, et où cependant les
relations quotidiennes ont toujours quelque chose d'un
peu tendu. Si l'on ne se dispute pas tout à fait, on ne se
parle que sur un ton plus ou moins aigre et désagréable. Il
semble que l'amabilité et la grâce soient une monnaie que
l'on réserve pour les indifférents, et qui ne saurait avoir
cours dans la famille. Si bien que Fontenelle, dans un de
ses *Éloges*, voulant faire le portrait le plus favorable du
personnage qu'il loue, termine par ce trait qu'il paraît
mettre au-dessus de tout le reste : « Enfin, il était d'une
humeur agréable, même dans sa famille. »

« On a beau dire que ce n'est que sur les petites choses
qu'on se dispute, il n'y a pas de petites choses dans la vie
de famille, par la raison qu'elle n'est presque faite que de
petites choses. Si l'on est insupportable dans tous les détails
de la vie, sous prétexte que cela est sans importance, à
quel moment se réserve-t-on d'être bon et affectueux ?
Si l'on s'observe si peu dans les petites choses, où il
est facile d'être ce qu'on doit, est-on bien sûr d'être
irréprochable quand viendront les occasions sérieuses ?

Chacun devrait donc faire tout son possible pour corriger
un tel état de choses pénible pour tous, et qui dissimule
souvent, au point d'en faire douter, des qualités profondes
et de solides vertus (1). »

M{{me}} de Maintenon, dans une de ses instructions sur la
bonne humeur, disait à ses élèves, qu'il « n'y a rien de si
« bon qu'une fille gaie », et que, quand même la gaîté
« serait excessive, les suites en sont moins fâcheuses que
« celles de la tristesse. » Mais, ajoutait-elle, « en recomman-
dant la gaîté, je ne prétends point que vous soyez évapo-
rées, ni que vous vous laissiez aller à des ris immodérés.
La gaîté ne doit point du tout faire tort à la modestie (2). »
Rien, en effet, de plus contraire à l'attention sur soi-même
et aux attentions à l'égard des autres, que cette exubérante
gaîté, qui n'a sa place que dans certains jeux, toujours
rares et courts pour le jeune enfant. L'enfant vif et pétu-
lant, qui ne s'appartient plus, risque fort d'être désagréable
aux autres par ses mouvements, ses gestes, ses mines et
ses paroles.

La gaîté peut être aiguisée de malveillance; c'est quand
elle vise, sous forme de plaisanterie, les défauts d'autrui.
Locke regarde cette disposition à l'esprit critique comme
un des quatre défauts qui sont le plus directement contraires à la politesse (3). Les enfants moqueurs m'ont
toujours semblé les pires singes du monde. Ils tiennent
ce vilain tour d'esprit de leurs parents. Quel pitoyable jeu
que de médire des personnes absentes, de critiquer leurs

(1) H. Marion, *Leçons de morale*, p. 321.
(2) Mme de Maintenon, *Extraits* par M. O. Gréard, p. 109.
(3) V. J. Locke, *Quelques pensées sur l'éducation*, édit. Compayré,
p. 227.

travers et leurs vices, d'en rire avec malignité, de les con-
trefaire même, en présence de leurs enfants, et cela, après
avoir fait à ces personnes les manifestations les plus
vives de sympathie ou de tendresse ! Cette contradiction
immorale ne donne pas à réfléchir à l'enfant, mais il l'imite
à sa façon, tour à tour poli et médisant, et quelquefois
tout ensemble.

C'est une matière de si grande importance, que j'y veux
encore appuyer. L'excellent Jacotot va nous dire, dans une
de ses pages les mieux écrites et les mieux senties, à combien de qualités solides se rattache l'aimable politesse, cette
fleur des vertus domestiques.

« Si l'individu est distrait, il faut l'exercer à la politesse
qui exige une attention soutenue et de tous les instants ; il
faut l'exercer, non seulement à la politesse complaisante,
mais à l'amabilité, sorte de politesse toute en prévenance ;
monnaie de société dont il ne suffit pas d'être pourvu, mais
qu'il faut savoir distribuer avec une profusion convenable,
dispenser dans l'occasion avec une libéralité qui ferait
presque croire à l'obligé que celui qui l'oblige travaille
pour son propre plaisir.

« Un effet important de cet exercice est la bienveillance
de la part de ceux qui sont l'objet de nos attentions préve-
nantes et délicates. De plus, il nous prépare à l'empire sur
nous-mêmes ; il n'y a rien dont ne soit capable un homme
qui sait se maîtriser assez pour être toujours poli. Le premier devoir (1) est de se rendre ˮmable aux gens de la
maison. Si on peut y parvenir, il sera bien aisé de plaire

_____

(1) Le texte dit : « Or, comme dans l'enseignement universel, il
faut toujours faire l'exercice le plus difficile, la méthode conseille
de se rendre aimable aux gens de la maison. »

dans le monde. Celui qui est aimable pour ses enfants, en conservant sur eux l'autorité dont il a besoin pour les diriger, celui-là sera aimable, à plus forte raison, avec des étrangers, dont l'éducation ne lui est point confiée. Être aimable avec ses inférieurs, en gardant sa supériorité, ce problème contient toutes les difficultés de l'art de se conduire.

« Remarquez que cette amabilité dont je parle ne peut exister sans justice, sans modération. Elle devient ainsi une véritable vertu ; elle en a le charme, elle en a tout le mérite. Il faut, pour atteindre ce but, commencer par se connaître soi-même, il faut savoir où on est arrivé et mesurer le chemin qui reste à parcourir. Quand on se flatte soi-même, « je suis aimable », dit-on, et on oublie que l'on n'est pas toujours juste ; ou bien on s'applaudit d'être juste, sans se soucier d'être aimable ; comme si l'amabilité suffisait sans vertu, ou comme si la vertu pouvait exister à demi (1). »

(1) J. Jacotot, *La Philosophie panécastique*, p. 371.

CHAPITRE V

L'imitation.

Les enfants imitent de préférence les mouvements qui ont été souvent exécutés par leurs ancêtres ; la spontanéité de l'enfant est en
grande partie un effet des transmissions héréditaires. — Il faut concilier la spontanéité avec l'imitation. — Se borner à indiquer les
progrès à faire, et exciter l'enfant à les vouloir. — Proportionner
les exemples à l'âge et aux dispositions naturelles et acquises de
l'enfant, surtout éveiller en lui des mobiles qui le portent à agir.
— Nous surveiller, pour ne pas lui proposer des actes qu'il ne
doit pas imiter. — Quand il commence à juger et à raisonner assez
bien, on peut avec discrétion le prémunir contre les vices de certaines personnes. — La volonté de l'enfant se développe au contact
de la nôtre. — Nous ne devons lui donner que des exemples de
fermeté et de décision.

Je ne sais pas s'il y a lieu d'admettre des réflexes d'imitation, s'appliquant à la reproduction inconsciente et sans
but que l'enfant fait d'un grand nombre de mouvements
qui nous paraissent intentionnels. On ne peut nier du moins
que l'imitation des actes même les plus simples n'implique
l'hérédité dans une certaine mesure. Les enfants imitent
plus tôt et mieux les mouvements que leurs ancêtres ont le
plus souvent exécutés, et où ils ont le mieux réussi. Ils
s'adressent de préférence à ceux-là, dès qu'ils peuvent les
apprécier et les accomplir. Ainsi nous voyons la fatalité des
tendances héréditaires à l'action se combiner avec la fatalité des dispositions innées de la sensibilité et de l'intelligence, pour opérer sous la forme de la spontanéité ou d'une

quasi-liberté. Cette spontanéité paraît diminuer au fur et à mesure des progrès de l'enfant dans ses imitations. Mais il ne faut pas s'y tromper, l'enfant qui imite le moins en apparence est souvent celui qui imite le plus ; il imite les autres, il s'imite, se répète lui-même, d'une façon supérieure. Ses imitations sont de moins en moins superficielles, irréfléchies, et mal assurées.

Comment concilier avec l'imitation, chose de suggestion et en quelque sorte machinale, la spontanéité de l'enfant ? Il faut les respecter l'une et l'autre, et les exciter sans cesse au mieux. Un enfant de deux ans, tout heureux qu'il est de répéter pendant des jours ou des semaines les actes appris en dernier lieu, tourne pourtant son insatiable curiosité vers des actes nouveaux, plus parfaits, plus difficiles. Donnons-lui l'occasion de voir des actes de cette nature, de moins en moins simples, mais toujours en rapport avec ses capacités présentes. Gardons-nous de lui présenter des exemples au-dessus de ses moyens d'exécution, ou d'un faible intérêt pour lui. Ainsi Kant, fidèle disciple de Rousseau, a bien raison de penser que le jeune enfant apprend beaucoup de choses plus solidement, quand on le laisse davantage apprendre par lui-même. Mais quelle nécessité de lui imposer la réinvention de l'écriture et du dessin, en lui disant, lorsqu'il veut du pain : « Pourrais-tu bien le dessiner ? » Il dessinerait une figure ovale. On lui dirait alors qu'on ne sait pas s'il a voulu représenter du pain ou une pierre ; il essayerait ainsi de tracer le B, et de cette manière il se ferait à lui-même un propre A, B, C, qu'il pourrait ensuite échanger contre d'autres signes (1). » Tout en admettant, à l'occasion,

(1) *Traité de pédag.*, p. 69. édit. Thamin.

des récompenses matérielles, je ne crois pas qu'il soit bon de les proposer d'avance à l'activité de l'enfant. Les sentiments dérivés des tendances sociales, l'affection, l'émulation bien entendue, nous paraissent des mobiles, en général, plus efficaces. Mais la théorie du pur devoir, si chère à Kant, ne se trouve-t-elle pas ici embarrassée d'un mobile aussi peu désintéressé que la faim ou la gourmandise?

Ce n'est point là le vrai moyen de forcer les progrès de l'imitation volontaire. Mais, comme chaque progrès de l'enfant prépare le terrain à de nouveaux, notre rôle sera seulement de les lui indiquer, de l'exciter à les vouloir, à les accomplir comme de lui-même. Ses forces et ses goûts nous étant connus, rien de plus facile que de faire devant lui des actes que ses besoins ou ses émotions présentes l'amèneront à essayer. On lui apprend ainsi à faire un geste de la main, avec un sourire, en signe d'amitié, rien qu'en les faisant devant lui. De même, quand il sait parler, on lui apprend à s'exprimer correctement, à faire clairement entendre ce qu'il veut, et ensuite à employer quelques petites formules de politesse : tout cela est suggéré, non imposé.

L'enfant en fait d'abord ce qu'il peut; mais nous ne cherchons à attirer son attention sur de tels actes, par la manière ou le moment où nous les faisons devant lui, que parce que nous savons qu'il est déjà en mesure de les essayer. Notre rôle, en toute chose, se borne à lui fournir, avec l'exemple, l'occasion favorable.

Chacun imite selon ses moyens, d'après ses acquisitions antérieures, sa faculté d'observation et de jugement, et les progrès de ses forces physiques. Il y a une sorte de sélection inconsciente dans la plupart de nos imitations, en sorte que chacun imite à sa manière, et ce qu'il peut. Il est donc convenable, sinon toujours facile, de proportionner les exemples à l'âge et aux dispositions naturelles et acquises de l'enfant.

Un enfant de dix mois, d'un an et plus, observe avec une vive attention beaucoup d'actes qu'il ne cherche pas à imiter. Peut-être sont-ils conformes à ses goûts et à ses désirs naturels, mais ils sont encore trop difficiles pour lui. Même les actes simples, quand ils sont nouveaux, demandent plus de temps que les actes familiers. Ces mêmes actes, comme celui de tousser, de lever son chapeau, ou de faire un signe d'adieu, de prononcer une articulation, de lire ou d'écrire un mot, coûtent aux enfants moitié moins de temps quand ils les produisent spontanément, quand on ne leur dit pas de les exécuter, qu'on n'appelle pas leur attention ou leur réflexion sur quelques circonstances de ces actes. La réflexion complique toutes nos opérations.

On doit être, en général, très sobre d'explications à propos des actes qu'on veut faire imiter aux tout jeunes enfants. On peut leur en donner le goût en s'adressant à leurs yeux et à leurs oreilles, et, si cela ne suffit pas, en excitant en eux quelque mobile facile à éveiller, comme l'intérêt, l'ambition de faire seuls et bien. Il faut moins une direction qu'un impulsion pour les faire agir selon nos vues et nos exemples. Aussi les voyons-nous s'attacher de préférence aux modèles qui leur sont offerts par des enfants de leur âge ou presque de leur âge, et par les personnes qui ont le don de savoir se faire petites avec eux. Les modèles donnés dans ces conditions sont précis, intelligibles, simples, d'une perfection suffisante ; et, en outre, la chaleur et l'entraînement d'action facilitent les adaptations nécessaires du jugement, de la volonté et des mouvements. Cette double considération plaide en faveur des écoles maternelles ou enfantines, quand l'éducation du premier âge n'y est pas fourvoyée par la routine et la niaiserie, et par une foule d'éléments étrangers à la pédagogie.

L'imitation a déjà eu un retentissement considérable sur les habitudes morales et sociales de l'enfant, avant l'époque et indépendamment des leçons proprement dites de bienséance et de morale. Il faut donc s'observer autant qu'on le peut devant ces petites personnes, qui ont des yeux pour tout voir et des oreilles pour tout entendre. Il faut aussi ne les abandonner que le moins possible, et en mains sûres. Mais comme on ne peut pas toujours dérober à leur vue des actes qu'ils ne doivent pas imiter, ni laisser sans réponse les questions qu'ils feront sur ces actes, quand ils en ont entendu parler, il nous faut prémunir leur jeune raison contre les influences de pareils exemples. Cela n'est guère facile, il est vrai, dans les premières années.

Lorsque des enfants de quatre ou cinq ans ont été mis en situation de connaître des personnes ostensiblement grossières, impertinentes, menteuses, ou pourvues d'autres vices ou défauts très apparents, quelques mots leur apprendront que ce sont des personnes à mépriser et à éviter. « On peut ainsi, dit Fénelon, sans les accoutumer à la moquerie, leur former le goût et les rendre sensibles aux vraies bienséances. Il ne faut pas s'abstenir de les prévenir en général sur certains défauts, quoiqu'on puisse craindre de leur ouvrir par là les yeux sur les faiblesses des gens qu'ils doivent respecter, car, outre qu'on ne doit pas l'espérer, il n'est point juste de les entretenir dans l'ignorance des véritables règles là-dessus. D'ailleurs, le plus sûr moyen de les tenir dans leur devoir est de leur persuader qu'il faut supporter les défauts d'autrui, qu'on ne doit pas même en juger légèrement ; qu'ils paraissent souvent plus grands qu'ils ne sont ; qu'ils sont réparés par des qualités avantageuses, et que rien n'étant parfait sur la terre, on doit admirer ce qui a le moins d'imperfection ; enfin, quoiqu'il faille réserver de telles instructions pour l'extrémité, il faut pourtant leur donner les vrais principes et les préserver d'imiter tout le mal qu'ils ont devant les yeux (1). »

Nous pouvons et devons aussi donner à l'enfant l'exemple du vouloir.

Rien n'en impose autant à l'enfant et à l'homme que l'expression de la force. Cette mimique de la volonté contenue, concentrée, et d'autant plus maîtresse d'elle-même, la tête droite, l'attitude verticale, l'œil ouvert et clair, le visage calme, le geste sobre et décidé, tout cela exprime et communique par contagion l'énergie volontaire. Ces manifestations fréquentes, mais toujours opportunes, de l'autorité, favorisent le développement chez l'enfant de la volonté et du sens moral. Leur effet est bien plus sûr quand la direction n'est jamais rude ni violente, qu'elle sait être au besoin expectante et persuasive, qu'elle ne demande pas à la contrainte ce qu'elle peut obtenir par la douceur ou la raison. Mais, tout en se tempérant elle-même, elle ne doit jamais montrer de l'indécision.

L'éducateur est pour l'enfant le représentant et l'instrument de la raison, du devoir. Ses principes, ses idées sur l'œuvre qu'il a à réaliser dans son élève, doivent avoir

(1) *De l'éducation des filles*, édit. Defodon, p. 23.

pour lui la même clarté que des axiomes. L'enfant ne juge les actes et les avis, les ordres et les réprimandes, que d'après leurs effets les plus sensibles, et s'il voit dans celui qui le dirige le doute et le défaut d'énergie, la notion du juste et du bien, pour lui indiscutable, ne se rattache plus à rien dans son esprit. Cette conscience, personnification de la vérité, ne se dresse plus entre lui et les tentations mauvaises. Il est une proie facile pour toutes les erreurs et tous les sophismes de la passion. Il en use sans se gêner avec cette autorité fluctuante et incertaine, qui relâche ses propres ressorts. Il désapprend d'obéir, et il n'apprend pas à vouloir.

CINQUIÈME PARTIE

LA CULTURE DES SENTIMENTS COMPLEXES OU DÉRIVÉS

CHAPITRE PREMIER

La timidité.

La timidité existe chez le tout jeune enfant. — On en trouve même le germe chez les animaux. — Elle est souvent le fruit d'une éducation trop rigide. — Elle vient aussi de ce que nous n'accordons pas assez d'attention bienveillante aux enfants. — Locke est d'avis qu'elle ne tire pas à conséquence dans le jeune enfant. — Ses inconvénients de toute sorte. — Exemple illustre des inconvénients de la contrainte morale. — La timidité exagère l'amour-propre et la vanité. — Remèdes pires que le mal. — On peut la combattre comme la peur, par l'accoutumance et par la préoccupation intellectuelle.

Dans sa note sur le développement des facultés enfantines, Darwin a inséré un passage relatif à la timidité, que Fénelon aurait volontiers signé, et que les amis de l'éducation feront bien de méditer. « Il est impossible, dit-il, de s'être occupé de très jeunes enfants sans avoir été frappé de l'audace avec laquelle ils regardent les visages

qui leur sont nouveaux, fixement et sans jamais baisser les
yeux ; une grande personne ne regarde ainsi qu'un animal
ou un objet inanimé. Cela vient, je crois, de ce que les
jeunes enfants ne pensent nullement à eux-mêmes, et, par
conséquent, ne sont pas du tout timides, bien qu'ils aient
quelquefois peur des étrangers. J'ai vu le premier symp-
tôme de timidité se manifester chez mon enfant lorsqu'il
avait près de deux ans et trois mois ; j'étais rentré chez
moi après dix jours d'absence, et la timidité de l'enfant se
montra par une sorte d'affectation à ne pas rencontrer
mon regard ; mais bientôt il vint se mettre sur mes genoux,
et quand il m'eut embrassé, toute trace de timidité dis-
parut (1). »

Ce phénomène est bien décrit ; toutefois la timidité est
souvent plus accusée chez le petit enfant que le naturaliste anglais ne l'a pensé. J'ai cru remarquer l'analogue
de cet état mental chez des chiens et des chats qui me
revoyaient après une longue absence : les uns jappaient
en élevant jusqu'à moi leurs pattes ; les autres rô-
daient et ronronnaient autour de moi, avec une joie
mêlée de je ne sais quel embarras, soit qu'il y eût pour
eux quelque chose d'étranger dans l'ami reconnu, soit
qu'en sa présence le flot de leurs souvenirs jaillît avec une
violence qui jetait un certain trouble dans leur organisme.
Je recommande cette observation à ceux qui voudraient la
vérifier, et peut-être sera-t-elle la clef d'indications utiles
sur la nature de la timidité enfantine.

La timidité est souvent le fruit d'une éducation trop
rigide. Rien de pénible à voir comme ces yeux innocents
qui se baissent devant les vôtres, et ce tremblement qui

(1) *Esq. biogr. d'un petit enfant, Revue scientifique*, juillet 1887.

saisit tout à coup un petit enfant de cet âge, et surtout un
enfant plus âgé, sur un simple froncement des sourcils
paternels. Trop souvent aussi la terreur, plus que la timidité, fait trembler le petit enfant, devant le geste redouté
du père ou de la mère. Est-il étonnant que les enfants
durement élevés montrent de bonne heure une appréhension
significative, bien différente de l'étonnement naïf que
cause la nouveauté, en présence de visages inconnus ?
Mme Necker de Saussure n'a pas laissé échapper cette
observation : « D'où vient qu'une timidité farouche se
manifeste si souvent chez nos enfants ? Pourquoi ont-ils
tant de répugnance à entrer en rapport avec les personnes
qu'ils connaissent peu, et éprouvent-ils du moins une
extrême contrainte en leur présence ? L'éducation a bien
quelque chose à se reprocher à cet égard. » On ne peut le
nier, quand on songe avec quelle rapidité les oiseaux si
familiers d'une île inconnue aux voyageurs perdent à leur
contact leur première confiance, et quels constrastes
deux éducations différentes mettent, en quelques mois,
entre deux enfants bien ressemblants de caractères et
d'habitudes.

La timidité vient aussi de ce que nous n'accordons pas
assez d'attention aux petites actions de l'enfant.

Le plaisir d'exercer ses forces l'intéresse à tel point
qu'il n'en jouit tout seul que d'une façon incomplète. Il
veut être félicité de ses œuvres, il veut en faire partager le plaisir. C'est à nous de le prendre au sérieux,
soit dans ses jeux, soit dans ses travaux, soit dans ses
démonstrations affectives. S'il raconte une histoire, s'il
représente quelque scène dramatique, s'il crayonne, jar-
dine, pousse une brouette, tire un râteau, fait des cocottes
de papier, bâtit des châteaux de sable, à chaque instant

son œil épie sur les visages les impressions de son récit ou de son acte. Notre approbation, signe de notre plaisir, il faut la lui accorder le plus souvent possible, avec justice, mais avec indulgence ; il faut favoriser en lui l'amour du succès, et l'expansion de la bienveillance, mais sans exalter son amour-propre. Quelquefois un simple sourire est la récompense suffisante de ses efforts. Mêlons-nous aussi à ses jeux : notre amusement le ravit, nous rend pour lui plus aimables, et nous ouvre davantage son cœur. Mais ne le louons que de ses efforts, jamais de sa gentillesse, à moins qu'il ne s'y joigne quelque service. rendu ; ainsi se développera cette heureuse confiance, qui est à égale distance de la timité maladive et de l'affection présomptueuse.

Locke, estimant que la crainte est le fondement du respect, disait que la timidité ne tire pas à conséquence dans l'âge tendre. « Je ne vois pas, dit-il, qu'on trouve ni qu'on soupçonne en aucune manière que la retraite et la timidité où l'on élève les filles les rendent moins habiles femmes. La conversation, le commerce du monde, leur donnent bientôt une modeste assurance. » Il en sera de même pour le jeune homme, et « s'il faut prendre de la peine pour lui donner de bonne heure un air libre et une contenance assurée, c'est surtout afin que cela serve de rempart à sa vertu lorsqu'il sera abandonné à sa propre conduite au milieu du grand monde. » J'estime, au contraire. qu'à tous égards, et surtout au point de vue de la franchise du caractère, il est bon de s'attaquer, dès l'enfance, à ce vice ou à cette maladie de la timidité.

La timidité morale n'est pas elle-même un vice, mais elle mène à l'hypocrisie et à la lâcheté, deux imperfections aussi haïssables chez les femmes que chez les hommes. Elle est, en elle-même, un défaut qui enraie des vertus ou des qualités du plus haut prix. Elle peut faire le tourment des natures d'élite, et peut-être aurait-on le secret de bien des travers ou bizarreries de caractère chez quelques hommes illustres, en se rappelant que leurs biographes ont accolé à leurs noms l'épithète de timides.

Qu'il s'agisse des natures d'élite, ou seulement des natures honnêtes et sensibles, la timidité est un défaut grave, en ce que, dans l'universel combat pour l'existence, elle laisse l'individu, le mieux doué par ailleurs, comme désarmé en face de l'audace qui n'a pas besoin d'armure. L'exemple suivant va nous montrer quels obstacles elle peut mettre aux épanchements des affections les plus naturelles.

« Les lettres de mon père, dit l'auteur d'*Adolphe*, étaient affectueuses, pleines de conseils raisonnables ; mais à peine étions-nous en présence l'un de l'autre, qu'il y avait quelque chose de contraint que je ne pouvais m'expliquer, et qui réagissait sur moi d'une manière pénible. Je ne savais pas que, même avec son fils, mon père était timide, et que souvent, après avoir longtemps attendu quelque témoignage d'affection que sa froideur apparente semblait m'interdire, il me quittait les yeux mouillés de larmes, et se plaignait à d'autres de ce que je ne l'aimais pas. Ma contrainte avec lui eut une grande influence sur mon caractère : aussi timide que lui, mais plus agité, parce que j'étais plus jeune, je m'accoutumai à enfermer en moi-même tout ce que j'éprouvais, à considérer les avis, l'intérêt, l'assistance, la présence des autres, comme une gêne et comme un obstacle ; à ne me soumettre à la conversation que comme à une nécessité importune, et à l'animer alors par une plaisanterie perpétuelle, qui me la rendait moins fatigante, et m'aidait à cacher mes véritables pensées. De là une cer taine absence d'abandon qu'aujourd'hui encore mes amis me reprochent, et une difficulté de causer sérieusement que j'ai toujours peine à surmonter. »

Cet exemple nous montre la timidité engendrant la timidité, ou du moins empêchant un père et un fils de se comprendre et de sympathiser entre eux comme ils l'auraient voulu l'un et l'autre. Le père de Benjamin Constant rendit son fils victime, après l'avoir peut-être été lui-même, d'une ignorance complète de la pédagogie psychologique. Cette sorte de contrainte, imposée dès le jeune âge, doit avoir un retentissement d'autant plus grave sur l'évolution future des facultés, qu'elle pèse sur des organisations plus sensibles. La timidité a, dans ces cas-là, pour contre-coup fatal, des vicissitudes de confiance en soi-même et de défiance extrême.

La timidité a encore ceci de mauvais, qu'elle exagère l'amour-propre et la vanité, chez ceux qui en sont atteints. Il serait donc bien imprudent de les vouloir guérir de cette maladie, avant tout morale, en tournant leur gaucherie en ridicule, et surtout en leur en faisant des reproches. Mieux vaut s'adresser aux excitations douces et joyeuses de l'amour-propre, charger l'enfant de faire des commissions à des personnes polies, appeler son attention sur les formules et les attitudes aimables dont il devra user, et reporter ainsi sa pensée d'un état subjectif assez pénible à un autre objet, qui n'a rien que d'attrayant. C'est encore là, on s'en souvient, la méthode des dérivatifs que nous avons employée avec succès contre la peur.

CHAPITRE 11

La honte et la pudeur.

I. Effets physiologiques de la honte. — L'enfant est moins gêné par la honte de mal faire que par l'ennui d'interrompre l'acte qu'on lui défend. — L'enfant même âgé de trois mois est peu influencé par la crainte d'un invisible témoin. — La honte est un mobile dont il faut user avec ménagement. — Locke a abusé de ce moyen disciplinaire : il veut qu'en certains cas la honte d'être battu produise l'amendement du coupable. — La honte doit amener l'enfant à rougir des défauts qui font souffrir les autres ; elle aura d'autant plus d'effet qu'on aura rendu l'estime plus nécessaire. — La honte doit être proportionnée à la gravité que l'enfant attribue à sa faute. — L'humiliation de l'enfant ne doit pas avoir un grand nombre de témoins. — II. La pudeur est la honte de ce qui parait contraire à la pureté. — On peut de très bonne heure inculquer à l'enfant des habitudes pudiques, même avant qu'il ait la moindre connaissance de l'impureté. — Pudeur et chasteté ne sont pas deux mots synonymes. — Diverses causes de souillure à prévoir et à combattre. — Pas de caresses passionnées.

I

La honte est le sentiment de peine et d'embarras que produit la conscience d'avoir fait une action considérée comme blâmable. Elle se traduit par des signes extérieurs, entre autres, la rougeur subite, la tendance à se voiler les yeux et à se cacher. Comme ces manifestations peuvent exprimer d'autres états d'esprit, il convient de s'y arrêter un moment.

L'afflux du sang au visage ne caractérise pas seulement la honte. Toute émotion un peu vive, le plaisir, l'étonne-

ment, la colère, la perplexité, la peur elle-même après la
première phase de saisissement, produisent des contractions accélérées du cœur et une dilatation des vaisseaux
sanguins de la tête et du cerveau. Le sang accourt, par
l'effet d'une loi de préservation, à toute partie de l'organisme
qui a subi quelque trouble à réparer. Or, une vive émotion
occasionne une forte dépense de force nerveuse dans le
cerveau, et tout aussitôt le sang vient en grande quantité
pour y pourvoir. L'enfant rougit tout naturellement, avant
d'avoir éprouvé le premier sentiment de honte, et ce n'est
pas la honte qui, plus tard, le fait toujours rougir, quand il
a commis quelque chose de répréhensible.

Un des effets les plus propres à la honte, c'est la tendance à se soustraire à la vue des autres, à détourner la
tête et à se voiler les yeux pour fuir la lumière qui fait qu'on
est vu. Cette tendance paraît innée chez l'homme. Mais la
crainte et l'étonnement peuvent produire par eux-mêmes
de tels mouvements, en sorte que la honte ne serait qu'une
sorte de crainte morale, qui ressemble au début très peu
à ce qu'elle sera dans la suite.

Le jeune enfant, même âgé de trois ans, sur le point de
mal faire, est moins gêné par la honte de mal faire que
par la pensée que la personne présente peut l'empêcher
d'agir comme il le voudrait. Voici un exemple qui montre en lutte cette crainte précieuse du témoin moral et
l'obstination naïve à faire un acte défendu. Fernand (deux
ans) fait un affreux tripotage de salive et de cendre. Son
père s'en aperçoit, le gronde et lui défend de continuer ce
jeu. Sa mine devient triste, non du regret d'avoir mal fait,
mais du dépit de ne pouvoir continuer un amusement très
attachant. Il regarde son père dans les yeux, et lui dit :
« Quand tu t'en iras, dis, papa ? » (Le papa avait le chapeau

sur la tête, le parapluie sous le bras, prêt à sortir.) — Pourquoi me demandes-tu quand je vais sortir? C'est pour recommencer, n'est-ce pas? — Oui, papa. » Un autre enfant du même âge fait souvent la même question à son père : « Quand tu t'en iras? » ou bien il lui dit : « Ne me regarde pas ; il ne faut pas me regarder », et cela, uniquement pour se débarrasser d'un témoin gênant. Être vu, empêché, grondé, voilà ce que le jeune enfant voit souvent de plus malheureux dans la présence de celui qui fait obstacle à un acte répréhensible, c'est-à-dire au plaisir qu'il prend.

Tiedemann a très bien compris ce qui se passe en pareil cas dans l'esprit du jeune enfant. « On lui (son fils âgé de dix-sept mois) avait plusieurs fois défendu de rien toucher des choses mangeables que ce qui lui était expressément donné, sans pourtant l'effaroucher à cet égard. Il avait attrapé, sans être vu, un petit morceau de sucre ; il se glissa alors dans un coin où on ne pouvait l'apercevoir ; on ne savait ce que cela signifiait, on chercha, et on le trouva mangeant du sucre. Les bêtes, quand elles ont été battues, se sauvent avec leur proie, seulement par association d'idées, parce qu'elles se rappellent le châtiment. Mais il n'en était pas de même ici, car on ne l'avait jamais châtié ; c'était seulement la réflexion qu'il pourrait manger, si on ne le voyait pas, le sucre qu'on reprendrait aussitôt qu'on s'en apercevrait. »

Doddy, le fils de M. Darwin, ayant dérobé du sucre, son père le rencontra au moment où il sortait de la salle à manger ; il lui trouva dans l'attitude quelque chose d'étrange et d'affecté, et il pensa « que cette attitude devait être attribuée à la lutte entre le plaisir de manger du sucre et un commencement de remords ». Assurément, le remords y était pour fort peu de chose. On peut dire cependant qu'un

certain nombre d'expériences semblables, la peine répétée
d'être grondé ou puni pour quelques faits bien précis, peut-
être le déplaisir de causer du chagrin à ceux qu'il aime, en
un mot, les tendances et les habitudes sociales contre-
balançant les instincts égoïstes de l'enfant, diminueront
d'autant la facilité qu'il avait à satisfaire ses instincts, quand
il savait ses fautes impunies.

Est-ce à dire que la tête d'un enfant de deux ou trois
ans soit capable de loger utilement une conception abstraite
comme celle d'un invisible témoin de sa conduite ? « Le
jeune Tiedemann, à deux ans et cinq mois, disait, quand il
croyait avoir fait quelque chose de bien : « Le monde dira,
c'est un bon garçon. » Lorsqu'il était méchant, si on lui
disait : « Le voisin te voit », il cessait aussitôt. Mais ce voisin
bien connu, dont on lui suggérait l'image, cet épouvantail ne
faisait que fortifier d'un accessoire plus ou moins important
l'autorité de la personne qui voulait se faire obéir. Il n'est pas
démontré que, dans le cas d'une tartine ou d'un morceau de
sucre à dérober, l'enfant, à l'abri de toute surveillance, eût
été bien troublé par la pensée « du voisin qui le voyait. »

La honte est un mobile dont il faut user avec ménagement. Cultivée à l'excès, elle peut engendrer la malveillance
et la haine. Rien ne déplaît tant, en effet, aux caractères
ombrageux, rancuniers, plus portés à se souvenir des
peines que des plaisirs, qu'un froissement continuel de leur
amour-propre. Sur les tempéraments de plaisir, toujours
prompts à virer de bord au premier vent de bourrasque,
la honte glisse et ne sait où se prendre. La première excitation passée, les caractères mous et indifférents se font à
l'humiliation, comme à toute autre nécessité imposée par la
force. Les timides, les rusés, les concentrés, plus enclins
d'ailleurs que les autres à l'observation, ne tardent pas à

s'apercevoir qu'il est deux moyens commodes d'échapper à l'humiliation ou au châtiment, c'est de se cacher pour agir, ou de mentir après l'action. Un système d'éducation qui accorde trop à la honte peut donc engendrer aussi la dissimulation et le mensonge.

Locke abusait un peu de la honte, aussi bien que de l'honneur, comme moyens de discipline morale. S'il admettait même qu'on recoure aux châtiments corporels en des cas extrêmes, par exemple, à l'égard de l'opiniâtreté, de la désobéissance volontaire et déterminée, c'est uniquement parce que, selon lui, la correction peut éveiller au cœur de l'enfant le repentir et la honte : la honte même d'être battu doit faire plus sur lui que la douleur des coups. L'opinion du philosophe anglais, comme l'a fort bien montré M. F. Pillon, prête à des objections sérieuses. « Même dans le cas unique où je crois qu'on y doit recourir, avait dit Locke, je voudrais qu'on fît en sorte, si l'on pouvait, que la honte que les enfants auraient d'être battus, plutôt que la douleur des coups, fît la plus grande partie de la punition. » A quoi M. Pillon a justement répondu :

« *Si l'on pouvait !* Mais le peut-on ? Locke sent bien que la honte d'avoir mérité le blâme ne se joint pas toujours et nécessairement à la douleur des coups. Mais il ne voit pas que cette précieuse association est, non seulement incertaine, mais à peu près impossible, en raison même de la nature des châtiments corporels. Le sentiment moral qu'il s'agissait de faire naître est plutôt étouffé qu'excité par l'expression vive et tout à fait dominante de la douleur physique et par les autres sentiments qui, dans la punition corporelle, accompagnent cette douleur. Nous ne reviendrons pas sur ce que nous avons dit dans un article précédent, sur l'irritation, la malveillance et la haine que les châtiments corporels ont la propriété pour ainsi dire physiologique d'engendrer chez les enfants. Nous ferons seulement observer que l'analyse de Locke est en ce point insuffisante. Il ne parle que de la honte, du blâme et du châtiment que l'enfant a conscience d'avoir mérités. Cette honte salutaire n'est pas la seule dont il y ait à tenir compte. Il y en a une autre qui naît beaucoup plus fréquemment des coups reçus, quand l'enfant a déjà dépassé le premier âge : c'est celle de l'offense que subit sa personne, sans vouloir ou sans pouvoir y reconnaître une juste proportion avec la faute. Ce n'est pas cette seconde espèce de honte qui peut servir à l'amendement moral (1).

Pour être efficace, la honte doit exciter l'agent moral à agir de façon à conserver l'estime des siens. Il faut qu'un jour il souffre de ses défauts comme il en a vu souffrir les autres. Or nous ne souffrons des défauts qui déplaisent aux autres que dans la mesure même où nos qualités leur plaisent, et nous ne pensons pas du bien de nous, quand les autres ne pensent de nous que du mal. Si vous voulez que la honte conserve toute sa puissance sur l'enfant, arrangez-vous de manière à augmenter en lui le goût de votre estime et la satisfaction de lui-même.

Le blâme doit être proportionné à l'importance de la faute, et surtout à la gravité que l'enfant lui attribue. Il tombe sous le sens qu'on ne réprouvera pas une simple négligence, une infraction au décorum conventionnel des mœurs, un acte commis par inexpérience, maladresse ou vivacité, comme un vol, un mensonge, une action basse ou méchante. La balance ne sera pas la même pour peser ces

(1) F. Pillon, *Les châtiments corporels dans l'éducation, La Critique philosophique,* n°* des 19 et 26 septembre 1878.

derniers méfaits, s'il s'agit d'un enfant de deux ans ou de quatre ans, de quatre ans ou de huit ans. En effet, la classification des actes en actes louables, blâmables et indifférents, est loin d'être aussi large et aussi nette pour les uns que pour les autres. Les éducateurs bien doués font d'instinct ce discernement, que les autres ne savent pas toujours faire.

Règle générale, l'humiliation de l'enfant ne doit pas avoir un grand nombre de témoins. Ce précepte s'applique d'ailleurs plutôt à l'éducation de famille qu'à l'éducation commune, qui a ses moyens et ses exigences propres. L'enfant que l'on veut faire rougir de sa conduite doit voir sur tous les visages une expression de peine et de réprobation, qui lui indique le sentiment qu'il doit éprouver lui-même. Si le blâme ou la punition ont un grand nombre de témoins, il pourra s'en trouver un, et c'est déjà trop, qui, par un mot de pitié, un sourire d'intelligence, gâtera l'effet de la leçon donnée.

Je n'admets pas, quant à moi, qu'il y ait entre la famille et l'école une solidarité si étroite que l'humiliation se transporte indistinctement de l'une à l'autre ; si tout ce qui se fait à l'école a son contre-coup et sa sanction dans la famille, celle-ci doit avoir son champ d'action religieusement fermé. Il est même certaines fautes qui, sans ombre de cachoterie, peuvent rester inconnues à l'un des parents : le secret accordé à l'enfant par un sentiment de confiance, et pour éviter une peine sérieuse à l'un de ceux dont l'estime lui est si chère, ne peut que fortifier, dans un jeune esprit de six ou sept ans, ce sentiment de la responsabilité morale qui doit l'amener à rougir à ses propres yeux d'une mauvaise action ignorée de tous. Mais, plus l'enfant est jeune, plus il lui est utile d'être humilié toujours sans excès, devant un petit nombre de personnes. Les yeux, les

attitudes, les mots de réprobation, le silence, la froideur de
ses amis, doivent assez l'avertir ou le punir.

II

La pudeur est la honte éprouvée pour tout ce qui paraît
contraire à l'honneur, et particulièrement à la pureté. Elle
n'est point innée, quoi qu'en ait dit Rousseau. Il fait de la
pudeur un instinct du sexe féminin, et comme « un don de
l'être suprême » : par elle sont naturellement contenus les
désirs illimités de l'être le plus faible, comme la raison
gouverne les passions immodérées chez l'être le plus fort.
Proudhon, par une exagération dans un autre sens, refuse à
la femme toute pudeur : cette forme de la dignité personnelle ne vient à la femme que par la crainte de l'homme. Je
serais plutôt de l'avis de Proudhon, quand il dit que les
jeunes enfants n'ont pas de pudeur, sans ajouter, comme
lui, que les adolescents, jusqu'à la puberté, n'en ont que
fort peu. La vérité est que l'idée et le sentiment de pudeur
dépendent de l'éducation pour les deux sexes.

On peut, de très bonne heure, inculquer à l'enfant des
habitudes pudiques, même avant qu'il ait la moindre notion
et la moindre pratique de l'impureté. Un premier moyen
est de lui inspirer « un dégoût purement matériel
pour des attouchements même fortuits et d'exiger de lui,
sur le ton d'une répugnance indignée, qu'il aille se laver
les mains quand on le surprend à les accomplir. Ce
petit acte expiatoire laisse dans le souvenir des enfants une
impression salutaire, et dont ils n'effaceront pas complètement la trace quand leur raison aura percé à jour ce
stratagème (1). »

(1) Fonssagrives, *l'Education physique des garçons*, p. 317.

Il conviendra aussi que toutes les personnes admises dans l'intimité de l'enfant aient les plus religieux scrupules pour tout ce qui peut blesser ses yeux ou ses oreilles. Les bonnes, et même les mères, ou les grands enfants, oublient trop que le jeune observateur voit tout et n'oublie rien. Comme la pudeur est née de l'usage du vêtement, il faut s'habiller et se déshabiller devant l'enfant comme on le ferait devant une grande personne.

La pudeur n'a de prix que comme préservatif de l'impureté. Mais pudeur et chasteté ne sont pas deux mots synonymes. Il est des enfants qui rougissent sans avoir la connaissance du mal, et d'autres qui ne rougissent point, bien qu'ils soient déjà entamés par le vice. Les parents ne doivent jamais se reposer de leurs vigilantes appréhensions. La souillure vient de mille causes physiques et sociales. Il faut se prémunir dès le principe contre les unes et les autres. L'enfant doit porter le jour des pantalons fermés, une longue chemise la nuit, dormir la tête appuyée sur ses deux mains posées à plat. Les ablutions fréquentes le préserveront des démangeaisons irritantes. Des soins et des remèdes spéciaux le débarrasseront de ces vers situés à l'extrémité inférieure de l'intestin, dont les mouvements rapides produisent une excitation qui a ses dangers. Ses jeux avec les autres enfants et les domestiques seront toujours surveillés. Sous aucun prétexte, on ne le laissera seul dans une chambre. On dérivera, par les mouvements en plein air, le surplus d'une activité qui s'écoulerait fatalement par les voies de la sensibilité.

Cette surexcitation nerveuse, qui prédispose l'enfant aux habitudes malsaines, trouve un aliment habituel dans les jeux excessifs, les cajoleries et les caresses passionnées, qui éveillent des désirs inconscients chez ces jeunes êtres aux fibres délicates et impressionnables. Le danger est surtout à craindre avec des enfants qui, en vertu de prédispositions héréditaires, quelquefois de nature pathologique, ont une appétence particulière des sensations se rattachant à l'instinct génésiaque. L'action de ces tendances est souvent exagérée par nos imprudences.

Donnons à l'instinct inné de la tendresse, qui est fondé sur le plaisir de l'embrassement et du contact, toutes ses justes satisfactions, et pas davantage. Un enfant sevré de baisers et de témoignages d'affection est une proie offerte à la débauche solitaire. Trop embrassé, trop caressé, surtout par d'autres personnes que ses parents, il arrive au mal par une autre pente. Il doit trouver dans les pratiques, tendres, mais modérées, de la sociabilité, un préservatif ou un dérivatif de la tendance amoureuse, si forte chez quelques enfants, à surveiller chez tous.

CHAPITRE III

La crédulité.

La crédulité à la parole d'autrui a pour principe la croyance primitive qui accompagne l'exercice des sens. — Cette croyance persiste en se limitant à propos de certains phénomènes bien connus. — Il faut redresser, et amener l'enfant à redresser lui-même une foule de jugements erronés, d'une application nuisible ou déraisonnable. — L'enfant crédule par impulsivité. — Rapport entre la tendance à l'action et la mémoire émotionnelle : confiance et circonspection. — Laisser agir cette heureuse confiance, et ne la tempérer qu'à bon escient. — Il faut que l'enfant apprenne qu'il y a des exceptions à toute loi habituelle, qu'il apprenne la décision réfléchie, la patience, l'égalité d'humeur. — La vive sensibilité de l'enfant le fait quelquefois ressembler à un adulte hypnotisé, susceptible d'obéir à toutes sortes de suggestions. — Devoir étroit de respecter sa spontanéité, son intelligence, son innocence. — Il ne faut, quoi qu'en dise Platon, tromper ni les peuples ni les enfants. — Exceptions très rares où la suggestion mensongère est permise. — Les récits faits à l'enfant doivent être vraisemblables ; point de fictions absurdes ou terrifiantes.

Le mot *crédulité* est souvent pris en mauvaise part. Il signifie la facilité à croire sur un fondement très léger, à tout croire, à croire tout le monde. Un tel penchant supposerait l'incapacité de juger par soi-même, qui n'est pas le fait de l'enfant même âgé de quelques mois. Il a commencé, en effet, à voir par ses yeux, à entendre par ses oreilles, avant de croire au témoignage des autres. L'évidence est le caractère de ses moindres sensations. Elle ne cesse d'accompagner l'exercice de tous ses sens. Mais cette

croyance primitive et absolue subit peu à peu quelques
atteintes. L'enfant, par exemple, a reçu dans sa bouche
une cuillerée de soupe trop chaude : averti par cette rude
expérience, il fait un geste à sa mère, qui signifie : « Souffle
sur la cuillère avant de la rapprocher de ma bouche. » Il se
défie bientôt, pour de bonnes raisons, de la flamme et du
feu. Plein d'assurance dans ses premiers mouvements pour
marcher, il s'est fait du mal en tombant, et dès lors il ne
renouvelle plus ses essais de locomotion sans une main qui
le soutienne. A dix mois, il essaie encore et encore de lever
le couvercle pesant d'une caisse ; mais, à l'âge de dix-huit
mois, décidément convaincu de l'inutilité de ses efforts, il
n'a plus envie d'y perdre sa peine et son temps.

Rappelons-nous bien que le principe de l'éducation négative, même pour le premier âge, ne doit être que partielle-
ment appliqué. Non seulement il faut éviter à l'enfant les
erreurs compromettantes pour son bien-être, sa santé, sa
bonne humeur et sa moralité, mais il faut à chaque instant redresser, plus il est jeune, et l'amener à redresser lui-même,
plus il avance en âge, les jugements faux auxquels l'entraîne
son intrépide instinct de croyance. Cette méthode s'impose
d'autant plus que la petite science de l'enfant n'est point
désintéressée ; sa curiosité n'est pas celle d'un théoricien,
elle est faite en vue de la pratique immédiate, ou elle a
mille chances d'être tournée à des applications prochaines,
qu'il est souvent plus facile de prévoir que d'empêcher.

L'enfant est toujours un être plus ou moins impulsif. Pour
lui, voir un objet, y penser, c'est l'aimer ou le haïr, et c'est
en même temps le vouloir ou le repousser. Son cerveau est
trop faible pour retenir le jeu de ses muscles mis en mouvement par une excitation du sensorium, et son expérience
ne peut pas lui fournir des motifs bien puissants d'arrêt.

S'il suspend de lui-même ou tempère l'action commencée en lui malgré lui, il le doit plus souvent à l'effet de son tempérament qu'à celui des habitudes prises. La promptitude et l'assurance avec lesquelles agit un enfant qui n'en est plus à l'époque des mouvements réflexes dépendent, en effet, de l'énergie plus ou moins grande de ses impulsions natives à l'action. Et n'oublions pas que celles-ci sont en relation étroite avec ce que les Anglais appellent la mémoire émotionnelle. « Le tempérament confiant, a dit M. J. Sully, implique une mémoire particulièrement bonne pour les plaisirs ; et le circonspect, l'appréhensif, une mémoire particulièrement bonne pour les peines (1). »

Certains enfants sont plutôt portés à la confiance, et d'autres à la circonspection. Mais l'enfant est généralement confiant : il ne doute ni du résultat ni de son habileté à le produire, quand il s'agit d'un acte l'intéressant quelque peu. Il faut lui laisser cette heureuse confiance, et ne la tempérer qu'à bon escient. Il serait aussi funeste de l'exagérer que de la réduire. C'est le sentiment de cette mesure qui paraît avoir échappé à un éminent hygiéniste, quand il disait : « Il est bon que la mère commence par habituer l'enfant, grâce à une expérience dont les coups et les chutes feront tous les frais, à considérer la douleur, non pas comme un incident extraordinaire, mais comme une chose usuelle entrant dans le plan de la vie (2). » Il est bien plus utile de lui montrer comment la douleur s'évite ou s'atténue. Qu'on ne le plaigne pas outre mesure pour une bosse au front ou pour une piqûre d'épingle, fort bien ; mais qu'on l'avertisse de ne pas s'y exposer, et qu'on

(1) *Eléments de psychologie*, p. 637.
(2) Fonssagrives, *l'Éduc. phys. des garçons.*

l'aide parfois à esquiver de tels accidents, c'est mieux encore. Il sera prudent, mais non timoré. Il apprendra à marcher, à courir, à sauter, à se suspendre, à se balancer, à toucher, à palper, à manipuler les objets et les animaux, hardiment, posément, si nous le surveillons et l'encourageons, au lieu de le plaindre.

Il faut sans cesse alimenter, en les réglant avec précaution, les habitudes relatives à la sensibilité.

Je les voudrais tout juste assez variées, même chez un enfant de deux ans, pour que leur influence ne tournât pas à l'obsession et à la manie. Il faut détendre avec une prudente complaisance les frêles ressorts de l'activité enfantine. Ainsi convient-il de mettre quelquefois un certain retard à la satisfaction des désirs les plus habituellement écoutés; de même est-il bon de ne pas voir toujours se réaliser les appréhensions les plus légitimes. Ces exceptions habilement opposées à la règle éprouvée font réfléchir l'enfant, le rendent plus apte à comprendre les moyens que nous employons pour nous tirer d'affaire nous-mêmes ; elles l'habituent à la patience et à l'égalité d'humeur. La seule chose sur laquelle un enfant âgé de deux ans doive toujours absolument compter, c'est l'affection et l'indulgence de ses proches. Il faut aussi que l'éloge et le blâme lui soient répartis pour les choses importantes, avec une équité parfaite ; qu'il ne soit pas assuré de l'un ou de l'autre, avant d'agir. Une petite hésitation pour les actes sérieux est très utile à l'enfant, à mesure qu'il avance en âge. Elle n'est pas seulement une condition de progrès pour sa moralité ; mais, d'une manière générale, elle lui fera mettre plus de prix aux éloges mérités, et contribuera ainsi à accroître la somme de ses vrais plaisirs.

Insistons sur l'intime rapport qui existe entre la croyance

et le sentiment. Une vive émotion met en relief dans l'esprit une idée ou une image, au détriment de toutes les autres qu'elle aurait pu évoquer. Cette image éveille à son tour des sentiments qui se combinent avec le premier et le renforcent. Ainsi la peur donne des hallucinations effrayantes. Un vif désir nous fait croire à l'existence de son objet ou à la facilité de l'obtenir, et il en résulte un accroissement d'appétition. Une attente énergique produit de pareils effets véritables suggestions à l'état de veille. En voici un exemple frappant chez un adulte. « Je me trouvais à Paris, rapporte Wigan, à une soirée de M. Bellart, quelques jours après l'exécution du prince de la Moskowa. L'huissier, entendant le nom de Maréchal aîné, annonça M. le maréchal Ney. Un frisson électrique parcourut l'assemblée, et j'avoue, pour ma part, que la ressemblance du prince fut, pendant un instant, aussi parfaite à mes yeux que la réalité (1). »

Ces curieux phénomènes de suggestion s'expliquent très simplement, comme tous les autres, par le ralentissement de la circulation du sang dans une partie du cerveau, ralentissement dû, soit à l'obsession d'une vive image, soit à quelque action mécanique du genre de celles qu'emploient les hypnotiseurs. Le sujet tourne ainsi à l'état de vision suraiguë, l'arrêt du travail mental ayant lieu pour tout ce qui n'est pas l'objet de sa vision.

Étant donné les conditions physiologiques de cet état d'hyperblépie mentale, ou de crédulité, on comprend sans peine qu'il puisse être provoqué par la fièvre ou par la digestion même. Le savant M. Maury, s'endormant un jour après son dîner, vit réellement des cerises vermeilles sur

(1) *Nouvelle espèce de folie*, 1844, p. 56, cité par M. de Rochas, *Revue scientifique* du 12 février 1887.

une assiette de faïence verte, assiette et cerises qui l'avaient frappé pendant le repas (1). La digestion a produit cette hallucination hypnagogique, en retirant du cerveau une partie du sang et le faisant affluer vers la partie médiane du corps. Les troubles de l'estomac, qui supposent une inflammation de cet organe, accompagnent les hallucinations tristes (2).

On a beaucoup parlé dans ces derniers temps d'appliquer l'hypnotisme, comme moyen pédagogique, non seulement aux enfants vicieux et malades, sur lesquels les autres moyens ont échoué, mais à tous les enfants dont la paresse ou les défauts incorrigibles ont résisté aux suggestions ordinaires de l'éducation. C'est, en effet, par une sorte de suggestion à l'état de veille, analogue dans ses causes et dans ses effets à la suggestion hypnotique, qu'on impose à l'enfant des manières d'agir, de penser et de sentir, supposées bonnes, et d'une influence plus ou moins durable. Nous devons attendre de nouvelles et décisives expériences pour nous prononcer, et sur l'utilité, et sur la légitimité de ce genre de curation. Les scrupules inspirés par le respect de la personnalité de l'enfant ne sont pas ici directement en cause, puisque, selon M. Marion, il est certain « que l'éducation implique nécessairement une forte dose de déterminisme », et que « les esprits faibles en général, la plupart des enfants notamment, prennent avec une facilité incroyable, dans certaines conditions surtout, l'empreinte qu'on leur donne (3). » Cet argument serait d'ailleurs sans valeur pour les tout jeunes enfants, s'il était vrai, comme le déclare Preyer, qu'ils ne peuvent être hypnotisés. « La faiblesse de la volonté de l'enfant est cause, dit-il, qu'il ne peut être

(1) *Le Sommeil et les Rêves*, p. 271, cité par M. de Rochas, *loc. cit.*
(2) *Ibid., id.*
(3) *Revue philosophique*, février 1887.

hypnotisé. Sa volonté n'est pas assez puissante pour diriger et concentrer son attention d'une façon persistante, dans une seule direction, sur un seul point, ce qui est une condition du sommeil hypnotique (1). »

Ce qui est au moins bien établi, c'est qu'à l'état normal, l'extrême crédulité de l'enfant se traduit par des jugements, des émotions et des actes, qui le font souvent ressembler, toute proportion gardée, à un adulte hypnotisé. De là suit l'étroite obligation de respecter, chez ce jeune être, sa spontanéité, son intelligence, son innocence, et ce qu'on veut bien appeler sa liberté.

Platon voulait que les magistrats mentissent au peuple, dans son intérêt. Il aurait sans doute appliqué ce précepte au gouvernement de la jeunesse. Cette maxime platonicienne a fait autrefois l'objet d'un concours. L'académie qui avait posé cette question : « Est-il utile au peuple d'être trompé? » décerna impartialement deux prix, l'un au mémoire qui avait le mieux soutenu l'affirmative, et l'autre à celui qui avait le mieux défendu la négative. Je me demande quel résultat aurait une enquête pédagogique à l'effet de savoir s'il faut tromper l'enfant pour son bien, ou du moins pour son plaisir. Pour moi, je persiste à croire que de tels mensonges ne sauraient avoir de véritable utilité, ni pour les enfants, ni pour les peuples. J'admettrais, à la rigueur, qu'on usât envers un enfant de dix ou douze mois d'une suggestion verbale comme la suivante : « Ceci est bon », quand il s'agit d'un mets nouveau, et qui ne lui déplaît peut-être que pour cela ; mais quelle utilité logique ou morale peut-il y avoir à lui assurer qu'une substance réellement amère a un goût agréable, même quand l'intérêt de sa santé semble excuser un tel mensonge?

(1) *L'Ame de l'enfant*, p. 287.

La vivacité des impressions met l'enfant à la merci des sensations ou des images intenses qu'on lui suggère. Il voit tout ce dont on lui parle. Ici la puissance suggestive des images s'accroît de celle des paroles, du ton et des gestes. Nos récits, quels qu'ils soient, deviennent des réalités sensibles pour le naïf auditeur. De là le charme, et aussi le danger de toutes les historiettes merveilleuses qu'on lui débite. Qu'elles soient du moins vraisemblables ; je ne vois pas la nécessité de nourrir son jeune esprit de choses qu'il lui faudra plus tard désapprendre. Jamais surtout de ces récits absurdes de morts ou de revenants, qui abêtissent l'enfant et le rendent victime de préjugés funestes, quand ils ne l'exposent pas à des frayeurs maladives. Je voudrais aussi, puisqu'il prend si bien au sérieux ces petits drames et ces petites comédies faits pour lui, qu'on ne les lui changeât pas, qu'on ne les lui gâtât pas, sous prétexte de les embellir. Enfin ne risquons pas d'enlever leur intérêt à ces histoires, et de faire germer un grain de scepticisme dans la tête du jeune enfant, en lui disant de ne pas trop pleurer sur ces aventures, qu'elles ne sont pas vraies. Nous porterions les premiers la peine de cette imprudente pratique : nous mettrions l'enfant en garde contre nos suggestions les plus utiles et les plus légitimes. Ainsi les hypnotiseurs trouvent réfractaires à leurs tentatives des volontés qui s'hypnotisent en quelque sorte elles-mêmes, pour leur résister. A cette force d'inertie s'ajouterait aussi plus d'une fois un genre de simulation plus ou moins inconsciente, analogue à celle que M. Henri Bergson a signalée chez certains sujets (1), et qui pourrait avoir ses inconvénients en éducation.

(1) *Revue phil.*, novembre 1886.

CHAPITRE IV

La véracité et le mensonge.

Le mensonge peut être considéré comme instinctif chez l'enfant.— Des principales causes qui le favorisent. — On fait apercevoir à l'enfant ses erreurs volontaires comme ses erreurs involontaires. — Tous les mensonges ne sont pas à réprimer. — Il y a une bonne et une mauvaise manière d'exciter l'enfant à avouer ses fautes. — Il ne faut pas soumettre à une rude épreuve la sincérité de l'enfant. — Il vaut mieux le louer d'avoir dit la vérité, que d'avoir avoué sa faute. — Cas où l'aveu est nécessaire, où la répression doit être physique et morale, surtout morale, et fondée sur le besoin d'estime. — La sincérité s'impose mieux par l'exemple que par tout autre moyen. — Nécessité absolue de la franchise envers l'enfant.

Le mensonge est si facile à l'enfant qu'il peut être considéré comme une tendance naturelle. Si l'enfant n'est pas naturellement menteur, le milieu domestique et social dans lequel il se développe l'amènent plus ou moins à dire ou à montrer le faux pour le vrai. Peut-être aussi certains caractères, en vertu de l'hérédité, y sont-ils plus enclins que d'autres. Ainsi, il est certain qu'on peut noter, dès le berceau, chez quelques enfants, les signes d'une disposition innée à la concentration, à la dissimulation, à la ruse. Ne nous occupons que des conditions les plus générales par lesquelles l'enfant se trouve disposé, comme dit Montaigne, à la menterie.

L'énumération serait longue de toutes les causes qui peuvent induire l'enfant, tout comme l'adulte, à en faire

accroire. Citons-en quelques-unes parmi les principales. La
nature elle-même, il faut l'avouer, est notre première maîtresse d'erreur : en nous trompant, elle nous donne
l'exemple de tromper. Je veux parler de ces apparences
qu'elle nous engage à prendre pour des réalités, des illu-
sions dont aucun de nos sens n'est exempt. Tout d'abord
l'enfant est surpris et contrarié des méprises où il se voit
tomber. Sa franchise, pas plus que sa confiance universelle, n'en paraît encore atteinte. Mais il n'en est
pas de même quand il nous voit, comme les objets, et
au moyen des objets, chercher à le tromper, soit pour
l'amuser, soit pour lui être utile. Il s'irrite de ces super-
cheries ostensibles, quand elles lui sont vraiment désagréables, de même qu'il éprouve une peine morale, une
certaine confusion, quand il ment pour cacher une première
faute. En définitive, c'est nous, quelque adresse que nous
y mettions, qui nous laissons les premiers prendre par
l'enfant en flagrant délit de mensonge. « Le mensonge n'est
qu'un moyen, et un moyen qui coûte (1). » Mais il en coûte
bien peu à l'enfant qui en reçoit l'exemple fréquent de son
entourage ou de ses petits camarades. C'est un moyen
commode, au service de toutes les passions égoïstes, ces
grandes conseillères de sophismes. La gourmandise, la
paresse, la convoitise, la jalousie, la peur sous toutes ses
formes, l'indocilité, la vanité, sont des mobiles souvent
beaucoup plus forts que celui de la véracité.

De même qu'il est bon que l'enfant se trompe et redresse
lui-même son jugement erroné, de même il doit avoir
menti, pour reconnaître la nature et la gravité de ce défaut.
Ainsi, nous lui montrons peu à peu, nous lui faisons dé-

(1) H. Marion, *Leçons de psychologie*, p. 194.

couvrir que les apparences inaccoutumées des choses ne sont telles que pour des raisons bien connues: ceci dépend de la lente et progressive éducation des sens et du jugement. Nous devons suivre une méthode analogue dans les erreurs volontaires qu'il est amené à commettre : nous lui faisons faire un retour sur lui-même, et il ne manque pas de s'apercevoir qu'il n'a trompé qu'en cédant à une impulsion qu'il aurait pu et dû réprimer. Il est bien entendu que cette leçon de morale pratique ne doit être employée qu'avec mesure, et seulement dans les grands cas.

Tous les mensonges, d'ailleurs, ne sont pas à réprimer.

Que l'enfant, par gestes, par mines, ou paroles, contrefasse un peu la vérité, si cela n'est pas trop fréquent, ni d'une bouffonnerie trop accusée ; qu'il sorte tout d'un coup d'une cachette où il se croyait invisible, et jouisse de surprendre ou d'effrayer les autres; que par un mensonge de bravoure, il se relève, une bosse au front, et dise: « Je suis tombé pour rire » ; que, pour éviter un petit reproche, et aussi pour ne pas faire de la peine à sa mère, il dise que ce n'est pas elle, mais l'eau de son bain qu'il a appelée « vilaine » : ce sont là de petits mensonges sur lesquels il faut savoir fermer les yeux. Mais il y aurait danger à tolérer chez l'enfant des mensonges ayant pour mobiles, non plus les impulsions d'une naïve personnalité, mais les sentiments antisociaux : la jalousie, le manque de déférence, l'indocilité.

La peur d'être réprimandé, de ne pas obtenir une satisfaction attendue, engage l'enfant à mentir, mais plus rarement jusqu'à trois ou quatre ans que passé cet âge. Dans ces cas, la manière dont nous lui demandons la vérité fait naître la défiance, la dissimulation et le mensonge. « As-tu fait cela? C'est donc toi encore qui as fait cela? » Ces questions, faites d'un ton et d'un visage sévères, font chercher une réponse qui peut amener l'impunité ou ajourner la punition. L'enfant élevé avec douceur sera franc, parce qu'il est confiant. Une réprimande faite avec douceur, et avec la certitude du pardon et de l'oubli, est une punition très sensible pour un enfant bien élevé, et ce n'est pas là ce qui refoulera l'aveu prêt à jaillir de ses lèvres. Il faut, d'ailleurs, quelquefois prendre en pitié sa faiblesse, venir en aide à cette petite bonne volonté sollicitée en sens contraire par la honte et par l'affection filiale : il faut lui dire qu'on sait la vérité, quand on la sait, et lui demander simplement des détails sur son acte, sur la manière dont il l'a accompli, et sur les mobiles qui l'y ont déterminé.

Il ne faut pas soumettre à une rude épreuve, et surtout dans les petites choses, cette innocente et fragile sincérité. On a besoin d'être cru, pour être excité à dire la vérité. On peut donc quelquefois, surtout s'il s'agit de choses peu importantes, faire semblant de croire ce que dit l'enfant, et de ne pas suspecter sa bonne foi. « Il faut, a dit miss Edgeworth, prendre son parti d'un verre cassé plutôt que de mettre à l'épreuve la sincérité de l'enfant. » C'est la mettre à l'épreuve que de lui tenir rigueur, et de le forcer à s'exécuter lui-même à propos de négligences ou d'étourderies reconnues par lui légères, ou même excusables.

On peut d'autres fois le louer, mais de préférence louer quelque autre personne, pour avoir dit la vérité à ses risques et périls. Montrons-nous satisfaits de sa sincérité : cela vaudra mieux que de lui pardonner sa faute parce qu'il l'aura avouée. « C'est le plus grand avoueur que je connaisse, disait le marquis de Mirabeau au bailli son frère, à propos de son fougueux et incorrigible jeune homme. Mauvaise maxime à graver dans l'esprit des jeunes enfants de tout âge que « faute avouée est à moitié pardonnée. »

Mais il est des cas où l'aveu est nécessaire, où la répression doit être physique et morale, surtout morale, et fondée sur le besoin d'estime. « Si un enfant dénature ce qu'il raconte, s'il exagère pour se faire valoir, qu'on l'amène peu à peu, par des questions adroites, à rétablir lui-même les faits, puis, qu'on lui fasse avouer sa faute et qu'on le laisse ensuite à sa honte (1). »

Quelquefois l'aiguillon de la peine physique viendra s'ajouter à la peine morale. Si, par exemple, l'enfant vient nous dire : « J'ai faim, j'ai soif ; je n'ai pas eu ma pomme ou mon gâteau, » et que le mensonge soit palpable, répondons-lui que nous ne le croyons pas, car nous savons bien le contraire de ce qu'il dit. S'il renouvelle son mensonge, à propos d'objets de convoitise ou d'amusement, disons-lui froidement que nous ne le croyons pas, parce qu'il nous a déjà trompés en pareille matière, et qu'il nous trompe sans doute encore. Si l'enfant a réellement besoin, s'il tenait fort à cet objet ou à ce jouet, un quart d'heure ou une demi-heure de privation peut le faire souffrir sans inconvénient d'aucune sorte, et le faire réfléchir sur les avantages de la sincérité.

Si l'enfant persiste dans ses habitudes de mensonge, « un bon moyen de correction sera encore de faire contrôler ce qu'il avance par ses camarades (ou ses frères) ; il faudra lui dire d'un ton sérieux et triste qu'on se voit dans la nécessité de ne pas croire à ce qu'il affirme, et témoigner au contraire une confiance absolue à ceux de ses camarades qui n'ont jamais menti. L'habitude du mensonge sera bien invétérée si elle résiste à un pareil traitement

(1) H. Marion, *Leçons de psychologie*, p. 196.

employé en temps utile (1)». Ce précepte n'est d'ailleurs d'une application réellement efficace que pour l'âge qui n'est plus la première enfance et qui n'est pas encore l'adolescence. Les habitudes fondées sur la force du jugement et de la volonté, et sur le sentiment de la dignité personnelle, ne se prennent guère encore à trois ou quatre ans, et ne se prennent guère plus après l'âge de douze ou treize ans.

En somme, la sincérité s'impose par l'exemple mieux que par tout autre moyen. Il semble qu'on ne devrait pas avoir à insister sur la nécessité d'être avec un enfant, et surtout avec son enfant, d'une scrupuleuse franchise. Pourtant plus d'un père et d'une mère ont besoin qu'on leur répète le vieil aphorisme : « Nous devons le plus grand respect à l'enfant », aphorisme si bien traduit par notre grand poète : « Ayons pitié des têtes blondes (2). »

« Le nombre est malheureusement petit des enfants élevés dans un milieu où le mensonge soit réellement en horreur. Combien peu de parents et maîtres, sans parler des serviteurs, s'interdisent scrupuleusement de dissimuler et de mentir même dans les petits choses ! Que l'éducateur donne, en toute occasion, à ses élèves l'exemple de la véracité et de la loyauté ; que sa conduite en tout et partout témoigne de l'horreur qu'il a de la dissimulation ; de la ruse même ; qu'il ne demande jamais, qu'il ne permette pas aux enfants de se trahir et de se dénoncer les uns les autres, qu'il punisse au contraire sévèrement tout acte de délation, mais qu'il tâche d'amener les coupables à avouer eux-mêmes spontanément et vaillamment leurs

_____
(1) Marion, *loc. cit.*
(2) V. Hugo.

fautes ; s'il promet une récompense ou une punition, qu'il ne lui arrive jamais d'oublier sa promesse : ce sera le meilleur moyen de développer chez ses élèves l'instinct de la véracité et de la droiture (1). »

N'oublions pas néanmoins que ce dernier précepte est susceptible de quelque adoucissement dans l'éducation du premier âge. Rousseau a tort, nous l'avons déjà dit, de vouloir que les menaces et les interdictions, une fois faites, soient toujours irrévocables.

La seule chose qui soit de nécessité absolue, c'est une entière franchise avec l'enfant.

Si nous sommes constants dans cette méthode, toute de sincérité, de modération, de surveillance de nous-mêmes, l'enfant sera aussi franc que nous pourrons le désirer, et quelquefois même plus que nous ne le voudrions. Non toutefois qu'il y ait lieu de réprimer, dans cet âge tendre, un excès de franchise. Ne blâmons jamais l'enfant, né lui fermons jamais la bouche, quelque innocente indiscrétion qu'il commette. Il serait ridicule de le vouloir pénétrer de cet aphorisme de morale mondaine qu'il faut penser tout ce qu'on dit, mais se garder de dire tout ce qu'on pense. Cette insouciante et naïve candeur, il ne s'en corrigera que trop tôt.

Laissons-lui dire tout ce qu'il pense, d'abord pour entretenir en lui cette précieuse qualité, et ensuite pour lire dans son jeune cœur tout ce qu'il y a, puisque les indications qu'il nous donne inconsciemment sur lui-même nous sont indispensables pour diriger ses pensées, régler ses sentiments et sa conduite.

(1) M. Marion, *loc. cit.*, p. 195.

CHAPITRE V

L'amour-propre dans ses rapports avec la sensibilité.

N'encourageons pas trop l'égoïsme provenant de la réflexion portée
sur les sentiments. — On accorde trop d'importance à la petite
personne et à tout ce qui s'y rattache. — Ne pas favoriser la sensualité. — Ne pas insister devant l'enfant sur les jouissances de
la sensualité. — En revanche, rien de plus utile que de porter l'attention de l'enfant sur ses plaisirs passés. — Le même conseil
n'est pas applicable aux douleurs passées : l'enfant s'habituerait à
vouloir inspirer de la pitié. — Il est aussi très utile de compatir
devant lui, surtout en cherchant à les soulager, aux souffrances des
autres. — Le plaindre lui-même avec discrétion ; pas d'éducation
énervante.

L'attention de l'enfant portée sur les manifestations de
certains sentiments, tels que la colère, la peur, la timidité, peut lui suggérer le désir de les réprimer et peu à
lui en donner le pouvoir. Ce ne sont pas les seules émotions sur lesquelles il soit utile de faire revenir l'enfant.
Mais il faut y apporter une extrême prudence, car, chez
l'enfant comme chez l'adulte, l'analyse subjective entraîne
moins d'avantages que d'inconvénients.

Il n'est pas plus dangereux, en principe, de faire revenir
l'enfant sur ses plaisirs passés que de rappeler son attention sur ses qualités ou sur ses mérites. A deux ans, et
même à trois ou quatre ans, l'égoïsme d'un enfant bien
élevé n'a rien de bien grave. Un enfant âgé de deux ans,
d'un excellent cœur, et assez bien dressé, est vivement
intéressé quand on parle de lui, de ses plaisirs, de ses occu-

pations, de ses affaires, de sa maison, de son père, de sa
mère, de son frère, de son chien, de tout ce qui se rapporte
à lui, de tout ce qui lui est familier. Tout ce qui est lui et
les siens est bon, joli, important, comme aussi tout ce qui
le fait souffrir, colique, mal de tête, coupure au doigt, con-
tusion à la tête, fait un bien grand mal, et rend bien malheureux. Mais nous voyons déjà poindre, à côté de cet
égoïsme, non sans grâce et sans utilité, un peu de cette
personnalité haïssable que Pascal et La Rochefoucauld ont
si bien décrite. N'y encourageons pas trop l'enfant, par
notre approbation et par notre sourire.

Il est des personnes bien intentionnées, mais fort impru-
dentes, qui ne peuvent laisser un enfant pendant quelques
minutes à lui-même. Tout petit, on l'admire déjà, on le dor-
lote, on l'idolâtre. C'est, à les entendre, le plus bel enfant
du monde, le plus intelligent, le plus affectueux, le plus
sage, le plus aimable. Ses verrues sont des signes ; ses rages
sont des impatiences, ses fautes des peccadilles ; on lui demande à chaque instant s'il s'amuse bien, s'il est heureux.
On lui prodigue les termes de la plus mièvre sentimentalité; on lui demande s'il aime bien sa mère ou sa tante,
qu'elle est celle qu'il aime le plus : exhibition de tendresse
excessive et maladroite. Elle élève trop haut le ton de
la sensibilité affective, qui doit toujours rester dans les
degrés moyens du calme et de la sérénité. Elle rend l'enfant
avide de marques d'amitié, et tyrannique à son entourage.

Les mêmes critiques s'adressent aux pratiques de toute
sorte qui favorisent la sensualité du jeune enfant. Trop de
soins, trop de plaisirs énervent le jeune être. Une trop
grande variété dans les sensations et les émotions éprouvées fait de l'enfant une machine émotionnelle, vibrante au
moindre choc, mais ne produisant chaque fois que senti-

ments faibles et peu durables. Quand la sensibilité s'est accrue aux dépens de l'action, ou de la volonté, la faiblesse des ressorts organiques et l'inconsistance du caractère accroissent le nombre des besoins, avec une difficulté plus grande de les satisfaire. On fait du petit sybarite un jouet de ses caprices, un délicat malheureux, et, par surcroît, un être indocile et inéducable. Je ne parle que de l'éducation énervante quand elle est portée à l'excès : mais n'est-elle pas fâcheuse dans tous les degrés qu'elle comporte?

Un plus grand danger, c'est d'insister sur les jouissances mêmes de la sensualité, en y intéressant la vanité de l'enfant. On vante devant lui les mets de la table des riches, on énumère les plaisirs, les honneurs, qui s'attachent à la fortune et aux grandes places. On s'estime heureux ou malheureux de sa propre condition ; on envie ouvertement les uns, on déprécie les autres, d'après cette mesure fausse et conventionnelle de la situation sociale ; enfin, on montre un appétit déréglé des biens de ce monde, et une estimation de soi-même basée sur la part qu'on en peut prétendre. Quoi d'étonnant si l'enfant, avant d'avoir fait l'apprentissage de la vie, avant d'en pouvoir comprendre et connaître les difficultés et les obligations, se croit destiné à la plus grande somme de plaisirs possible ? « Moi, je voudrais être bien riche, pour m'amuser beaucoup et ne rien faire! » quel mot dans la bouche d'un enfant de neuf ans, intelligent, instruit, de bonnes manières, et qui parlait ainsi très sérieusement!

Il y a, d'ailleurs, plus d'un avantage à porter l'attention de l'enfant sur ses plaisirs passés, quand on le fait sans s'arrêter à l'analyse de ces plaisirs et sans trop y intéresser le jeune amour-propre. C'est un plaisir charmant que de se rappeler avec lui des événements heureux, des fêtes de

famille, des parties de campagne, des incidents de voyage.
On ravive, on renforce en lui d'aimables souvenirs,
des sentiments doux et affectueux, impressions désormais
ineffaçables de sa vive et féconde imagination. On teint le
présent et l'avenir de ces idéales couleurs du bonheur
passé. On entretient cette satisfaction légitime de soi et
des autres, cette belle confiance optimiste, d'où dépend,
pour l'enfant comme pour l'homme, la manière d'envi-
sager la vie et de se comporter envers elle.

Nous devons éviter avec le plus grand soin de faire revenir
l'enfant sur ses douleurs passées, quand il n'en doit pas res-
sortir une leçon facile et certaine de patience, de courage,
et surtout de prudence. L'enfant s'accoutume à inspirer de
la pitié, et à s'apitoyer sur lui-même. Il se mêle à ce genre
d'émotion une âcreté de plaisir qui en favorise la reproduction. On en arrive bientôt à trouver des raisons de se
plaindre, quand elles ne se présentent pas d'elles-mêmes.
On s'étonne, à la fin, des moindres souffrances, comme si
elles étaient l'effet d'une injustice. Quand on en est là, on a
bien peu de pitié à dépenser pour les autres.

Il est bon que l'enfant s'habitue à compatir aux souffrances
des autres, en voyant qu'on les plaint et qu'on cherche à
les soulager. Mais, par la manière dont on le plaint lui-
même, dans les accidents et les souffrances inévitables, il
faut lui faire considérer le mal comme une chose assez ordinaire dans la vie de tout le monde. On a rarement cette
prudence. « Le petit roi de la création tombe de sa
hauteur, se pique avec une épingle, se heurte à l'angle
d'un meublé, s'ensanglante dans une rixe enfantine, les
cris de sa mère, accrus de ceux des domestiques et des
autres enfants, couvrent les siens, quelque perçants qu'ils
soient; on se lamente, on court à l'eau froide et à l'arnica;

on couvre de baisers tumultueux le petit blessé, qui se sent
singulièrement intéressant et qui songe peut-être déjà mali-
cieusement aux petits profits de son infortune. Les efforts
exaltés auxquels on se livre pour le consoler l'excitent à
crier davantage, et puis, le drame fini, on en continuera
l'impression en racontant devant l'enfant et à toutes les
visites les péripéties les plus minutieuses de cet affreux
accident. L'enfant en retirera le désir de poser de nouveau,
la certitude qu'il a prodigieusement souffert et le désir
pusillanime d'éviter tout accident de ce genre. Et voilà
comment on fait les enfants douillets, les hommes nerveux
et les sociétés molles.

« Un proverbe russe dit que l'enfant qui a cinq bonnes
est nécessairement borgne. Une mère trembleuse peut les
remplacer toutes les cinq dans cet office malsain. » Il est
bon de remarquer, d'ailleurs, que l'enfant qui tombe crie
rarement quand il est seul. J'en ai vu qui, gardant un visage très souriant après un accident de cette nature, et
avant l'arrivée de leur mère, éclataient en hurlements dès
qu'ils surprenaient sur sa physionomie l'expression d'une
frayeur sympathique. C'est elle qui donne toujours la
note de sensibilité, qu'elle ne l'oublie pas.

« Mais la douleur ne nous vient pas toujours sous la
forme acérée d'un accident ou d'une chute : la maladie la
traîne le plus habituellement à sa suite, et offre aux
mères intelligentes des occasions, hélas ! trop dédaignées
d'endurcir la sensibilité de l'enfant. On le plaint, on le
caresse, on vole au-devant de ses désirs, on pleure
devant lui, on a dans la voix des larmes attendries qui
l'apitoient sur son propre sort, et les bonnes résolutions
d'une éducation ferme s'envolent à tire-d'aile. Huit jours de
ce système, et voilà un enfant douillet, si on ne le redresse

avec douceur et persévérance (1). » Comme tout cela est
bien vu et bien décrit ! Et comme tout cela est vrai au
point de vue le plus humain ! Mettez à la place du mot
enfant celui de pessimiste ou de décadent, et vous aurez la
gâterie érigée en philosophie, et la pitié transformée en reli-
gion.

Marianna, dans l'âge le plus tendre, avait failli mourir d'une
fluxion de poitrine. Sa mère se mit à l'entourer de précautions sans nombre. Tous les jours, elle parlait du chagrin
qu'elle avait eu, et de celui qu'elle aurait si elle venait à
perdre sa fille. Il arriva que cette petite fut prodigieusement gâtée, et que personne dans sa famille n'en pouvait
venir à bout. On eut alors l'idée de la mettre pensionnaire,
mais dans un établissement de l'endroit, afin de surveiller
l'enfant, j'allais dire les maîtresses. Naturellement, une
élève de cette espèce méritait des punitions; on menaçait de
faire des rapports à maman, quand elle viendrait, et l'on
promettait de ne pas accorder la sortie prochaine. Marianna ne soufflait mot : la petite politique de dix ans avait
son plan tout fait; les mercredis et les samedis, veilles des
visites au parloir ou des sorties, elle râclait incessamment sa
gorge, et le lendemain, quand la mère accourait, aux premiers baisers succédait, du côté de l'enfant, une grosse
toux rauque qui faisait surgir, dans l'imagination effrayée
de la mère, l'épouvantail de la fluxion. Ce manège ne manqua jamais son effet ; et comme, en définitive, toute la force
et toute la puissance des maîtresses étaient annulées par
ces stratagèmes, après quelques mois de patience et
de dure besogne, on rendit à sa famille Marianna et ses
rhumes, dociles à l'appel.

(1) *L'Education physique des garçons*, pp. 63-66.

CHAPITRE VI

L'amour-propre dans ses rapports avec l'activité et le savoir.

L'amour de soi se confond avec l'amour de l'existence, de la force et
du plaisir. — L'activité plaît à l'enfant, et ce plaisir même l'excite à agir. — Le champ des actions utiles se sépare peu à peu de
celui des jeux. — Laissons à l'enfant une grande liberté, mais une
liberté surveillée. — La comparaison de ses actes et de ses qualités, avec ceux des autres, développe bientôt l'idée d'excellence et
de supériorité. — Laissons-le oser, et par là se développer et se
renseigner de toutes façons. — De la gymnastique spéciale pour le
premier âge. — Louons-le, sans jamais le flatter ou l'admirer,
pour sa force et son adresse. — Formes naïves et bizarres de l'a-
mour-propre enfantin. — L'enfant aime à nous étonner. — Empêchons
de bonne heure que le besoin de croire en lui-même ne devienne
l'étalage des forces et des qualités mêmes qu'il n'a pas. — L'enfant
se montre aussi vain de son savoir que de sa force et de son
adresse. — Il ne faut pas, tout en surveillant les écarts sérieux, se
préoccuper de cette sorte de vanité.

L'amour de soi, qui se confond avec l'amour de l'existence, de la force et du plaisir, fait de l'enfant tout jeune
un égoïste inconscient, ou, comme on l'a dit, « une personne qui s'ignore (1) ». Cette candide expansion de la vie,
cette franche exubérance de la personnalité qui s'aime sans
le savoir et jouit d'elle-même dans ses moindres manifestations, nous devons les régler autant que le premier âge
le comporte, pour en tirer le meilleur parti possible dans
l'intérêt de l'individu et dans celui de la société.

L'amour de soi, ou l'amour-propre, se recherche et se

(1) Paul Janet, *la Famille*, p. 131.

complaît dans la personne même, dans ses manières d'être et d'agir, dans ce qui l'environne, la pare, la met en relief. Dans toutes ces différentes applications, il n'y a pas d'égarements auxquels la vanité ne puisse nous assujettir dès l'enfance. Mais toutes ont leurs bons côtés, par où il faut prendre l'enfant, et qu'il faut respecter dans une juste mesure.

Avant la fin du troisième mois, l'enfant a déjà conscience de sa propre activité ; elle lui plaît, et ce plaisir même l'excite à agir. Du quatrième au septième mois, les mouvements sont plus étendus et plus compliqués, et la volonté apparaît quelquefois dans leur coordination. Quand l'enfant est assis sur son tapis, entouré des objets dont il est le maître, son activité, doublée de curiosité, surexcitée par les sentiments de toute sorte, le rend si heureux, semble à tel point lui être nécessaire, qu'un quart d'heure de repos forcé lui pèse comme à l'adulte une journée d'ennui.

Bientôt que de jouissances musculaires, intellectuelles, morales, et même esthétiques, lui font éprouver les premières tentatives de marche, les premiers essais de parole, les gestes variés qu'il copie sur les nôtres ou reproduit d'après les impulsions héritées de ses ancêtres ! Il paraît souvent s'intéresser plus à son action elle-même qu'au résultat de cette action. Sa jeune personnalité se réjouit tout au moins d'être une cause de changements divers autour de lui, bien que l'idée de cause ne soit en lui qu'une vague tendance. La plupart de ces progrès pressentis par l'organisme, préparés par les progrès antérieurs, et facilités par la vue de nos actes les plus faciles à imiter, s'opèrent à mesure que se sont développées les forces nécessaires à leur production. Aussi leur apparition cause-t-elle sans cesse à l'enfant le plaisir de l'inattendu. Ce sont des trouvailles dont il se félicite, et dont il veut voir tout le monde étonné, enchanté. Il les répète sans se lasser, sans utilité, pour le plaisir d'exercer un nouveau pouvoir. Bientôt le mouvement est acquis, perfectionné ; il lui sert à toutes fins, comme les premières articulations significatives lui servent de termes communs pour désigner les ressemblances quelquefois très lointaines des objets.

D'un an à vingt-quatre mois s'opèrent les progrès les plus décisifs de cette naissante personnalité. Le champ des actions utiles se sépare peu à peu de celui des jeux. Fixé naguère dans un petit centre de relations, il s'agrandit, au point de vue physique et moral, dans un rayon presque illimité. Il peut transporter ses jouets où il veut, en trouver d'autres à son gré, faire usage de ses mains pour son service personnel ou celui des autres. Désire-t-il un verre d'eau pour apaiser sa soif, une chaise pour s'asseoir, il va les chercher, ou du moins les demande avec les formules voulues. Cette faculté des mouvements, si riche en acquisitions organiques et volontaires, lui fournit l'occasion de mal faire, et, par suite, d'en être averti ou réprimandé, ce qui double pour lui le plaisir des actes bien faits. De plus, ses imitations d'actes, de gestes et de paroles, lui permettent de revêtir vis-à-vis des grandes personnes et de ses égaux des attitudes qui caractérisent la sociabilité dans ce qu'elle a de plus extérieur. Il dit amicalement le bonjour, fait le salut, demande et remercie poliment, ouvre ou ferme une porte, apporte ou éloigne les objets selon nos désirs.

L'enfant, à vrai dire, assez bon juge de ses propres forces, n'a pas besoin qu'on lui apprenne à marcher, à tendre ou fléchir les bras, à pousser, à jeter des objets.

Il n'y a, dans beaucoup de cas pareils, qu'à laisser faire la nature, en surveillant les excès et prévenant autant que possible les dangers. Il faut aussi qu'il s'aperçoive que ses forces le trahissent, qu'il n'est pas capable de faire tout ce qu'il veut, et même qu'il fasse quelques chutes, quelques expériences de douleur fort utiles à son éducation physique et morale. Comme l'a dit avec esprit M. Fonssagrives, « tomber est pour lui une fonction ». Qu'on lui laisse son droit de tomber : pas de lisières, pas de chariots roulants, peu de bourrelets, pourvu que cette frêle nature, qui vit d'activité, et doit en vivre heureuse, soit entourée d'une surveillance assidue, d'un dévouement toujours prêt à intervenir dans les cas périlleux ou simplement douteux (1).

A mesure que son intelligence se développe et que ses expériences se multiplient, la comparaison qu'il fait entre les adultes et entre les enfants de sa connaissance fait germer dans sa jeune tête l'idée d'excellence ou de supériorité, qu'il ne manque pas d'appliquer à lui-même. Il jouit alors, plus souvent qu'autrefois, des réflexions qu'il fait sur sa personne, ses qualités, son mérite et ses forces. Mais, ce qui montre combien l'amour-propre, comme la plupart de nos sentiments complexes, tout en restant égoïste, implique la présence d'autres individus, c'est qu'il est beaucoup plus agissant quand on le regarde. Il veut faire tout seul, si on l'en a loué, et si on ne veut pas agir à sa place, tous les actes un peu difficiles qu'il lui a fallu auparavant laisser faire par d'autres. Il veut prendre sans aide ; quoi qu'on fasse, il y veut mettre la main. Il imite sa nourriture de ses propres mains, se laver et s'habiller

___
(1) V. ce que nous avons dit à ce sujet dans la II° Partie et p. 273.

à table les façons des grandes personnes; c'est ici que ses indiscrétions, sa hardiesse à tout faire, la promptitude de ses mouvements, amènent quelquefois des catastrophes dont l'utilité n'est pas toujours bien démontrée.

Mais qu'est-ce, après tout, qu'un potage étendu sur la nappe, un biscuit émietté dans la salade, un verre renversé ou jeté, qu'est-ce qu'un portrait mal décroché ou crevé, un clavier de piano désorganisé, qu'est-ce que tout cela, et le reste, au prix des leçons sur la nature des objets, leurs rapports, leurs distances, leurs usages, qui résultent pour lui de ces erreurs pénibles pour son amour-propre? Et surtout qu'est-ce, au prix des belles et bonnes petites actions qu'il arrive bientôt à faire tout seul malgré leur difficulté, et de celles qu'il réussit tant bien que mal à exécuter pour se rendre agréable aux autres? Ne rebutons pas, tout en la surveillant et la dirigeant, son innocente maladresse. Laissons-le oser, au risque d'avoir parfois à le réprimander, plus souvent à le renseigner, et sachons à propos et discrètement le remercier de ses bons services, le féliciter de son audace heureuse.

J'ignore si, de même qu'il y a une gymnastique spéciale pour le premier âge, le programme des écoles maternelles comprend l'éducation musculaire du petit enfant. Il est fort à souhaiter qu'il en soit ainsi. Il ne suffit pas de lui faire connaître les qualités essentielles, les formes, les usages des différents objets : il y a, pour chaque chose, une façon d'en user, une manipulation appropriée, que le hasard n'est pas le meilleur maître à enseigner. Citons deux ou trois exemples familiers : je connais bien des grandes personnes qui sont embarrassées pour tirer du feu une cafetière chaude, pour saisir et porter un bol de tisane assez plein et assez chaud, opérer la traction d'objets un peu lourds, manier proprement des objets délicats, fragiles ou malpropres, couper adroitement une fleur sur sa tige, déraciner une plante inutile, cueillir un raisin, etc. Le plaisir qu'éprouverait l'enfant à bien faire un grand nombre d'actions pareilles me paraît être une suffisante raison pour qu'on les lui enseigne. Je recommande ce point très négligé aux mères soucieuses de bien élever leurs enfants, car je suppose qu'il n'est pas oublié, pour les enfants des écoles maternelles, dans ce que l'on appelle l'éducation des sens.

Puisque son individualité de plus en plus consciente veut être appréciée pour sa force et son adresse, louons l'enfant, sans jamais l'admirer, quand il a fait ou essayé un acte qui lui présentait quelque difficulté. Louons-le plutôt de l'acte que de l'intention; l'acte est quelque chose de sensible, qu'il peut mesurer d'après l'effort employé, la durée de cet effort et l'importance du résultat. Mais il est moins bon juge, tout comme l'adulte, de la valeur morale des actes, de la qualité des motifs et des mobiles, et il serait porté à les exagérer, si nous tournions son attention de ce côté.

Joseph exprime quelquefois, ou même déguise son naïf orgueil d'une manière bizarre. Il porte des pantalons depuis six mois, et il ne veut plus qu'on l'appelle bébé. Sa marraine, qui le taquine souvent, lui disait : « Tu es un joli moutard. —Non, je suis Joseph ! » Il se fâche aussi quand on lui parle en zézayant, comme il faisait il y a quelques mois. « Mais je ne parle pas comme ça, moi, s'écrie-t-il ; c'est les petits bébés qui parlent comme ça ! »

Fait-il quelque chose de mal, il le rejette moitié riant, moitié sérieux, sur un de ses petits voisins, un bébé, celui-là, car il a six ou sept mois de moins que lui. L'enfermet-on dans un cabinet, il commence par pleurer ; puis, par bravade ou pour faire rire, il se met à chanter ce refrain du *beau Nicolas*, qui a tant amusé depuis deux ans tous les enfants de France et de Navarre (1). Bientôt, il ouvre timidement la porte, guettant si on l'a oublié ; il se dépite, il se renferme dans son cachot, chante et crie aussi fort qu'il peut. Enfin il ouvre la porte plus grande, et dit à la personne qu'il aperçoit : « Dis donc, toi, tu croyais que je pleurais ! C'est Bébère (le petit voisin Albert); tu vois, je pleure pas: C'est Bébère qui pleure. N'est-ce pas, moi, je suis bien gentil(1)? » On lui répond : « Non, tu n'étais pas gentil, quand on t'a mis là-dedans. — Je ne le ferai plus, » dit-il ; et la leçon, si leçon il y a, se termine là.

Le même enfant a pris l'habitude de faire beaucoup de choses, parce qu'on a dit en riant qu'elles étaient drôles. Il dit à chaque instant : « C'est-il drôle ce que je fais ! » Quand il a fait quelque imitation des actes de grandes personnes, martelé un bout de planche (son père a un magasin d'ébénisterie), marché à pas comptés en s'appuyant sur sa canne, contrefait du haut de la fenêtre les chanteurs de la cour, ou jeté à ces virtuoses du pavé un morceau de papier plié, on l'entend dire : « Est-ce drôle ! » Un jour, comme il y avait un quart d'heure qu'on ne l'entendait plus dans la maison, on le chercha partout, mais inutilement; à la fin, on le trouva au fond de la cour, couché à côté du chien, la tête dans la niche. Il avait dû jouer, puis s'endormir en jouant, ou peut-être avait-il pris cette position pour dormir comme le chien, et pouvoir dire ensuite : « Est-ce drôle pourtant,

---

(1) Je l'ai entendu chanter à tue-tête par les petits Espagnols de Saint-Sébastien, ce qui prouve en passant que, du moins pour la musique, « il n'y a plus de Pyrénées ».

ce que je fais ! » Ce furent, en effet, les premiers mots qu'il prononça, quand on l'eut réveillé.

Voilà une sorte de vanité enfantine qui n'est peut-être pas aussi innocente et irréfléchie qu'elle le paraît. Cette vanité-là doit être surveillée, et d'autant plus que l'enfant est plus impressionnable et plus enclin à imiter les manières de son entourage. Il faut s'y prendre de bonne heure, et longtemps avant que l'enfant « porte des pantalons », pour combattre cette tendance à l'exagération de l'amour-propre, qui peut être un effet de l'hérédité, mais que développent les influences du milieu social. Le besoin de croire à la supériorité ou à l'excellence de ses forces, de ses qualités, peut facilement devenir le besoin de faire étalage de forces et de qualités qu'on n'a pas.

Une mère disait souvent : « J'ai une idée, etc. »... Son petit garçon, qui n'avait pas deux ans, commença un jour une phrase par ces mots. Tout le monde de rire. Il en fut fier pendant longtemps ; quand il venait une visite, il ne manquait jamais d'aller se camper devant elle, pour voir l'effet de son « j'ai une idée ». — Si l'on ne faisait pas attention à lui, il tirait par la manche et obligeait les gens à s'occuper de lui et de son mot.

Fénelon est un des premiers pédagogues qui aient montré le ridicule et le danger de l'affectation qu'on laisse croître par négligence, qu'on entretient par faiblesse et par vanité dans l'enfant. Les excellents conseils qu'il donne, quoique un peu généraux, sont à méditer par qui veut combattre chez son enfant toute espèce de vanité.

« Ce plaisir qu'on veut tirer des enfants, dit-il, produit un effet pernicieux : ils aperçoivent qu'on les regarde avec complaisance, qu'on observe tout ce qu'ils font, qu'on les écoute avec plaisir ; par là ils s'accoutument à croire que le

monde sera toujours occupé d'eux... Pendant cet âge où
l'on est applaudi, et où l'on n'a point encore éprouvé la
contradiction, on conçoit des espérances chimériques, qui
préparent des mécomptes pour la vie. J'ai vu des enfants
qui croyaient qu'on parlait d'eux toutes les fois qu'on parlait en secret, parce qu'ils avaient remarqué qu'on l'avait
fait souvent. Ils s'imaginaient n'avoir rien en eux que
d'extraordinaire et d'admirable.

« Il faut donc prendre soin des enfants sans leur laisser
voir qu'on pense beaucoup à eux. Montrez-leur que c'est
par amitié et par le besoin où ils sont d'être redressés que
vous êtes attentifs à leur conduite, et non par l'admiration
de leur esprit. Contentez-vous de les former peu à peu, selon
les occasions qui viennent naturellement. Quand même
vous pourriez avancer beaucoup l'esprit d'un enfant sans le
presser, vous devriez craindre de le faire, car le danger de
la vanité et de la présomption est toujours plus grand que
le fruit de ces éducations prématurées qui font tant de
bruit (1). »

L'enfant se montre quelquefois aussi vain de son savoir
que de sa puissance et de son adresse. A vrai dire, il confond souvent les unes avec les autres ces qualités de nature
différente. A l'âge de deux ans, l'enfant qui appelle sa
sœur *bête*, quand elle ne fait pas ce qu'il désire, n'emploie là qu'un terme assez général de mépris ou de dépit.
Mais un autre enfant, vers l'âge de quatre ou cinq ans, se
montrait fort humiliant envers les bonnes, les traitait
comme personnes ne sachant que fort peu, tandis que lui
savait bien des choses, les ayant apprises de papa et de
maman, qui savent tout, et qui ne peuvent pas se tromper.

(1) *L'Education des filles*, édit. Defodon, p. 19.

Comme il avait des notions précises sur une foule de choses, il relevait leurs erreurs sans ménagement, d'un ton de supériorité blessant : « Est-ce que vous savez cela, vous autres ? »

A l'époque dont nous parlons, il connaissait les quatre points cardinaux, et il s'orientait un peu dans la ville, parce qu'il avait demandé en divers endroits où était le Nord. Fort intelligent, cela lui avait suffi pour déterminer la direction des autres points cardinaux. A la maison, il était parfaitement orienté. Exemple : il offrait à son frère l'un ou l'autre des deux objets qu'il tenait dans ses mains. « Allons, prends celui qui est du côté de l'Est », disait-il au pauvre petit, bien éloigné de comprendre ce grand mot. Aux yeux des étrangers, cela eût passé pour de la pédanterie; mais c'était chez lui tout naturel, et sans la moindre prétention ; il voulait seulement donner ainsi une indication exacte.

On ne doit pas se préoccuper outre mesure de cet épanouissement naïf de la jeune personnalité. Il faut, au contraire, le laisser libre, pour en redresser à l'occasion les écarts sérieux, tantôt par une brève admonestation, tantôt par une indifférence visible, jamais par une réprimande blessante ou railleuse. La timidité rend quelquefois les enfants poseurs ; pensant qu'on les observe, ils cherchent à distraire notre attention par leurs jeux, leurs saillies, leurs drôleries. Mais souvent aussi, ils le font par inconsciente vanité, pour se faire caresser et louer. N'encourageons rien, réprimons peu, et surtout donnons l'exemple de la modestie et de la simplicité.

CHAPITRE VII

L'amour-propre et le goût de la parure.

Le goût de la parure se développe de bonne heure chez les enfants: l'éducation y est bien pour quelque chose. — Il se mêle à la vanité un sentiment esthétique assez prononcé. — Le goût excessif de la parure vient souvent des influences du milieu. — D'ailleurs, nulle différence entre les deux sexes, dans les premières années, quant au goût de la parure. — On peut en dire autant pour la manie de juger les gens d'après leur mise. — Il n'est pas toujours facile de préciser la limite où cette tendance demi-esthétique devient un défaut. — Il faut entretenir, dans une mesure indiquée par la raison, le goût inné de la parure, qui s'allie à toutes les qualités sociales, et particulièrement à la pudeur.

Le goût de la parure se montre de bonne heure chez la plupart des enfants. Se développe-t-il spontanément, et l'éducation n'y fait-elle rien ? J'ai bien peur qu'elle y soit pour beaucoup. Nous savons tous comment les mamans et les nourrices se conduisent, sous ce rapport, avec les petits enfants. Au moment de la sortie en plein air, qu'ils aiment tant, on ne se contente pas de s'habiller devant eux, de leur mettre simplement leurs robes et leurs chapeaux, ce qui d'ailleurs suffirait pour leur faire associer l'idée de la toilette avec celle d'un grand plaisir. Mais on leur dit : « Bébé va mettre sa belle robe. son joli chapeau, ses jolis pépés. » Et cent formules pareilles. Plus tard on dira : « Si Henri est sage, je lui mettrai ceci ou cela (un attifement quelconque). » On les invite à se regarder dans la glace, en leur disant : « Vois le petit Eugène. Vraiment, le petit Eugène est un joli bébé ! » Les mots « beau », « joli », reviennent à propos de tout ce qu'on met sur leur personne, de tout ce qu'on leur fait admirer autour d'eux.

Voici un exemple d'un autre genre, que j'emprunte à George Sand : elle avait été très vivement frappée, à l'âge de trois ans et demi, de la robe et du voile blancs que portait une de ses voisines, le jour de sa première communion. Cet habit blanc « me parut la plus belle chose du monde. Je ne pouvais me lasser de l'admirer; et ma mère ayant dit tout d'un coup que son blanc était tout jaune, et qu'elle était fort mal arrangée, cela me fit une peine étrange. Il me sembla qu'on me causait un vif chagrin en me dégoûtant de l'objet de mon admiration (1). » C'est là une émotion esthétique, d'une fraîcheur et d'une pureté primitives, et que doit éprouver tout enfant impressionnable, quand on n'a pas abusé avec lui des suggestions relatives à la toilette. Ces impressions si vives, si l'exagération des exemples et des paroles ne vient pas les gâter, peuvent fort bien ne laisser qu'un souvenir charmant, sans aucun mélange de frivolité. Mme George Sand, qui dut en ressentir plus d'une fois de pareilles, n'a jamais aimé la toilette pour elle, tout en l'admirant en artiste.

Il faut bien regarder autour des enfants, quand le goût de la parure se développe chez eux à l'excès. Nous attribuons souvent à l'hérédité, au tempérament, au caractère inné, les torts de l'éducation. Sur trois sœurs que j'ai connues bien jeunes, une seule, un peu plus gâtée, il est vrai, que ses aînées, a pris un goût décidé pour la parure, en jouant dans un atelier de modiste : ce goût s'est ensuite

(1) *Histoire de ma vie*, t. II, p. 160.

développé au couvent, et s'est aggravé de jalousie pour les
élèves mieux habillées. L'hérédité et l'exemple n'opéraient
ici directement, ni du côté du père, ni du côté de la mère.
Mais j'ai vu, chez des filles de mères détraquées, la passion
en quelque sorte congénitale de la parure, fortement
encouragée par les exemples journaliers. Ce goût en
est venu à une obsession singulière, chez une petite
fille de complexion maladive, à qui sa mère, qui satisfait
tous ses caprices, a donné, sinon par son exemple, au
moins par son admiration imprudente pour les gens du
grand air, de déplorables leçons de coquetterie.

Je ne vois, d'ailleurs, aucune différence entre les deux
sexes, dans les toutes premières années, quant au goût de
la parure. S'il n'en est pas de même plus tard, on peut voir
là un effet du développement de facultés diverses chez les
garçons et chez les jeunes filles. Il serait trop long
de discuter cette question. Il me suffit ici de dire que le
goût très vif de la toilette se développe chez la plupart des
garçons, et persiste jusque dans l'adolescence, et au delà,
quand il est entretenu par les leçons et les compliments de
la famille.

Deux exemples entre mille. Je sais un petit garçon de
huit ans, qui est très malheureux quand sa mère sort avec
une vieille robe, mais qui lui donne le bras d'un air
triomphant quand elle est bien mise. Il ne supporte
pas d'avoir de longs bas, pendant l'été, parce que ce
n'est pas de bon ton comme les petites chaussettes.
Un autre, un peu plus âgé, que j'ai connu autrefois,
la mode étant aux pantalons collants, se mettait en
fureur devant des culottes neuves, que le tailleur
venait d'apporter, et qui semblaient larges. « Si j'y entre,
criait-il, je ne les veux pas! »

Ce qui est vrai pour le goût de la parure l'est aussi pour la manie de juger les gens d'après leur mise. Ce défaut est loin d'être spécial au sexe féminin. On le trouve chez des garçons de six ou huit ans, qui le tiennent de leurs parents ou de leurs connaissances. Un jeune garçon, aujourd'hui conseiller de cour d'appel, se détourna un jour dédaigneusement d'une dame qu'il croyait de bonne compagnie : comme elle portait des bas noirs, alors que la mode était rigoureusement aux bas blancs, elle était jugée, selon lui (1).

L'instinct du beau, pour une faible part, et la vanité, pour une plus forte part, alimentent le désir de plaire par la vertu des habits, de se recommander par la valeur de la toilette. C'est là pour nous tous une tendance de nature, et, si l'on veut, un legs de lointaine hérédité. Il n'est pas toujours facile de préciser la limite où cette qualité devient un défaut. Pour faire exactement cette distinction, on doit chercher à découvrir les mobiles qui font agir l'enfant en petite personne vaniteuse.

Voici d'abord une petite fille de vingt-huit mois, à qui sa mère avait prêté l'ombrelle de sa sœur, dont elle avait grande envie. Quelques instants après, Cécile avait disparu avec son ombrelle. On la chercha dans toute la maison, dans tout le voisinage : on la croyait perdue, lorsque, vers midi, sa sœur la ramena avec elle. La petite, qui avait accompagné une fois son aînée en classe, et qui avait admiré les jolies ombrelles des autres enfants, une fois en possession d'un objet pareil, n'avait eu rien de plus pressé que d'aller se pavaner au milieu des petites écolières. Ici, la vanité est un produit spontané de la nature, l'effet d'une tendance excitée sans doute par l'imitation, mais qui n'a pas été

(1) Exemples tirés de mon étude sur *le Sens du beau chez l'enfant*, qui est sur le point de paraître.

directement encouragée par des exemples et des conversations de tous les jours. L'éducateur passe à côté de cette fillette, en souriant, et sans avoir de conseil à donner.

Mais voici un autre enfant, âgé de trois ans, à qui ses parents ne refusent aucune superfluité coûteuse, et qui ne rêve que de képis et de sabres dorés, de souliers à boucles de vermeil, de ballons merveilleux, de chariots princiers. Il lui arrive quelquefois, dans la rue, de quitter sa bonne, de s'approcher d'un petit plébéien à demi vêtu, qui s'amuse bien sans jouets, et de lui dire : « Tu n'as pas un sabre comme celui-là, toi » ! Une fois il demanda à sa mère comment les enfants des rues pouvaient bien manger des pommes et des raisins, avec leur figure « sale », et comment ils faisaient pour dormir, « avec des chemises noires et déchirées ». Voilà une vanité peut-être naturelle, mais sûrement exagérée par les influences éducatives.

Il faut, non seulement tolérer, mais entretenir avec soin, dans les limites de la raison, chez les enfants des deux sexes, ce goût inné de la parure, qui s'allie à toutes les qualités sociales, et particulièrement à la pudeur. Gardons-nous de le leur faire perdre en leur imposant un luxe de contrainte, qui les gêne et qui les chagrine. Gardons-nous surtout de leur donner l'exemple et l'habitude de la parure extravagante. Des habits très soignés, très propres, très frais, voilà la parure des petits enfants. Point de compliments sur leur toilette ; point de parure pour récompense. Une mère qui veut rentrer pendant quelques instants en elle-même n'aura pas, en cette matière, de meilleurs conseillers que son bon sens et sa clairvoyance habituelle : elle ne voudra sur ses enfants rien de ce qui la choque instinctivement ou à la réflexion chez les enfants des autres.

TABLE DES MATIÈRES

PREMIÈRE PARTIE

Premiers développements et formation morale de la volonté.

DEUXIÈME PARTIE

L'éducation affective et morale des sens.

TROISIÈME PARTIE

Culture des tendances émotionnelles et affectives.

CHAPITRE PREMIER

QUATRIÈME PARTIE

La sympathie humaine.

CHAPITRE PREMIER

CHAPITRE II

CHAPITRE III

CINQUIÈME PARTIE

La culture des sentiments complexes ou dérivés.

996. — Tours, imprimerie E. Arrault et Cie

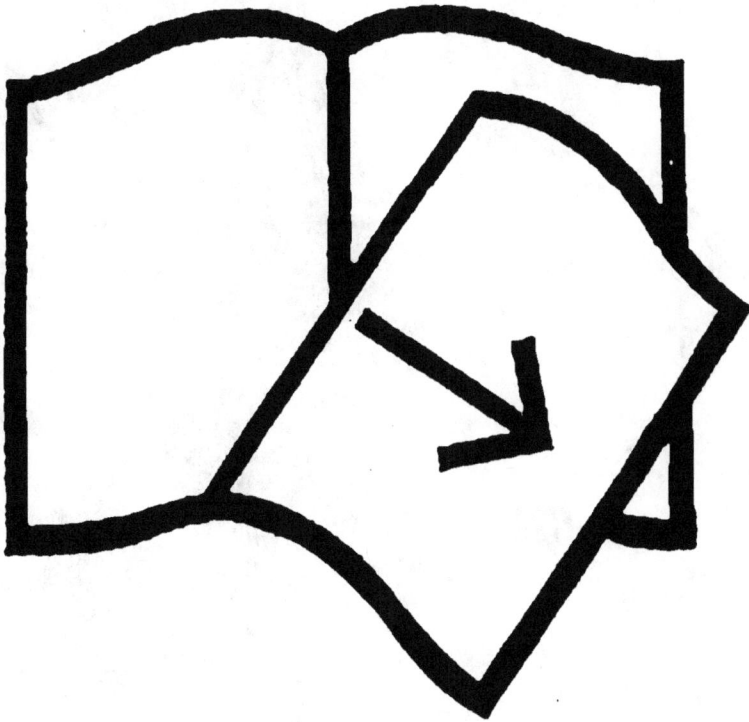

Documents manquants (pages, cahiers...)
NF Z 43-120-13

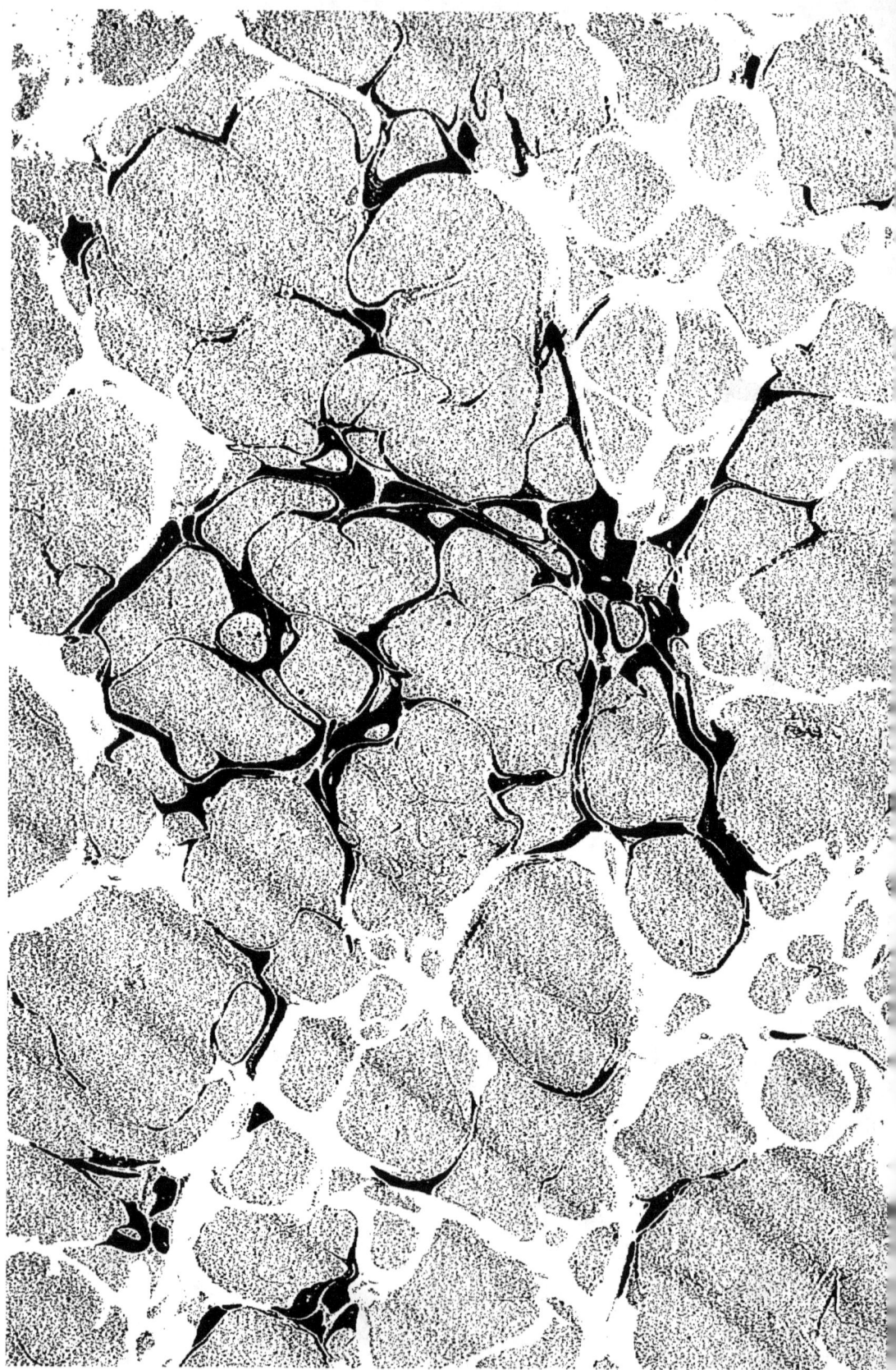

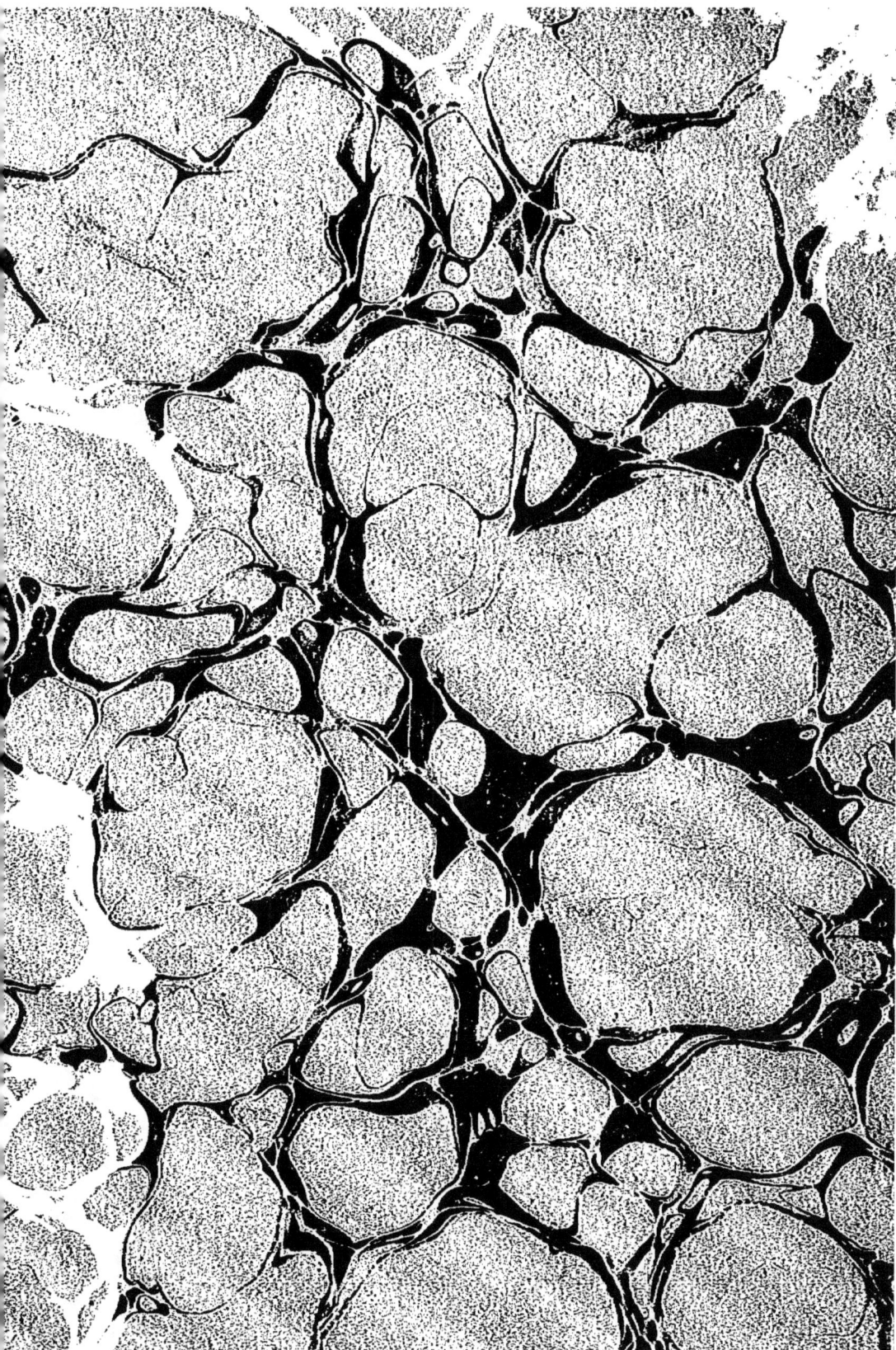

www.ingramcontent.com/pod-product-compliance
Lightning Source LLC
Chambersburg PA
CBHW071633270326
41928CB00010B/1896